JN204142

図説　江戸の暮らし事典

企画集団エド　編著

芙蓉書房出版

はじめに

道具を通して江戸時代の人びとの暮らしを知る。この本は、その手掛かりとして役立つ事典です。

例えば古典落語を聞いていると、時々馴染みのない言葉が出てきて、はてなんだそれはと思うことがあります。『へっつい幽霊』のへっついでも、初耳なら到底分からない。「へっつい」は噺の骨幹に関わるので誰が演じても細かい説明をしますが、言葉では実態は分かり難いものです。

江戸時代の長屋には共同の井戸があって、集まったおかみさんたちは、それこそ井戸端会議にいそしむ。煮炊きに使う水も井戸から汲んで台所へ運ぶ。戸を開けて土間にまずあるのがへっつい、竈（かまど）。『文七元結（ぶんしちもっとい）』に出て来る婚礼祝いの「角樽（つのだる）」にしても、実際の姿は拝みたいものです。

言葉がすべての話芸はともかく、芝居やテレビ時代劇でも実物は見えているにせよ、背景として自然に置かれていると見過ごすことも多いでしょう。それが何か見知っていれば、より深く物語を楽しめるに違いありません。

この本は、江戸時代の人びとが当たり前に使っていた暮らしの道具をおよそ千点の写真と図版で紹介しています。写真は一九八〇年から九〇年代にかけて、全国の五百を超える博物館や民俗資料館を訪ねて撮影したものですが、衣食住はもちろん、遊びや旅、祈りにまつわる江戸期の道具は必要から自ずと生まれた美しさを持っており、知恵と工夫が詰まっていることがうかがえます。

パラッと頁をめくって形に興味を引かれたら、写真に添えた説明文を読むだけでも結構。各項目ごとに、そのものが作り出された課程や使われ方、その道具にまつわるエピソードなどにも触れていますので、あわせてお読みになれば、江戸時代人の暮らしの片鱗が想像できようかと思います。

なお、この本は企画集団エド 元代表高橋幹夫の手による『道具で見る江戸時代』を再編集したものです。新装版上梓に当たって、改めて芙蓉書房出版 平澤公裕氏の御尽力に謝辞を呈します。

二〇一八年八月

企画集団エド　飯田泰子

目次

第一章・住
住いと什器

第一章・住

住いと什器

◆江戸の道具考◆住

この章では、住いの道具を通して江戸時代を見ていきたいと思う。一間で、物をしまう場所もない長屋住いの人たちから上つ方、つまりその頃一番偉いと思われていた方たちが使った道具。こうした物から江戸の暮らしの道具の基本形を探ってみたい。ここで一つ申し添えておきたいのは、今残されている住いの道具の中で、長屋の熊さん八つぁんのおかみさんたちが用いた物は、はなはだ少ないこと。何故なら、西欧文明が最高だと考えた無学者政治家が政権を握り、何が何でも古いものはいけない、新しいものは何でも良いと指図した役人と、それを鵜呑みにさせられた都会人の悲哀とでもいおうか、一間暮らしの所帯の文化を根こそぎ捨てさせてしまったせいか、残っていないのが現実。だが、農村部には水呑といわれた人たちの什器、生活用具がかなり残されている。この本をお読みの方たちの中で、もしそうした道具をお持ちの方は、それらを大切に維持して頂きたい。できれば使って頂きたい。江戸時代の文化を見直すことが、今の暮らしをより良くする工夫なのだから。

それはさておき、住いの中の道具を点検してみると、竈一つにも美があることに気づく。地方に残る竈、これには用の美、つまりは使うのに便利なようにと作りだされた美しさがある。明かり一つとってみても、行燈というものの姿の美しさ、茶席の路地行燈が誕生した素地がここにある。行燈などというものは知らねえというような家の照明の道具すら美しい。石を使って松を細く刻んで夜なべをしたような住いに暮らした人たちは、無意識のうちに美しい石皿、天然の明かりを燃すための石を探してきている。

江戸も時代が下れば自在鉤はどこの農家にもあったが、こうした自在鉤の中でも自然木で作ったものの美しさ。民族主義の弊害は捨てなければ人類が生きていけなくなることはわかっていても、この美しさはいったいどこからやって来たのかと思わせる。

住いの道具で、何の変哲もない物にも、好みや美意識が感じられる。大きな冬瓜を手に入れた人物がいる。いったい何に使おうかと考える。ごみ捨て。それでは風流ではない。そうだ、炭取りにしよう。これは凝った趣味ではなく、あたりまえの暮らしの中でおこった暮らしの美学なのだ。

数え上げればこの手のものは豊富にある。日本人の美意識の基本に、明治以降の理屈はいらない。誰も何もいわないのにおのれの楽しみを作れた人たち。火消しの装束から道具までもこの範疇にもれない。江戸の町火消しの大紋のいなせなこと。簡単に、い組のいの字をこれほどまでに見事に印にし得たのは、それだけの下地があったからにほかならない。焼け落ちるまで、火掛りの組のあかしとして、その屋上でたじろぎもしないで維持していた纏（まとい）。江戸っ子のきっぷとは、こうした行動にあったといえる。役半纏の梯子字。梯子を一文字にして印にしている。こうした感覚が、日常の美学を成立させている。

それでは、町人でも金持ちといわれた人たちは野暮だったか。もちろん野暮百人、粋百人の世界だが、使った物を作ったのは職人だ。異国から入ってきた時計を、不定時法の日本の時刻に即座に適応させてしまう。始めは異国の物を改良して提供した。そのうちに、からくりが分かると自分たちで作り出す。江戸時代に懐中時計があったことを知る人は余りいない。ちょうど、幕府の役人が一旦結んだ非常識極まる国際条約を破棄しようと出掛けて行った時、彼らは異国の地で事ごとに出合うことに驚いている。ところが手妻（てづま）、手品を職業にしている芸人は、驚く前に即座にそのからくりを見抜いている。水道の仕組み、エレベーターの仕組み。彼らにとっては目の前にあるものが興味を引くので、自分の経験に則してその仕組みを理解する。概念だけで生きていた侍には理解できないことも、実際に即して生きていた手妻使いは即座に理解できる。

江戸時代は職人の時代ともいえる。商人の時代といってもかまわないが、残されている生活のための道具を見ると、経済的な発展をなし遂げたのは商人だが、文化を作りあげたのは職人の技だ。江戸時代の出版物については改めて実証したいが、多くの版元から雛形（ひながた）が出ている。自作であれ職人の作であれ、見事な生活道具を生み出したのは、この雛形も関係する。それと、仕事をした職人の技だ。商人も十年を年季にお礼奉公一年。職人も、同じ過程で一人前になる。もちろん優劣遅速はあるが、手でものを作り出す、修理する、これの連続が江戸の生活文化ともいえる。

新しいものに飛びつき、壊れたら直せないものを作り続ける暮らしと、作られたものを大切にしていつまでも使う暮らしとはどこかに違いが出てくると思う。

江戸時代の夜は暗かった。一般の家では、とぼし油と呼ばれる植物油を主に使ったが、高価だったので多くは使えない。では明るかったのはどこ。吉原と江戸城。ただし江戸城は市民に関係が薄い。吉原は、金さえあれば誰でも行けた。暗い海のような江戸の町の中で、吉原だけが明るい世界を繰り広げていたのだから、誰もが出かけて行った。

↑三島宿の旅籠で使われた有明行燈。旅籠のこうした明かりはよく消えた、といわれる

↑夜が明けるまでともしておいた有明行燈。丸と半月を組合せた図のもある

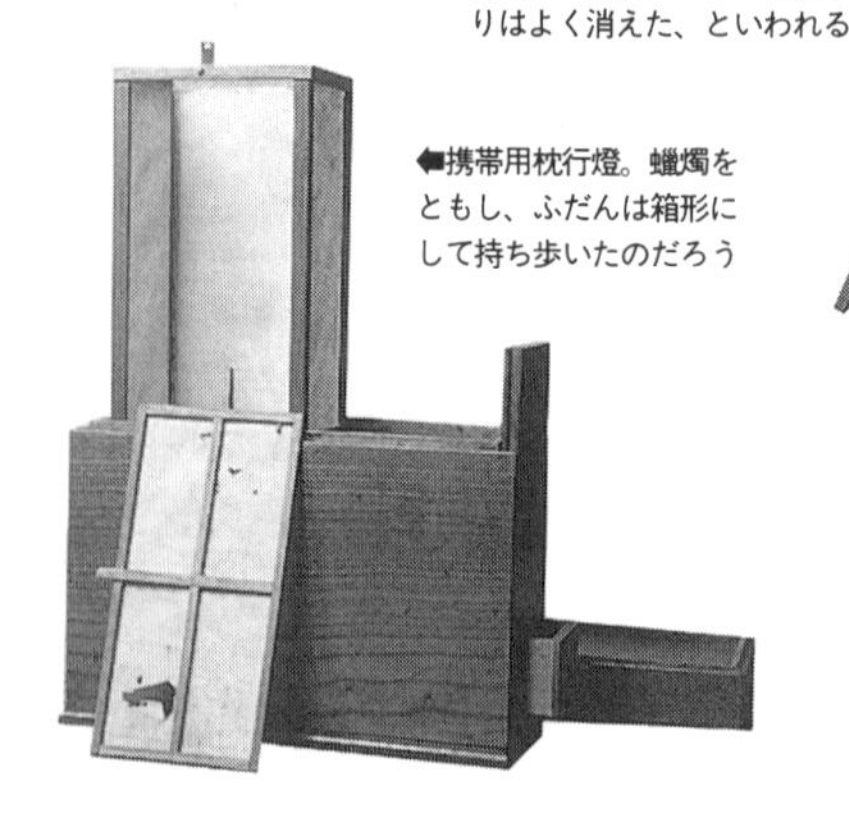
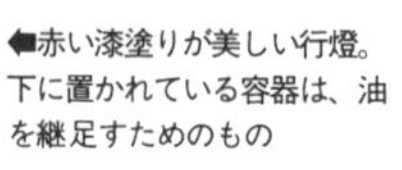
←携帯用枕行燈。蠟燭をともし、ふだんは箱形にして持ち歩いたのだろう

↑枕行燈。こう呼ばれたが、これも夜の明けるまでともされたいわば常夜燈

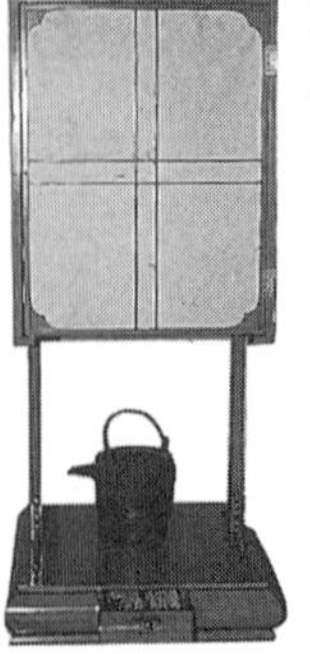
←赤い漆塗りが美しい行燈。下に置かれている容器は、油を継足すためのもの

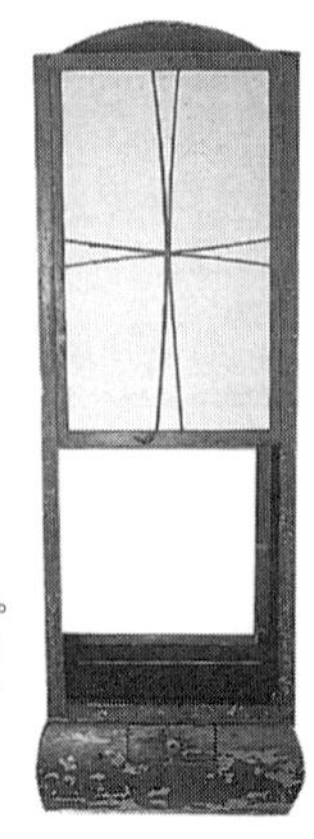
→桟の組みが穏やか。こうした光りの中にいた人はどんな人か

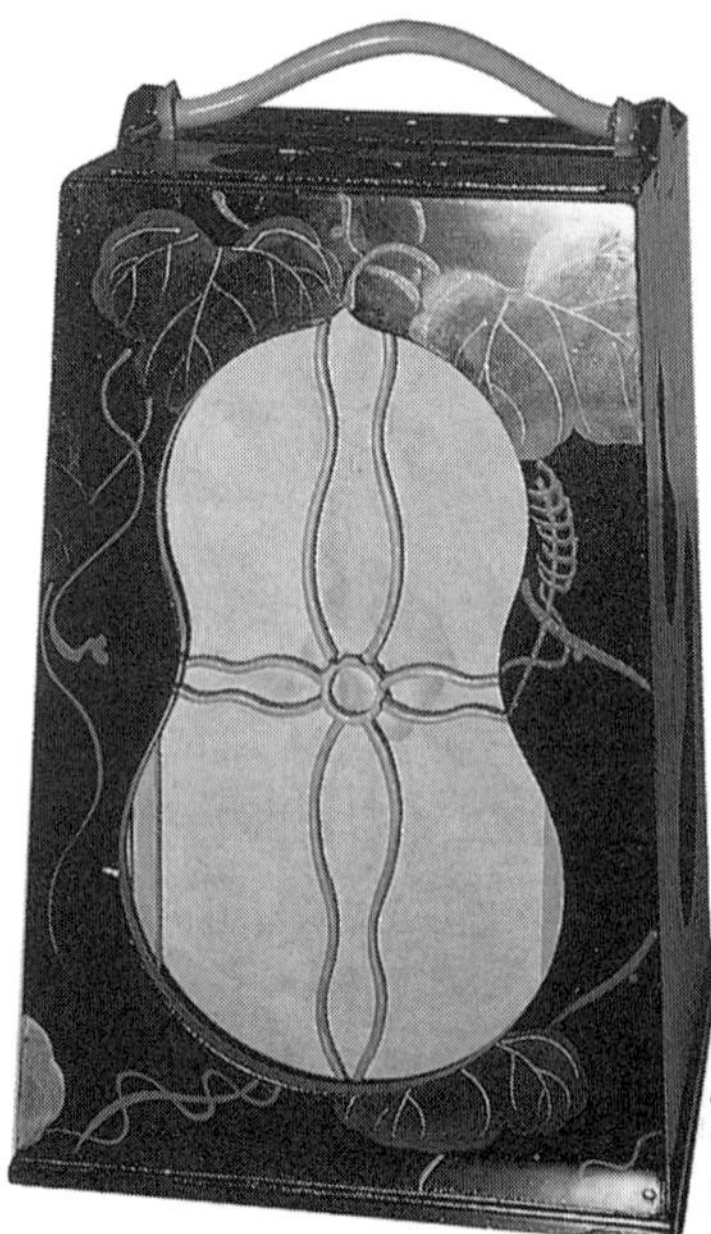
←船行燈。漆の絵もしゃれているし、その形も遊んでいていかにも風流を感じさせる燈

➡籠に紙を張った行燈。どことなしに武ばった型をしていて興味深い姿の燈火だ

⬅箱行燈には違いないがおそらく自作のものだろう。路地にでも置くと雅味が出るような燈火

⬆ぼんぼりのような行燈。女性が使ったと伝えられるもの。いかにもとうなずける優しさ

⬅行燈をはさんでのにらめっこの図。絵手本の一部だが愉快な絵柄（狂言画譜）

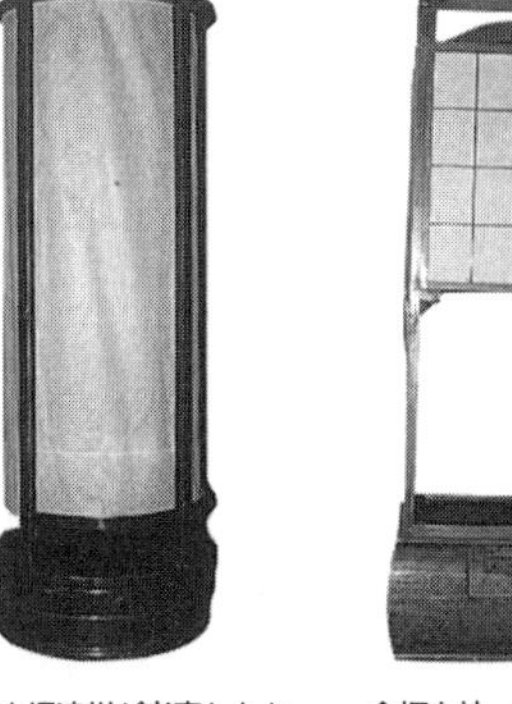

⬆小堀遠州が考案したとされる遠州行燈。茶席にふさわしい行燈といえる

⬆柄を持って移動ができる行燈。台、足障子、ともに美しい

⬅台の上に油皿があり、これに燈芯を入れてともした燈りであることがわかる

行燈（あんどん）

江戸時代の主な光源にはどんなものがあったか。材料からいうと油と蠟燭（ろうそく）。その油を燃して明るい世界を作りだしたのが行燈。江戸末期にはほとんど菜種油を使ったが、なかには魚類の油を混ぜて売った悪い奴もいた。したがって臭い部屋に寝起きしなければならず、幕府に訴えられて魚類の油は混ぜられなくなったが、それでも出回ってはいた。

菜種油をともす、つまり菜種油を燃して光源にした代表的な明かりが、行燈。形も凝ったものから単純なものまで様々ある。

枕元に置かれた有明行燈でも、円形の窓に障子を張って桟まであるもの、また、ただ窓があるだけのものと形を凝らして粋にしたり優雅にしたりしている。一般的な行燈にしても繊細な美をもっているものもある。

たいがいの構造は火の入るところとそれに足を付けた形が多い。足の高さによっては、下の台に油を継足す道具が備えてあった。自作のものももちろんある。

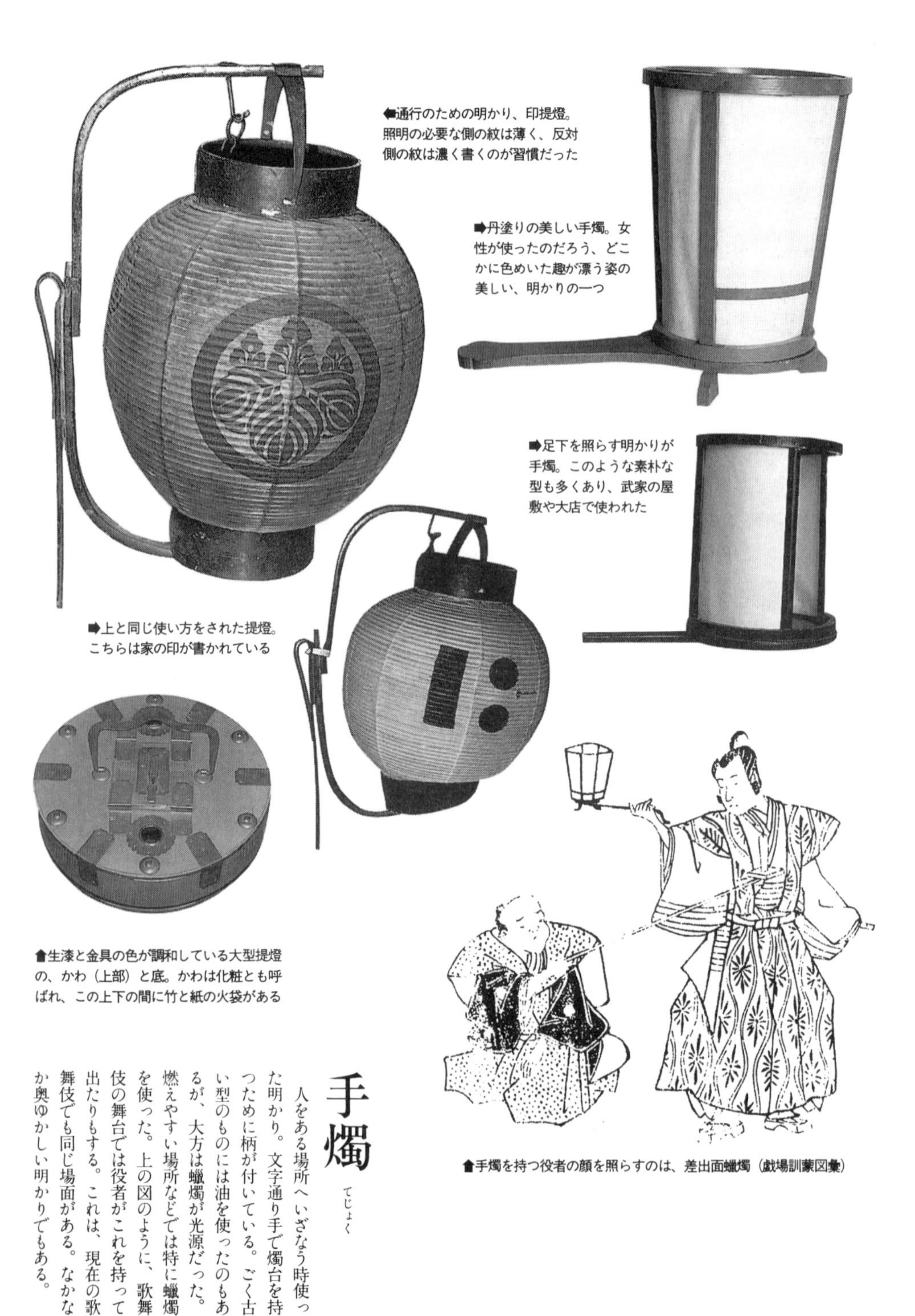

⬅通行のための明かり、印提燈。照明の必要な側の紋は薄く、反対側の紋は濃く書くのが習慣だった

➡丹塗りの美しい手燭。女性が使ったのだろう、どこかに色めいた趣が漂う姿の美しい、明かりの一つ

➡足下を照らす明かりが手燭。このような素朴な型も多くあり、武家の屋敷や大店で使われた

➡上と同じ使い方をされた提燈。こちらは家の印が書かれている

⬆生漆と金具の色が調和している大型提燈の、かわ（上部）と底。かわは化粧とも呼ばれ、この上下の間に竹と紙の火袋がある

⬆手燭を持つ役者の顔を照らすのは、差出面蠟燭（戯場訓蒙図彙）

手燭（てじょく）

人をある場所へいざなう時使った明かり。文字通り手で燭台を持つために柄が付いている。ごく古い型のものには油を使ったのもあるが、大方は蠟燭が光源だった。燃えやすい場所などでは特に蠟燭を使った。上の図のように、歌舞伎の舞台では役者がこれを持って出たりもする。これは、現在の歌舞伎でも同じ場面がある。なかなか奥ゆかしい明かりでもある。

➡竹の産地、知覧で考案されたという、傘提燈。上から吊って使った優雅なもの

⬅これも知覧製だが石川県地方に残った品。流通の広範囲なことがこのことでもわかる代表例

⬆十返舎一九作『美少年始』に出てくる手提燈を振上げている図

⬆龕燈の胴。写真で底に当たる部分に回転板、反射板があり、一か所を照らした

⬇江戸時代から通行人の足下を照らしていた、足下提燈。紋は前に一つあるもの

⬆江戸時代中期以降盛んに神社に献燈された大提燈。白い提燈に戯画を描いたものもある

提燈（ちょうちん）

宝暦十三（一七六三）年から書かれた『貞丈雑記』に、提燈は足利時代には使われていたとあり、その図には二本の柱を上下する丸い紙を張った籠が書かれている。この籠を上に上げて蠟燭をともしそのあとで籠を台までおろすように見える。江戸時代の人情本などでは、今も使われている弓張り、小田原、箱、高張り、などが登場しているので幕末期が提燈の完成期ともいえるのではないだろうか。

龕燈（がんどう）

筒状、あるいは釣鐘状の中に回転板を取付け、これに反射板を付けて、差し向けた方向に集中的に光りが行くように作られたもの。

強盗と書いて、がんどうとも読み、強盗を働くものが使ったことからこの名があるともいう。上の写真はその実物で、底に近い部分に回転する板と反射板があり、これを横にして必要な所を照らした。これを見ると盗賊が使いそうだ。

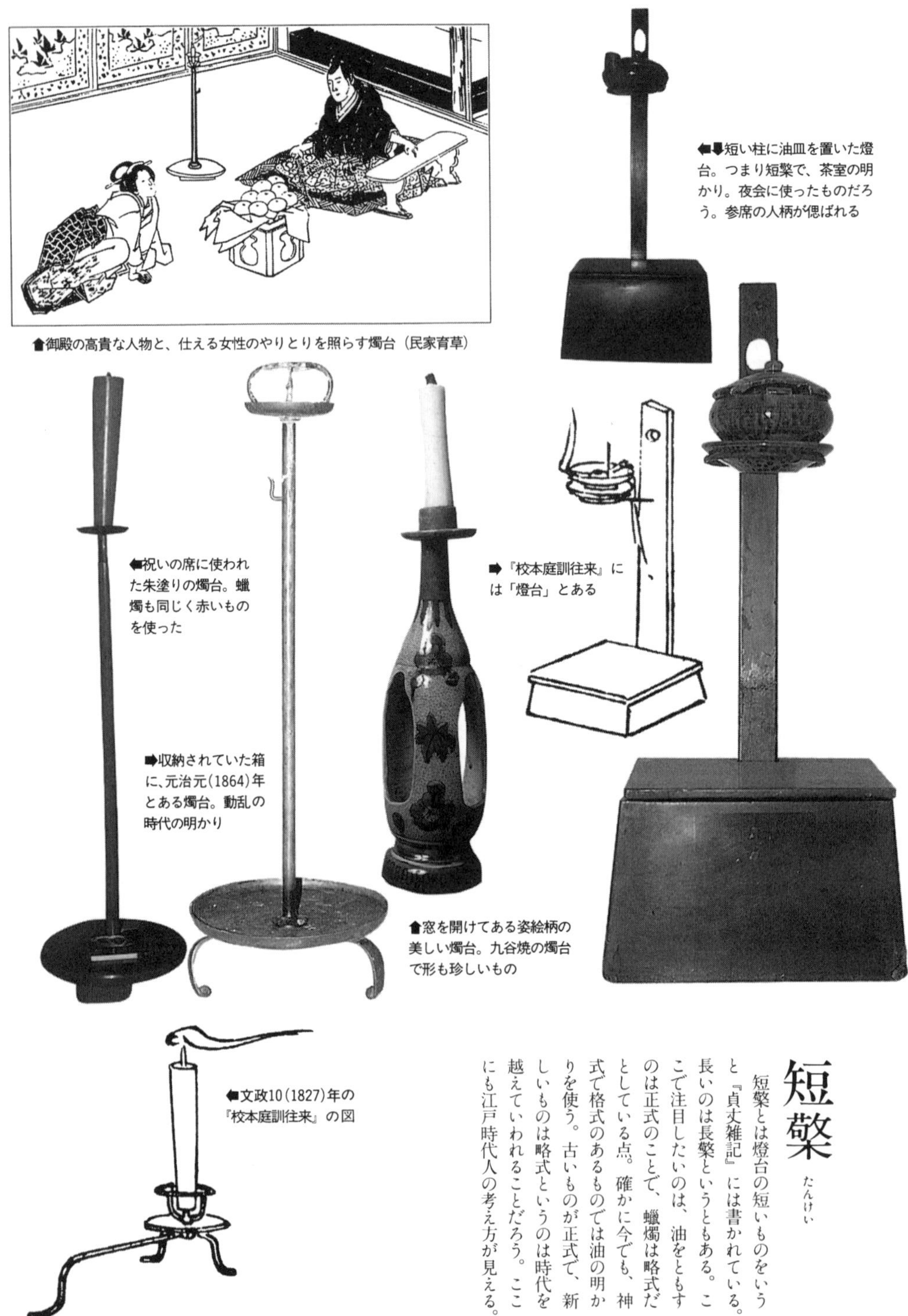

⬆御殿の高貴な人物と、仕える女性のやりとりを照らす燭台（民家育草）

⬅⬇短い柱に油皿を置いた燈台。つまり短檠で、茶室の明かり。夜会に使ったものだろう。参席の人柄が偲ばれる

⬅祝いの席に使われた朱塗りの燭台。蠟燭も同じく赤いものを使った

➡収納されていた箱に、元治元（1864）年とある燭台。動乱の時代の明かり

⬆窓を開けてある姿絵柄の美しい燭台。九谷焼の燭台で形も珍しいもの

➡『校本庭訓往来』には「燈台」とある

⬅文政10（1827）年の『校本庭訓往来』の図

短檠（たんけい）

短檠とは燈台の短いものをいうと『貞丈雑記』には書かれている。長いのは長檠ということもある。ここで注目したいのは、油をともすのは正式のことで、蠟燭は略式だとしている点。確かに今でも、神式で格式のあるものでは油の明かりを使う。古いものが正式で、新しいものは略式というのは時代を越えていわれることだろう。ここにも江戸時代人の考え方が見える。

➡これも自然の姿。上部だけを使えば手燭になり、下に差し込めば燭台。すばらしいもの

➡松やにを燃して芯に笹を使った燭台。農民が作りだした明かりの傑作といえるだろう

➡胸にクルスを付けたバテレン姿の蠟燭立。蠟燭は日本古代からのものだが、庶民が使うとこうなるのが楽しい

➡自然木の枝を使った燭台。木の姿を生かしているところが江戸時代人の豊かさだ

➡携帯用の燭台。緊急を要した外科医の所持品。もちろん一般の医家も使ったことは想像に難くない

➡黒漆地に、金色で紅葉と松葉を描いた優雅な燭台。明かりの芸術品といえる傑作の一つ

燭台（しょくだい）

簡単にいってしまえば蠟燭を立てる台ということになる。蠟燭そのものはかなり古くからあったと文書にはあるが、一般化したのは江戸後期だろう。蠟燭を自分の領内で作って物産として多量に売ろうと考えた藩が出てきた結果ともいえる。

明るさからいえば、油をともすよりかなり明るい光源だったので明るさが必要だった遊びの場所ではふんだんに使われたが、幕末も再晩期になって、大きな商人が使ったと思われる。それを使った照明器具が燭台で、神前にはその頃は使わなかった。

明るくて、しかも長い間使えることから一般化したものであるだけに、それを使った様々な台が生まれたともいえる。代表的なものが提燈。それ以外でも、蠟燭をともす台は現代でも考案されており非常事態には、むしろ電池よりもこれの方が適しているという意見まである。

江戸時代には、もっぱら簡便さから蠟燭は使われていたようだ。

➡江戸時代の百匁蠟燭。吉原でもともされたが、これは高知市の山内神社宝物資料館に保存されたもの

⬆古川和蠟燭。櫨の実を使った蠟燭で、江戸時代には長くもち、しかもすすが少ないので貴重な燈火だった

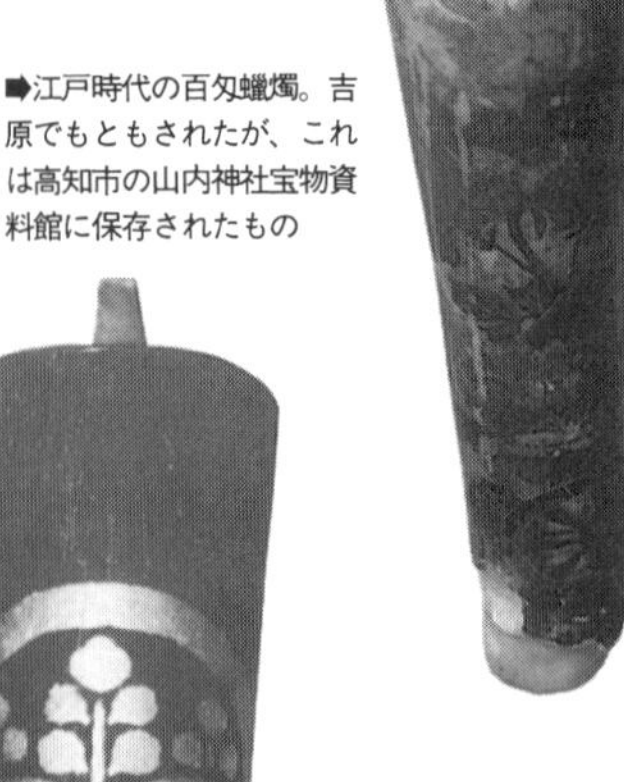

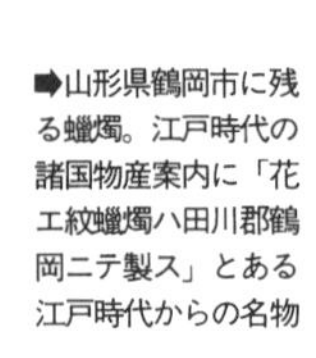

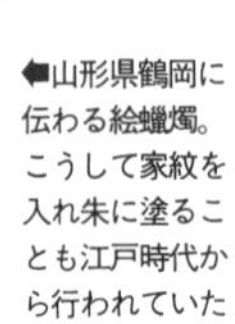

⬅山形県鶴岡に伝わる絵蠟燭。こうして家紋を入れ朱に塗ることも江戸時代から行われていた

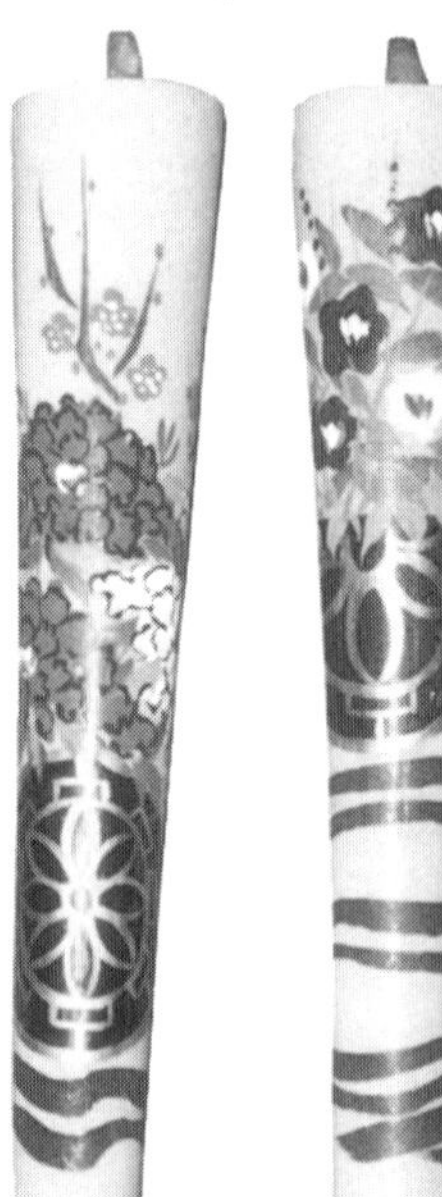

➡山形県鶴岡市に残る蠟燭。江戸時代の諸国物産案内に「花エ紋蠟燭ハ田川郡鶴岡ニテ製ス」とある江戸時代からの名物

➡会津の絵蠟燭。諸国の大名にも贈られ、他国にも、特産品として出荷された美しいもの

蠟燭（ろうそく）

蠟燭は大和朝廷の時代からあったというが、原料には櫨（はぜ）の実や漆の実を使って作られた。ここに興味深い記録がある。山形県史編纂室の調査では、寛政期（一七八九～一八〇一年）に漆を百万本植えろと命じた上杉家の記録があるという。各藩が財政を潤すために、蠟燭が一般化したといえなくもない。今に伝えられている絵蠟燭もこうして生まれたのだろう。

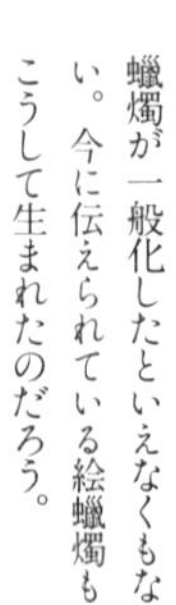

⬅台付の油皿。この上の皿のなかに、いぐさで作った燈芯を入れ、それに火をつけて明かりとした

⬆有田焼の油壺。燈火の油を入れたにしては美しいもので、あるいは女性の髪油を入れたものか

➡素焼か焼締めの油皿。もっとも粗末な油皿。用を失った現在もこれを求める人は多い

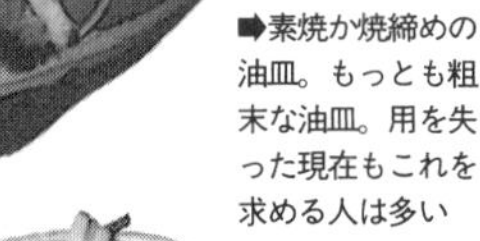

➡右側が油壺。左側は油皿だが、突出た部分に燈芯を差込む仕組になっている合理的な作りが面白い

⬅有田焼の油壺。燈火用か、もしくは女性の髪油用か

⬅古伊万里の油壺。ただ油をともすだけの道具だが、気品が感じられる優品

油皿と油壺

あぶらざらとあぶらつぼ

行燈をともすのに必要だったのが油皿と油壺。ただ油を入れて燈をともす役割だけの皿だが、外国人によってその美しさを発見され世界的な評価を受けた。油壺も同じような運命をたどる日本の美。江戸時代に特に優れた工芸、つまりは日常的な美しさを発揮するのがこうした日用品で、明かりをともす、といった一義的な用を離れて、そこにも、使う人の心をなごませる工夫を凝らした職人の技がたくまずして光っている。

だからこそ、今の人たちが、本来の役割を度外視して、他の使いみちを考える物として貴重な物と考えるのだろう。江戸の美の端的な実物ともいえる品々。

もちろんこれらは、大名や限られた大商人の使用品だっただろうが、江戸という時代の、美的感覚を見るのにはよい品だろう。単純な焼締めの油皿でも骨董好きには貴重がられるのも、真の意味で用の美があるからに違いないといえないだろうか。

火と暖房

火というのは大変貴重なものだった。まず発火具。石に鉄をこすり合せて火を得る火打石が主なもので、その火種を炭や炭団に着火して暖をとり、薪に移して煮炊きをし、こうした火種から煙草も吸った。江戸の町ではよく火事があり、理由に住宅の密集が挙げられるが、密集住宅の見本、長屋は意外に火元にならない。用心が充分だったからだ。

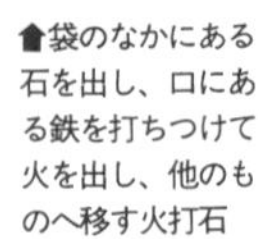

⬇どの家庭にも置かれた発火具。焚付けるにも火種を作るにも、この箱は欠かせなかった。家庭内の必需品

⬆袋のなかにある石を出し、口にある鉄を打ちつけて火を出し、他のものへ移す火打石

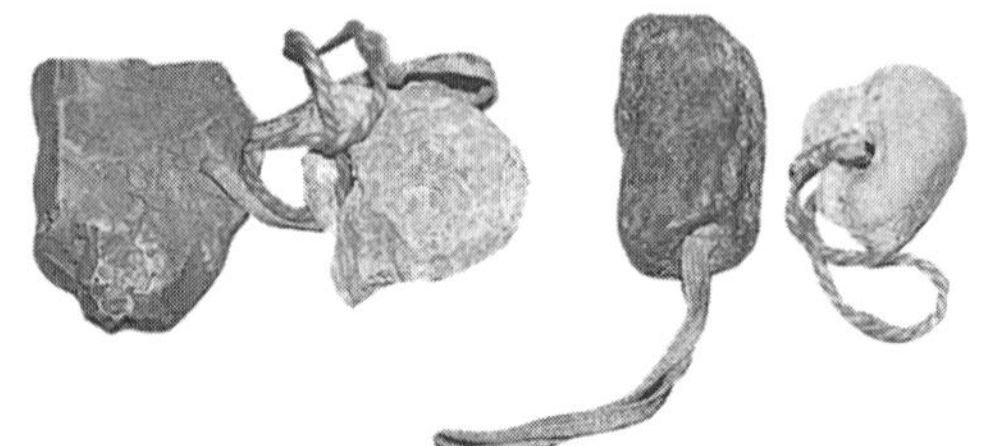

➡火打道具。素朴なもので、木の伐採などに働く人たちの持物ではないかと思われる発火道具

➡火打袋。石と、金と、着火具この場合は火口だろう、を入れて携帯した火打袋。女性の持物か、優美なもの

➡火打から出た火を受取る付け木。檜や杉などの薄いものに硫黄を付けた、着火しやすいもの

➡生活道具の美術品といえる炭入れ。冬瓜の自然な姿を生かして漆喰で布袋を描いたところにこの生活道具の良さがある

➡近くから出る石を彫って作った火消壺。竈の燃え残りの薪をこの中に入れ、消炭を作った家庭具

火打（ひうち）

古事記にも見える発火の道具。石英石類と鋼鉄をぶつけて火花を出し、この火花を燃えやすいものに移して火を起こしたり、煙草を吸った。江戸期以前には許された者しか発火具である火打袋は持って歩けなかったようで、「火打袋御免」という言葉が残されている。家庭では石と金属と付け木などを入れた箱がどの家にも置かれていた。これは所帯道具の一つ。

付け木（つけぎ）

杉などのごく薄い板の先に硫黄を付けたもので、火打で出た火花をこれに移し、火の元にした。同じ役割をしたものに火口（ほくち）がある。火口はいちびという植物の茎を炭化させたもの。どちらにしても火打には点火しやすいものを必ず備えていたことが、火打箱などの図からわかる。

これらは町に売りに来たもので『守貞漫稿』にはユワウホウキ売りの荷が出ている。

炭入れ（すみいれ）

火をおこして暖をとるための、炭を入れておくものの総称。

江戸時代には、ただ四角な箱が一般的だったが、なかには写真のような自然物を彩って炭入れにした茶人もいたようだ。写真のものは冬瓜（とうがん）を乾燥させ、漆喰（しっくい）加工をした布袋（ほてい）型の炭入れ。形の利用のしかたもうまいが、それに布袋を想像した作者はどんな人物だったのだろう。

火消壺（ひけしつぼ）

炭火や薪の燃えかすを消すためのもの。素焼きや、石をうがって作ったりした。こうしたものは二つの面で必要としたのが江戸時代の暮らし。一つは火の用心のため。竈（かまど）の残り火をそのままにしたのでは火事になる。そこでこの壺のなかに残った火を入れて蓋をして消した。これを、今度は火種にもした。燃えかすをこの壺を使って消炭にし、消炭は火が着きやすいのでこれで火種とした。

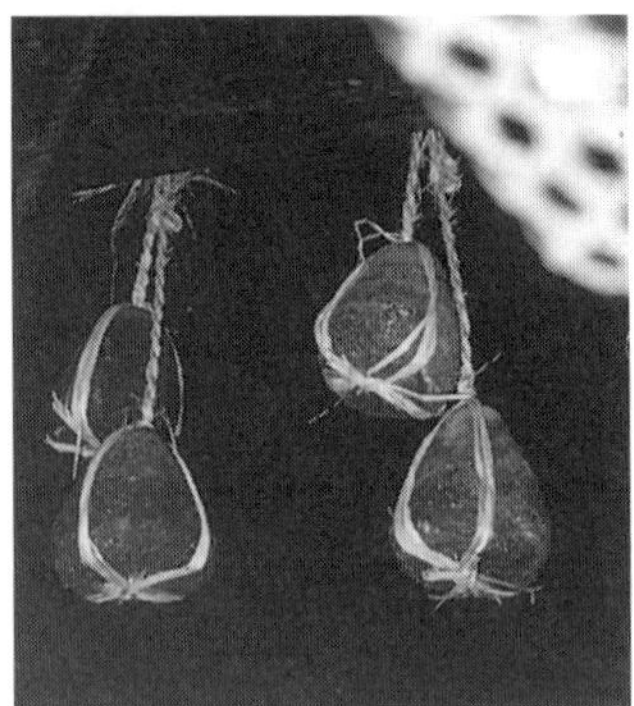

⬆囲炉裏の上には色々の物が吊された。これは味噌玉。自家製の味噌をこうして保存した

⬅江戸時代の囲炉裏のある部屋。こうした部屋には神棚があり、置く物の位置に決まりがあった

⬆火もらい桶。桶とはいっても焼き物で、美しい釉薬がかけてある。優雅な暮らし向きの物

火もらい桶（ひもらいおけ）

正確にいえば火種をもらうためのものだろう。火打石で火を出し、これを付け木に移し、消炭に火を移してさらに炭をおこす。こうした段取をふまなければ暖をとることもままならなかった。そこで火種をもらうことは日常的な付合となる。わざわざ家で火をおこすことはない、向かいの焼けた家でもらってこいという笑いばなしになると困りものだが。

囲炉裏（いろり）

室町時代の節用集にすでに囲炉裏のことは出ている。かなり以前から部屋の中央部に一段低い炉を作り、ここで薪を燃して暖をとり、一家団欒をした。江戸時代の農村部ではこの暖房が定着したが、囲炉裏に向かうには様々な約束事がある。その代表が座る場所。主人が座る場所、妻が座る場所、客が座る場所と、各人が座る場所はきちんと決まっていた。

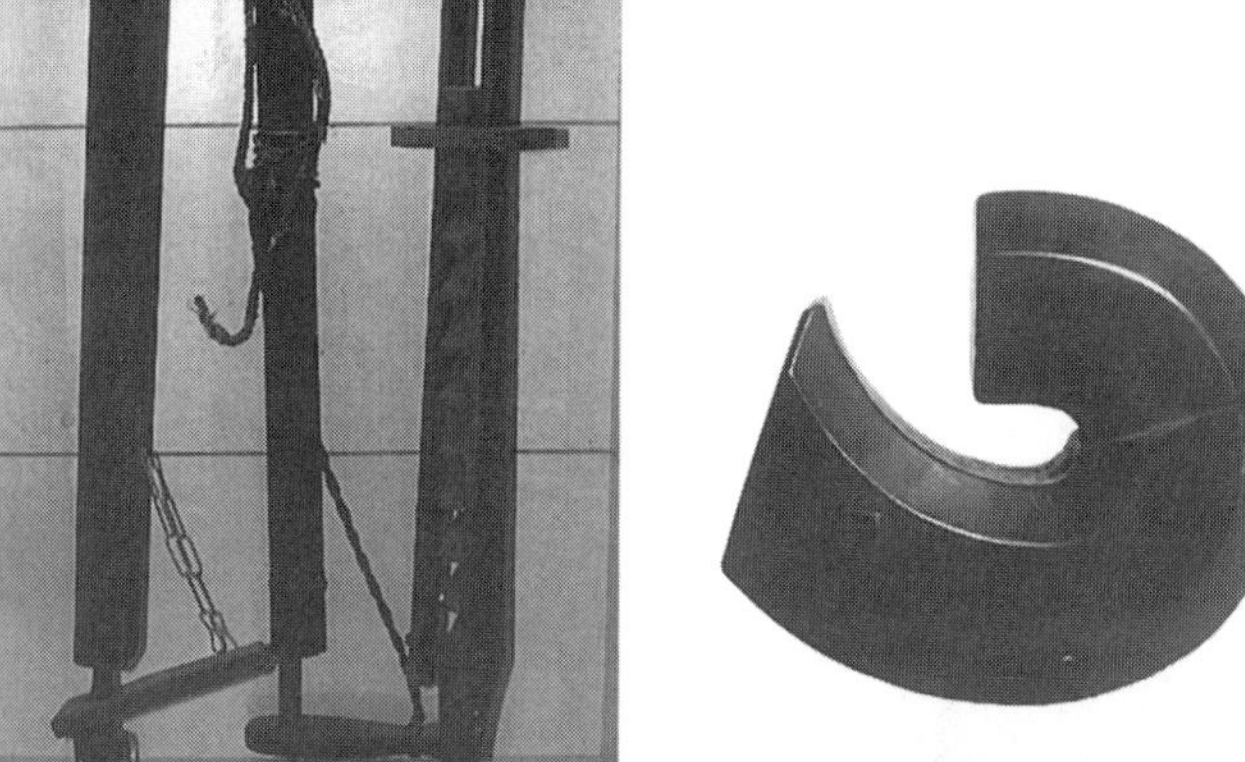

⬅囲炉裏の上に吊された自在鉤。伸縮自由で、方向も火に対して自由になるように作られていた道具

⬅姿の良い自在鉤。竹の自然な曲り具合を生かし、空鉤には鯛の型を使っている美術品

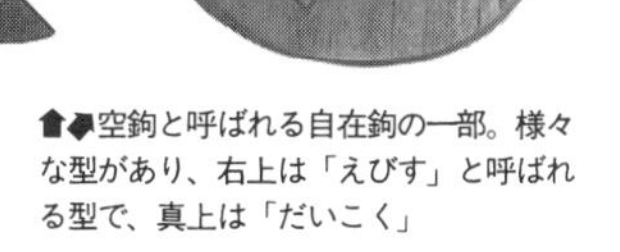

⬆⬈空鉤と呼ばれる自在鉤の一部。様々な型があり、右上は「えびす」と呼ばれる型で、真上は「だいこく」

⬆囲炉裏の上にある弁慶。この場合は川魚を囲炉裏の煙で薫製にするために串刺しの魚を刺してある。江戸時代の保存法の一つ

弁慶（べんけい）

囲炉裏の周囲には様々な生活の道具がある。その一つが弁慶。囲炉裏の上に吊しておき、魚を乾燥させるために、串刺しにして弁慶にその串を刺す。山間部では特に利用された。ただし、弁慶は商人も使った。藁を束ねてものを刺しやすくした構造から、飴屋などもこれに刺して売りに来た。弁慶の名は、弁慶が常に七つ道具を負っているのに似ているからという。

自在鉤（じざいかぎ）

囲炉裏に鍋や湯沸かしなどをしかけるための道具で、ここでいう自在とは、自由になること。つまり、火の高低や、煮たり沸かしたりするものによって容器の位置を自由に調節できるようになっている、囲炉裏上に吊る便利な道具。二本の木の間に他の木を刺込み、穴で高さを調節したり、竹を使って空鉤（くうけん）の調節で火力を調節したり吊ってある上部に弁慶を付けたりと様々な機能を持っている。

⬆石で作られたへっつい。加工しやすい石があれば壊れることが少ない。石を使い、へっついも作り壺も作る

⬆土で作られた「へっつい」。農村ではごくあたり前の竈で、鉄製の釜を載せ藁製の蓋がしてある

⬆竈。へっついとも呼ばれ、煮炊きの道具。壁土のような物で作られ、黒い化粧土がかかっている

⬇京坂のへっつい。焚口が土間に向き、三、五、七、九口、などがある（守貞漫稿）

➡◆江戸のへっつい。土のほかに銅でできた釜がありこれで湯を沸かし洗顔や洗濯に使う。焚口はすべて板の間の方にある（守貞漫稿）

へっつい

竈（かまど）。『守貞漫稿』には「へっつい」と一般には呼ぶ、とある。それがなまってへっついになったとも。かまど、へっついどちらも同じもののことで、図を見ても写真でもわかる通り、口の開いた所から薪を入れ、上部に煮炊きする鍋や釜を置いた台所の重要な道具。

大坂や京都と、江戸では置き方が違う。大坂や京都では火を燃す部分を土間の方に向け、へっついの背を板の間の方に据える。江戸では焚口を板の間の方に置き、背を土間の方に置くともある。

農村では土間が台所であり、作業場でもあったので、焚口は広い方に向いている。また『守貞漫稿』には、江戸では土だけで作らずに銅壺（どうこ）と呼ぶ銅製の湯沸かしを付けたものもあり、これは大坂や京都にはないものと書いてある。大坂などでは竈の穴が七つや九つのものがあるが、江戸では三個が大きい方だともしている。それだけ江戸は土地の狭い所だったともいえる。色も、京坂では黒塗りはまずなく、土色黄だとしている。

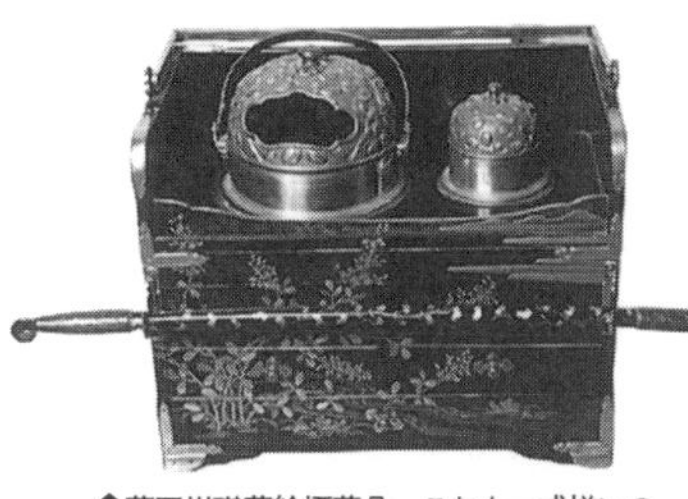

⬆萩玉川碪蒔絵煙草盆。これも一式揃いの蒔絵煙草盆で、大名が使ったと思われる物

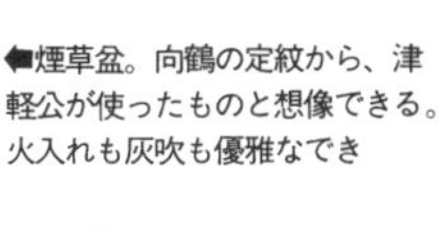

⬅煙草盆。向鶴の定紋から、津軽公が使ったものと想像できる。火入れも灰吹も優雅なでき

⬇殿中で使われたと思える煙草盆。上に火を入れ、右に灰吹。引出しは、火打と煙草入れ

⬅これも大名道具。黒漆定紋散金沃懸。煙管火入れ、灰吹、煙草入れの一式揃いの物

⬆障子が破れたような家にも粗末だが煙草盆は用意されていたことを示す図。所帯道具だったことがわかる（民家育草）

⬆煙管は見えないが、梨地螺鈿細工の見事な煙草盆。火入れ、灰吹と揃っている。殿様の日常の道具か

煙草盆（たばこぼん）

『貞丈雑記』には、室町時代には煙草盆はなかったとあり、寛永年中（一六二四～四四年）に輸入されたとしている。それがたちまち上から下まで流行ったのだろう。

　文化文政期の頃にはたいがいの所に煙草盆はあったようで、殿様たちが使った螺鈿（らでん）細工の高価なものから、長屋の熊さんが使った木の箱に瀬戸物の火入れの付いたものまで、色々なものが登場する。何故こんなことがわかるかといえば、その頃から流行りだした草子類や錦絵などを見ていくと、色々な場面にこの煙草盆は出てくるからだ。

　煙草を呑むためにはまず火が要る。だから火入れに必ず小さな火がいけてある。これにていねいな家になると煙草と煙管（きせる）が添えてある。笑い話に、何にでも先に立ちたがる人のことを、まるで煙草盆のようだといった。これは、客が来るとまず最初に煙草盆を出したから。また、古くは尊い人の前では煙草は吸わなかったというが、これは幕末でも同様だった。

☗欅のじょりんもくの長火鉢は、色恋の情けを語るのには欠かせない道具だった（春色恋廼染分解）

➡文政12（1829）年に焼かれた男山焼手焙り。優雅さと気品を備えている逸品

☗大名が寄進した御殿火鉢。徳川家の紋がある。大名はこれに手をかざすこともなかったか

火鉢（ひばち）

この火鉢もそれこそピンからキリまである。ピンは大名が使った漆や螺鈿のもの。キリは長屋の住人が使った瀬戸物。それでも町人でも裕福なものは長火鉢を使っている。欅（けやき）の長火鉢はお芝居でもおなじみのもの。これに燗をつける銅壺が付いていれば申し分なし。これは大名が使う火鉢より暖をとるためには良さそうだ。第一殿様が火鉢にかじりついている姿などは見場がよくない。

手焙り（てあぶり）

形は焼き物の火鉢とそう変わらないが、手焙りと名乗るものは多少気品が違う。あまり町人のようにこれに股火鉢をしようという心得のものは使わなかったろう。形も美しいし、こうしたものは侍でも上級者か、茶会などに使われたようだ。髪結床の絵などを見ると、もう少し小ぶりでやや縦長なものが描かれているので、今も残っているようなものもあったたか。

☗あんか。地元の石を使って作られた暖房具で、江戸時代には加工しやすい石があれば、暖房具から竈まで作った

➡ねこつぐら。ねこちぐらともいい伝えられていて、猫がこの中に入って暖をとったという雪国の品

➡ねこあんか。ねこひばちという言葉もあるので、日常使う物の愛称か。このあんかは素焼きで火鉢の型

☗あんか。これは素焼きのようだ。火鉢に比べて効果的だったのだろう。一般の家庭ではあんかを多く使用

⬅平清水焼湯たんぽ。江戸最晩期の物と思われる湯たんぽで、近在に多く出回った日常の暖房具

湯たんぽ（ゆたんぽ）

江戸も再晩期に発明されたように思われるが、産地ではもっと早くから作られたとしている。というのも、黙阿弥が俗称『筆屋幸兵衛』のなかの科白（せりふ）でいわせているのを聞くと幕末から明治になってからとも思えるのだが、一応産地の語継ぎをここでは生かした。もっとも寒い地方では様々な暖房のとり方をしているので、あながち地方の話も捨てがたい。

あんか

室町時代にはあったとされる暖房器具。江戸時代農村では土地の特色を生かしたものから作っている。素焼きのものや、なかには地元で出る加工しやすい石をうがってあんかを作っている。手だけ焙るものより暖をとりやすかったので様々な工夫がされたものが残っている。ある説では、その後江戸の町の辻番小屋でよく使ったので、これを辻番と呼んだという。

什器

長屋に住む人たちはあまり道具は持っていなかった。煙草盆やへっつい、それに飯を食うための器などだったろうが、全国規模で見れば衣服を収納する簞笥や長持、あるいは屏風などは土地持ちなどの家にはあった。子供を育てる道具ともいえる「えじこ」などは農家の愛用したもの。蚊帳の普及はかなりのもので、夏前に江戸では町々に売りに来た。

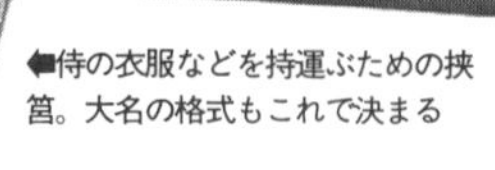

⬅侍の衣服などを持運ぶための挟箱。大名の格式もこれで決まる

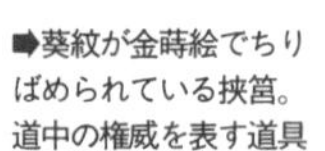

➡葵紋が金蒔絵でちりばめられている挟箱。道中の権威を表す道具

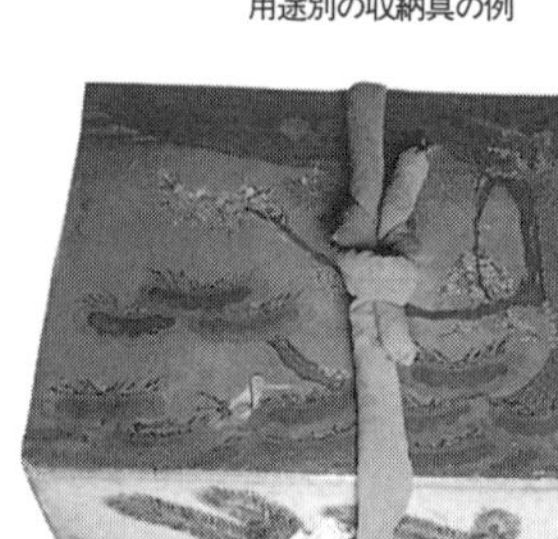

⬇時代の推移で収納具も変化した好例。名称は衣裳箱。用途別の収納具の例

⬆総金梨地紋一ツ弦巻挟箱。毛利家伝来の品

⬅車付長持。過渡期のものだろう、引出しが付いている。簞笥出現の前のものか

⬆祭礼の行列に描かれた挟筥。実用から離れ権威の印となった例(江戸名所図会)

➡長持。車付で当初の収納具とみられる。衣類や調度を入れ、持運べる形になっている

⬇五三桐紋秋七草蒔絵唐櫃。衣類や調度を入れた物だが箪笥の古い型とも見える

⬅「からと」とも「からうと」ともいう、慶長16(1611)年記名の唐櫃。古い形の物

挟筥（はさみばこ）

『貞丈雑記』を見ると、挟筥というのは昔はなかったとある。挟み竹といって、衣服を竹に挟んで持運んでいたが、雨や埃の害が出るので箱になったともある。

武士が登城の折に下僕に持たせたもので、衣服や寝具なども持参したことが記録に残っている。

大商人も、年賀には頭などにこれを担がせて回ったともいわれ、その中身は年賀用の扇だった。

箪笥と長持（たんすとながもち）

いくつかの江戸時代に出た本を見ると、長持も箪笥も、誕生したのはこの江戸時代のようだ。どちらが古いという決定的な資料はないが、版本、筆記本を見ると、どうやら長持の方が古いといえる。形の上からも、片方は箱で、それに車を付けた車付長持の実物を見ると、どうしてもこれが先んじたといえそうだ。もっとも箪笥の古型には車付きがある。

⬆船簞笥。船簞笥は、狭い船内に置ける作りで、一切の貴重品を収納した必需品

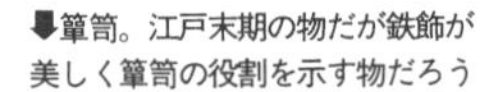

⬇簞笥。江戸末期の物だが鉄飾が美しく簞笥の役割を示す物だろう

⬆文書簞笥。折々の貴重な文書を保管した簞笥。これは安政年間の文書を保管した役所用

⬇車簞笥。今の簞笥に近い形。貴重な衣類などを火事の時、持出せる工夫の品

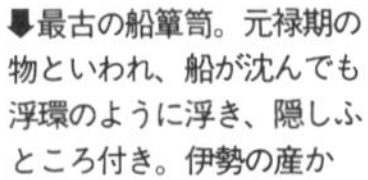

⬇最古の船簞笥。元禄期の物といわれ、船が沈んでも浮環のように浮き、隠しふところ付き。伊勢の産か

今実物が見られる長持や唐櫃（からびつ）の中には、慶長十六（一六一一）年の記名がある「からと」と呼ばれる唐櫃があるが、これにも車が付いている。

記名はないが、これより古いものと思われるのが五三の桐紋入り秋七草蒔絵唐櫃。これには車はなく、形からすると紐をかけて棒で担いだもののように見える。『貞丈雑記』に見られる唐櫃はこうしたものではなかったか。あるいは、彼がいう長唐櫃が慶長十六年記名のもので、記名はないが五三の桐紋の方が担い唐櫃なのか。

衣服や鎧兜などを入れたのが唐櫃。これの進化したのが長持。

その後引出しが考えられて、簞笥の誕生となる、こういい切りたいのだが、この辺はまだ確たる証拠がないので、形の上だけで、今は長持の方が簞笥より先にあったとみておく。それはともかく、簞笥の初期のものには車が付いている。こうした車付き簞笥が、いったん火事になると通行のじゃまになり禁止されて、今のような形になったのだろう。

引出しから生まれた簞笥は、様々な用途向けに完成する。船簞笥、文書簞笥、薬簞笥などと。

☗船簞笥。佐渡小木で作られた物。緻密で、隠し場所が豊富に付く

☗船簞笥。頑丈に鉄で覆われた物で緻密さから船が沈んでも浮上し火災にも強い

⬅薬簞笥。各種の薬の材料をしまっておいた物で、引出しを効果的に使っている代表例

☗船簞笥。初期の物か。欅物だが、金具の使用も少なく気密性に欠けているように見える

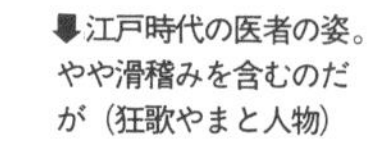

⬇江戸時代の医者の姿。やや滑稽みを含むのだが（狂歌やまと人物）

☗江戸時代の医家の内部を復元した部屋。書物や薬簞笥、薬研などがある

⬇屋島焼陶枕。陶枕は血圧を下げるといわれ、身分の高い人物に使われたという

➡南部家御抱木工師木村理平治作木彫屏風。見事な物

⬇本居宣長と門下生の短冊張混ぜ屏風。江戸時代には、張混ぜ屏風が流行った

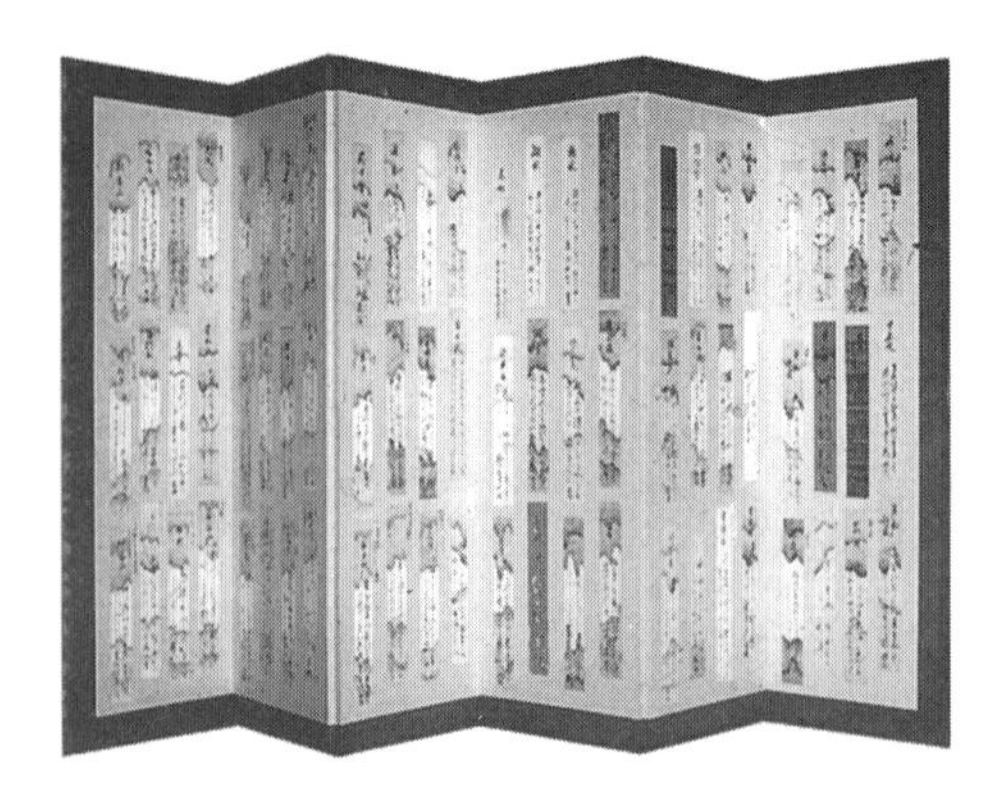

⬆訓蒙図彙では折り屏風としている屏風図（鄙都言種後編）

屏風（びょうぶ）

寛文六（一六六六）年に出た訓蒙図彙には、折り曲げた屏風と衝立（ついたて）が並んで描かれている。

もともと屏風の屏の字は、さえぎる、仕切るの意味がある。とすると本来は衝立の意味で、一般的には衝立を連ねたものが何曲一双と呼ばれる屏風になったのだろう。文化元（一八〇四）年の『近世奇跡考』には、かさねの幽霊の図に床を隠す枕屏風が描かれている。

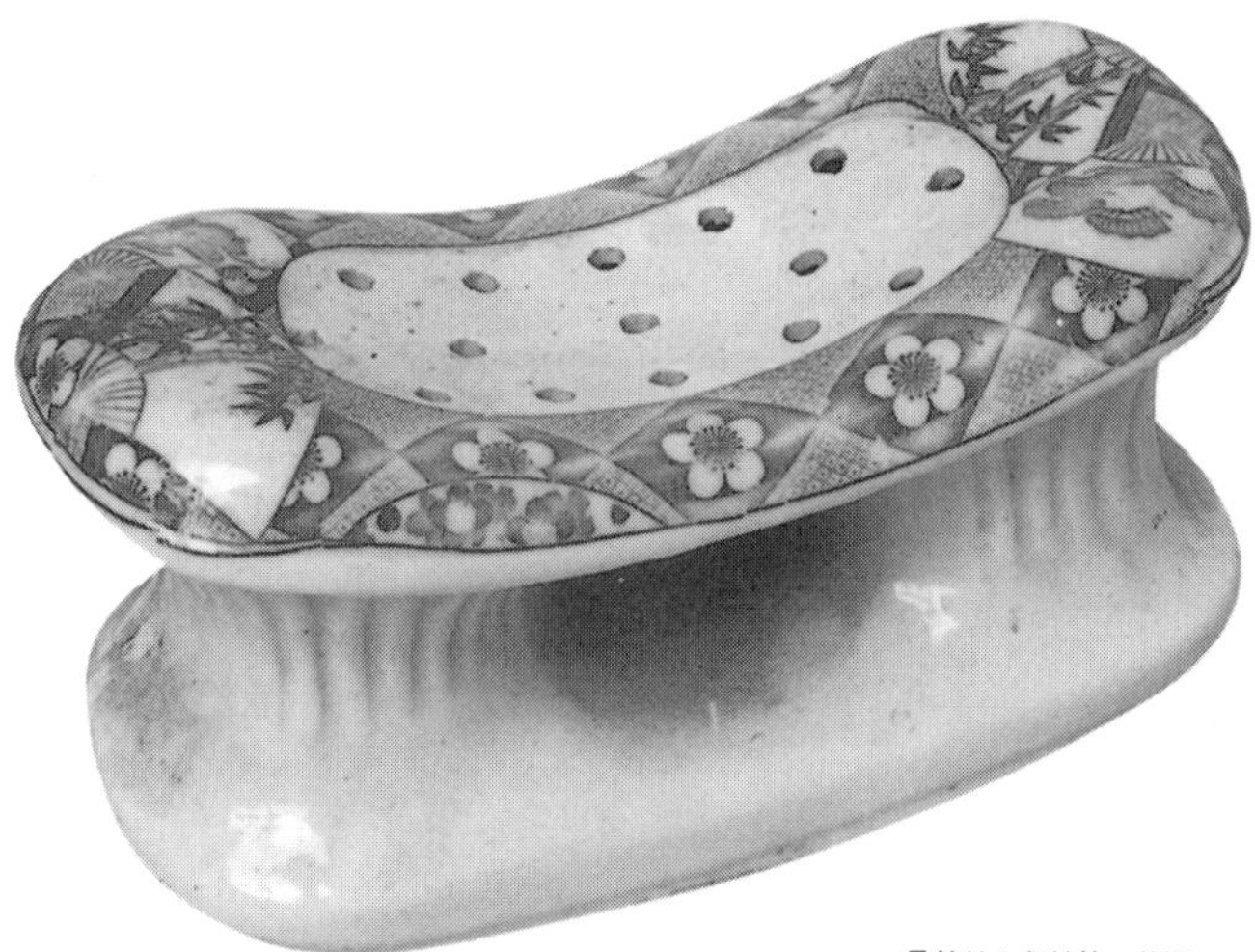

⬅陶枕。穴の開いているところをみると、香を焚いて使ったか

⬇香炉枕。大名道具で、香箱などが揃っていて、香を焚きながら寝た

⬇箱枕と収納箱。普通はこの箱枕を布でくるんで使ったがじかでも使った

⬆陶枕。効能があるといわれたからか、夏涼しかったせいか、陶枕の種類は多い

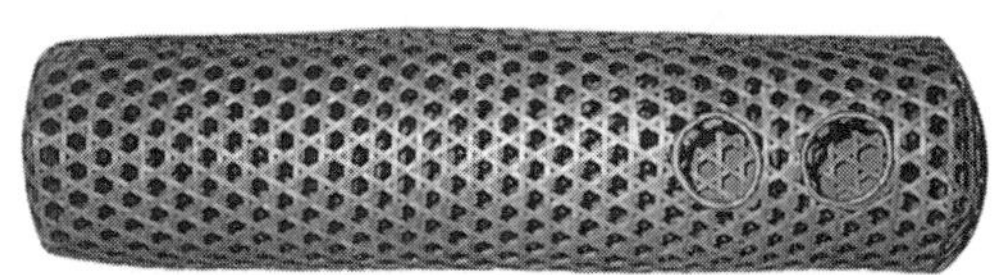

⬆これも寝具。竹夫人といって、夏これを抱いて寝て涼をとった

⬆葵紋枕。水戸家明子姫輿入の婿引手物。中央部は竹で編んである

枕（まくら）

訓蒙図彙に、枕、しんとうなりとある。江戸時代にはただ藁（わら）を並べて巻いたものから、香を焚ける仕組をつけたものまで、かなり豊富な種類がある。一般の家庭でも穀物の殻などを入れたものが使われていたようだ。

細かく編んだ竹を頭というか首を当てる所に使った蒔絵の枕、大名の使ったものだが、現在に残されている優美な枕もある。

⬅江戸時代から雷除けになると信じられていた蚊帳に雷が落ちた図（狂言画譜）

⬇江戸時代の蚊帳を吊った図。四隅に輪があり、これを四隅にある紐で結ぶ（守貞漫稿）

⬇いづめ。子育ての道具。木製は、ゆりかごのように揺れるようにできている

⬆えじこ。この中に布団を敷き、赤ちゃんを寝かした一種の子育て道具の高級品

⬅舟。赤ちゃんに産湯をつかわせるために作られた物。親の愛情の表現だろう

蚊帳（かや）

訓蒙図彙を見ると、蚊帳の最初は帳としてある。つまり空間を仕切る布の意味だという。これが細かな目の布で虫を防ぐものになったのか、川柳に蚊帳を吊ると子供がよく寝るといったものまで登場する。江戸時代は、出歩く商人は多く、貧しいものが多かったが、蚊帳売りだけは専門の店の手代などが声自慢の男を連れて売り歩いたと『守貞漫稿』にはある。

保育器（ほいくき）

江戸時代にこうしたものが使われたのは農村でだろう。何故なら絵草子などにこうした絵を見かけないので。農村ではかなり遅くまで使われていた事実はある。

藺草を編んで籠にしたり、木でゆりかご状に作ったり、産湯をこれで使わせたというのは、母親のぬくもりを現在に伝えるもの。藁などの籠は赤子を農作業に伴ったあかしで、女性が働いていた証明ともいえる。

文房至宝

⬆万延元（1860）年に刊行された『狂言画譜』に描かれた絵師の図。絵筆や絵の具などが所狭しと見える

江戸時代に、文字を書くにしても絵画を描くにしても最低必要としたのは紙、筆、そして墨に硯。これを文房四宝といった。つまり、書斎で大切な四つの物といった意味。さらに絵描きはこれに絵の具がいる。書家は文鎮がいる。こうした物の中でも名品を風雅の道を心得る人達はこぞって使っていた時代でもあった。これらの文房「至宝」を見てみる。

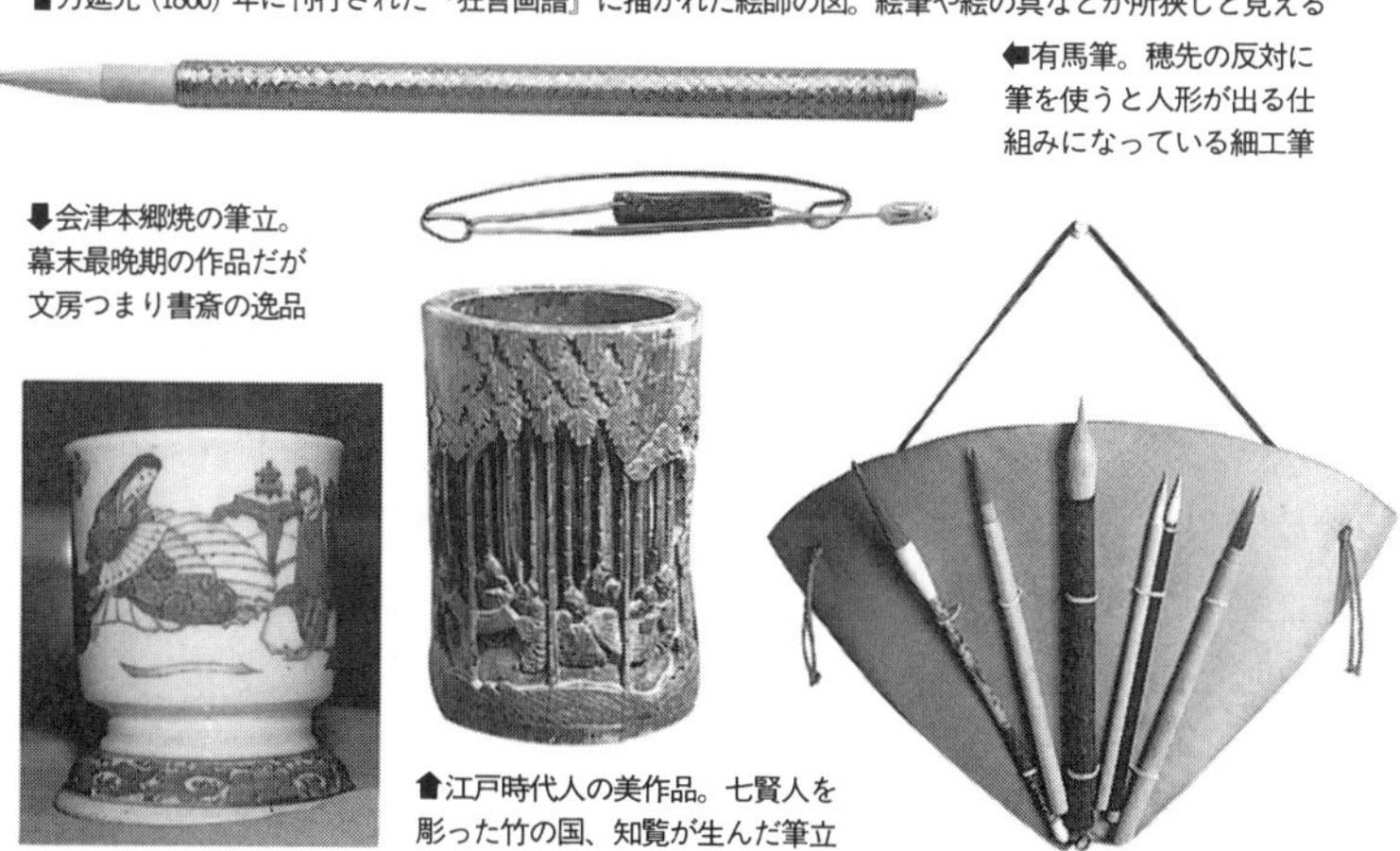

⬅有馬筆。穂先の反対に筆を使うと人形が出る仕組みになっている細工筆

⬇会津本郷焼の筆立。幕末最晩期の作品だが文房つまり書斎の逸品

⬆江戸時代人の美作品。七賢人を彫った竹の国、知覧が生んだ筆立

⬆馬の尾の毛、鼬、羊、白狸の毛を使った奈良筆。どの毛も江戸時代からあった

⬆萩焼の筆洗。俵の形を使ったもので、俵手と呼ばれる。筆を使う風雅さがある

筆と墨（ふでとすみ）

文房具の中でも、文房四宝と呼ばれた物は特に幕末期には良いものに人気が集まったようだ。

それが今に伝えられて各地に残っている。国産で最も一般人が知っていたのが奈良の墨。もちろん高級品は中国からの物。筆も一般人が使ったのは奈良や安芸国、つまり広島県の熊野の筆だった。安芸国の歴史を書いたものにも、農民が作って売りに出るとある。

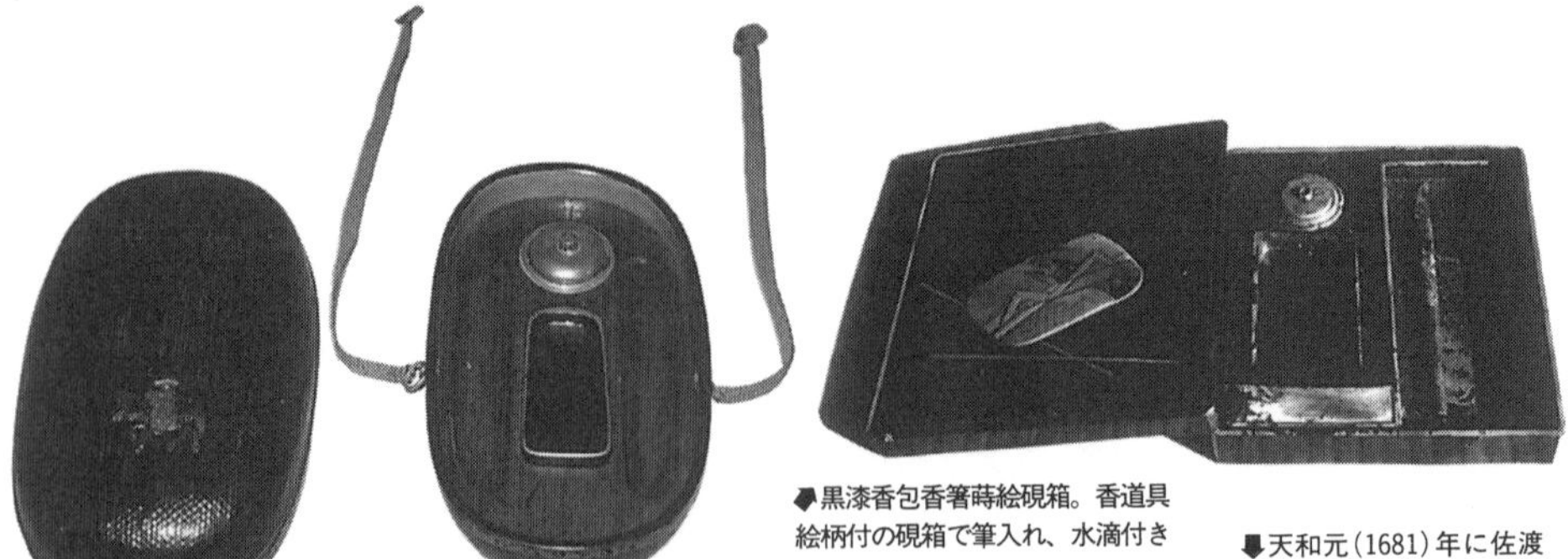

⬆蓋に旅人の絵がある硯箱。硯、水滴が埋め込まれていてひも付き

⬅黒漆香包香箸蒔絵硯箱。香道具絵柄付の硯箱で筆入れ、水滴付き

⬇天和元（1681）年に佐渡に流された小倉大納言遺愛の素朴な金蒔絵の硯箱

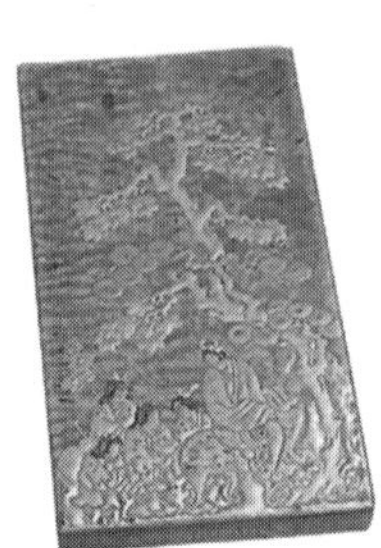

⬆江川太郎左衛門が菓子箱で自作した硯箱。坦庵と号した人を偲ばせる

⬆黒漆梅蒔絵硯箱。緻密な図柄で工芸品といってもよい見事な硯箱

⬆螺鈿細工の見事な硯箱。水滴にも貝を使ってあり、筆置きにも貝がある

硯（すずり）

今に残された硯を見ると工芸品といってよい物が多い。焼き物で作られた硯。硯箱とともに制作された物。間違いなく文房四宝の一つといえる。また、各時代に様々な形で描かれた職人図の中に、必ずといってよいほど硯を彫る姿が出てくる。肩に鑿（のみ）の先を当て、身体全体で石を削っていく。現在もそうした作業をしている人の肩は、長年の間に窪んでしまっている。

⬆松平慶永、春嶽の使った洋式手帳と筆。江戸期の文房四宝の前衛か

⬆幕末の版本『商人軍配記』に出てくる文机と文房具。その頃の文人の姿を見る

⬆小川破笠作の経巻箱。琳派風の中にも中国の絵画美を採入れた作品

⬇文房至宝の一つ、紙を入れる琉球堆朱の料紙箱。書斎の宝だったろう

⬆江戸時代の手法を生かした初代徳田八十吉作の筆の軸と硯と水滴。焼き物でこれらを作った技法は江戸期

➡琉球堆朱の硯箱。硯と墨と筆があり、左上の料紙箱と対の文房具になっている

箱（はこ）

城中の「右筆」という文章を作り書く人たちや、町の狂歌や俳句の宗匠でも、金持ちは凝った箱類を手元に置いた。また、名のある工芸家も書斎に置かれる箱の制作にあたっている。代表例が江戸時代中頃にいた小川破笠。

小川破笠は、茶席の屏風や菓子器、ここに挙げた経巻箱など、秀逸な作品を残している。彼自身も芭蕉の門人で俳句も残されているという。箱も文房至宝だったのだ。

⬆幕末の『神事行燈』に描かれた義太夫を語る場面。見台を前にうなっている姿

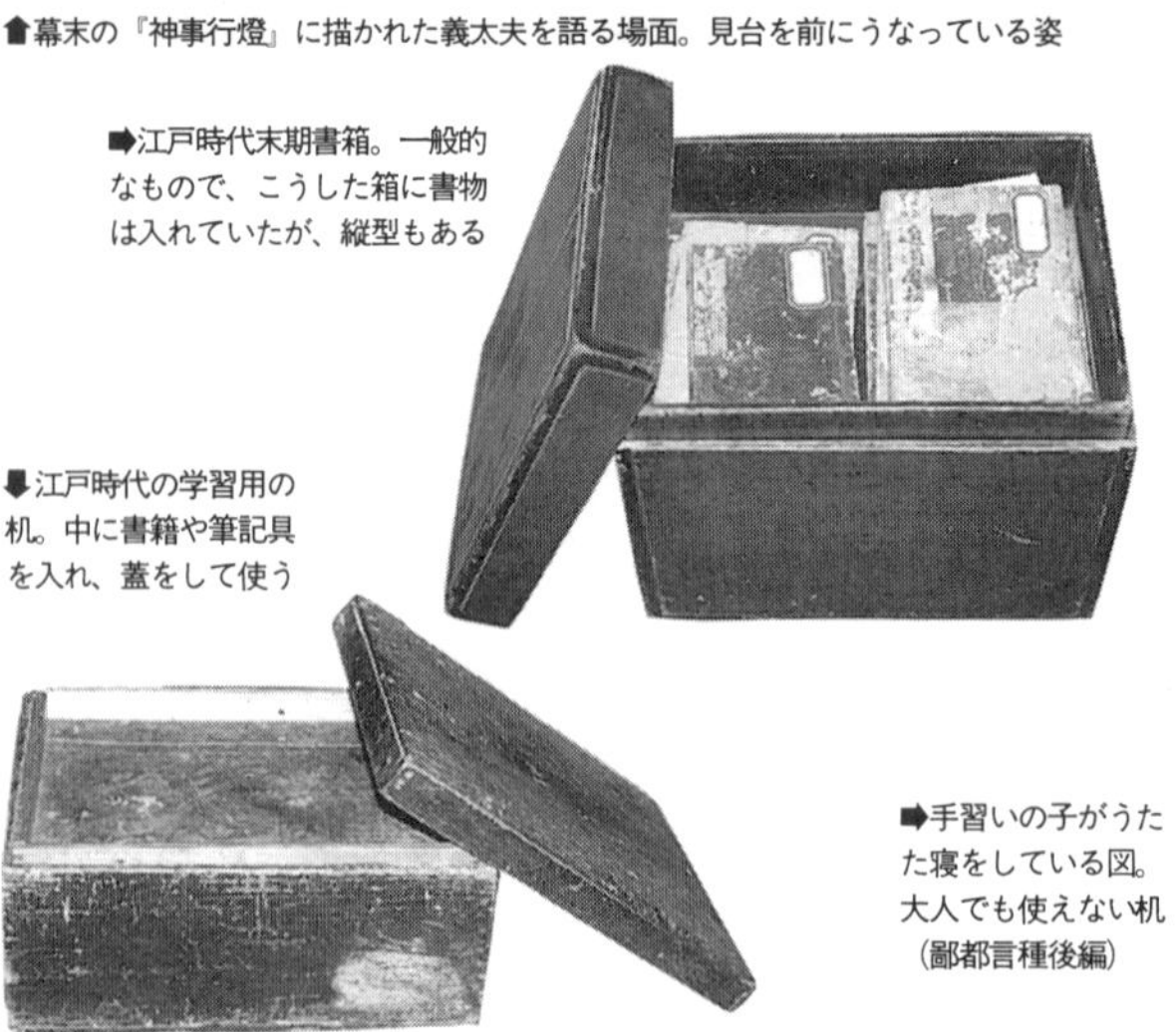

➡江戸時代末期書箱。一般的なもので、こうした箱に書物は入れていたが、縦型もある

⬇江戸時代の学習用の机。中に書籍や筆記具を入れ、蓋をして使う

➡手習いの子がうたた寝をしている図。大人でも使えない机（鄙都言種後編）

机（つくえ）

机は、古くは部屋の床にじかには置けない品を載せる台だったが、江戸時代には、本を読んだり、文字を習うのに使った。その図が上のものだが、こうした立派な文机をすべての子供たちが使っていたわけではない。上の写真の箱も、書物を入れる箱であると同時に、蓋をしてその上で手習いをした勉強机だった。本棚も同じようにこうした箱を使っていた。

見台（けんだい）

書物を読む台。中央に一本か両側に二本の足があり、それに板が付いていて、通常は書物を読む台だが、義太夫などでは語る人がもっぱらこれを使う。豪華なものになると漆塗蒔絵といったものもあり、殿様が書見に使ったものが残されている。机の上に書物を置いて読むより合理的なものだが現在はなくなってしまっている。しかしここにも江戸時代人の読書に対する考え方が存在するともいえる。

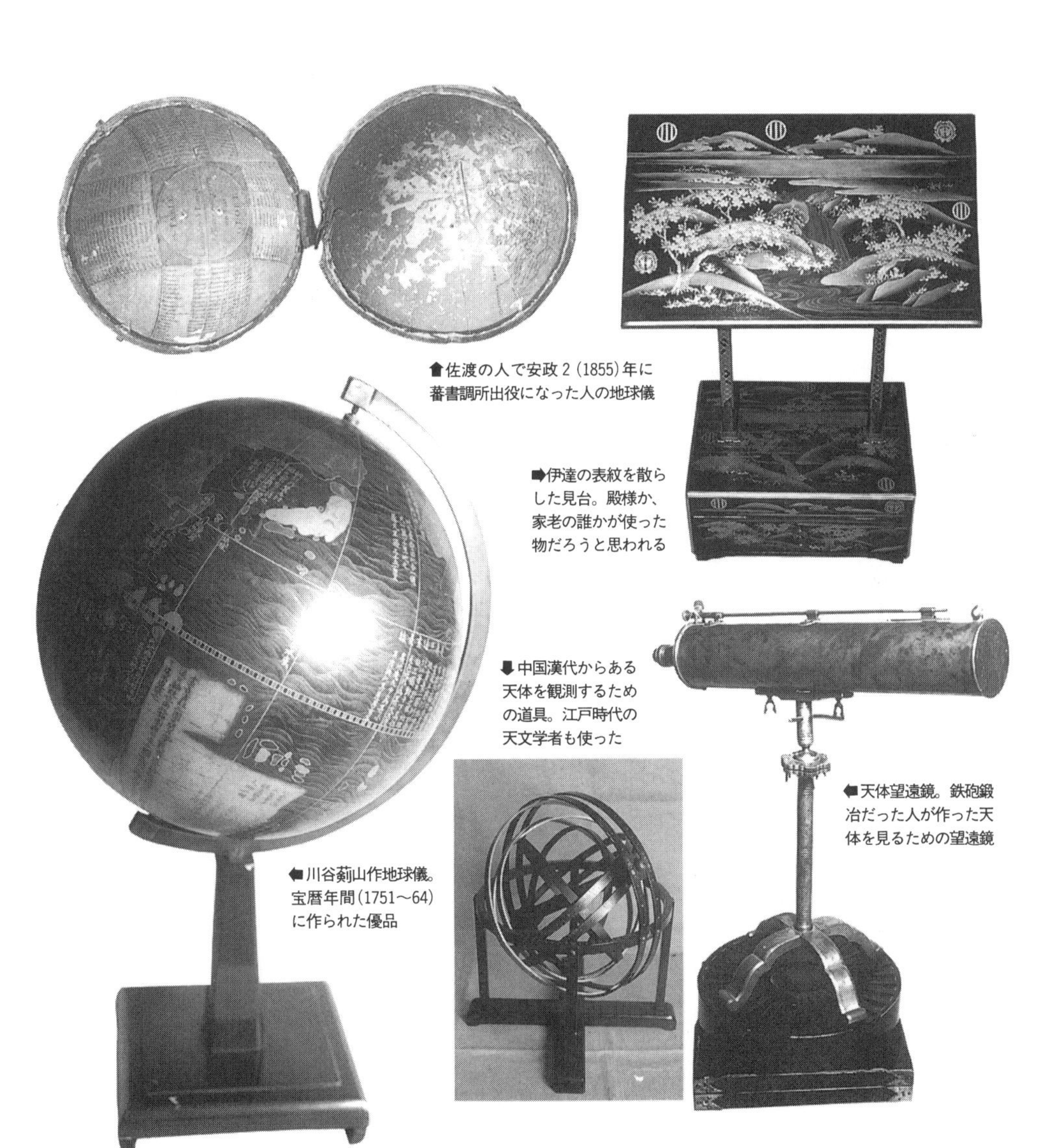

⬆佐渡の人で安政２(1855)年に蕃書調所出役になった人の地球儀

➡伊達の表紋を散らした見台。殿様か、家老の誰かが使った物だろうと思われる

⬅川谷薊山作地球儀。宝暦年間(1751〜64)に作られた優品

⬇中国漢代からある天体を観測するための道具。江戸時代の天文学者も使った

⬅天体望遠鏡。鉄砲鍛冶だった人が作った天体を見るための望遠鏡

地球儀と渾天儀（ちきゅうぎとこんてんぎ）

仮に地球儀という言葉をここに示したが、この言葉が江戸時代にあったかどうかは定かではない。

ただし、この地球儀を作った川谷薊山の曽師というか四代か五代先の幕府天文方渋川春海（一六三九～一七一五年）はすでに球の考え方に立っていたといわれる。つまり居る所が球体であると。渾天儀は中国の、古代から天体を観測するための道具として存在している。

望遠鏡（ぼうえんきょう）

この言葉は江戸時代にもあったようだ。一般には遠眼鏡といっていたともいう。家康に献上されたともいわれ、靉靆（あいたい）つまり眼鏡として扱われたようだ。岩崎善兵衛が家元ともみなされているが、鉄砲鍛冶の、国友藤兵衛は反射望遠鏡まで作っていたといわれる。

オランダに優れた眼鏡師が誕生したことも日本の天文学を発展させたのかも知れない。

時計と暦

江戸時代の刻と暦を理解することは大変難しい。簡単にいうと、月の動きですべては決まっていたといえるが、暦の上では満月を中心に考えていたが、太陰太陽暦という考え方が通用して閏月を作り、ほぼ今の暦に近いものを使ったといえる。刻限も同じように、昼と夜をそれぞれ六等分にし、明六つから暮六つまでを日常の生活基準とした。

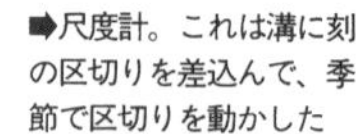

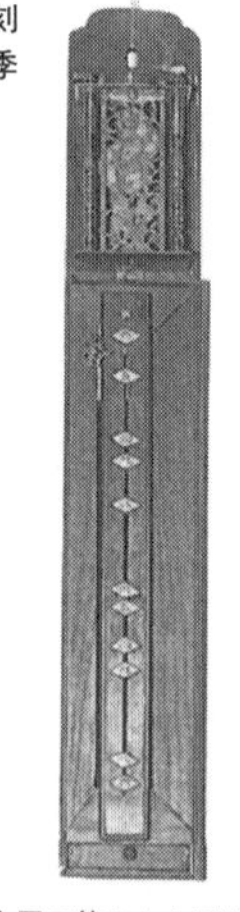

➡中央の刻を示す文字盤を、季節ごとに代えたと思われる、尺度計

➡尺度計。これは溝に刻の区切りを差込んで、季節で区切りを動かした

⬇簡単な作りの台時計。構造的には櫓時計と同じで、重りが主動力

⬇金属で飾られた尺時計。刻の区切りは差替えて、使ったようだ

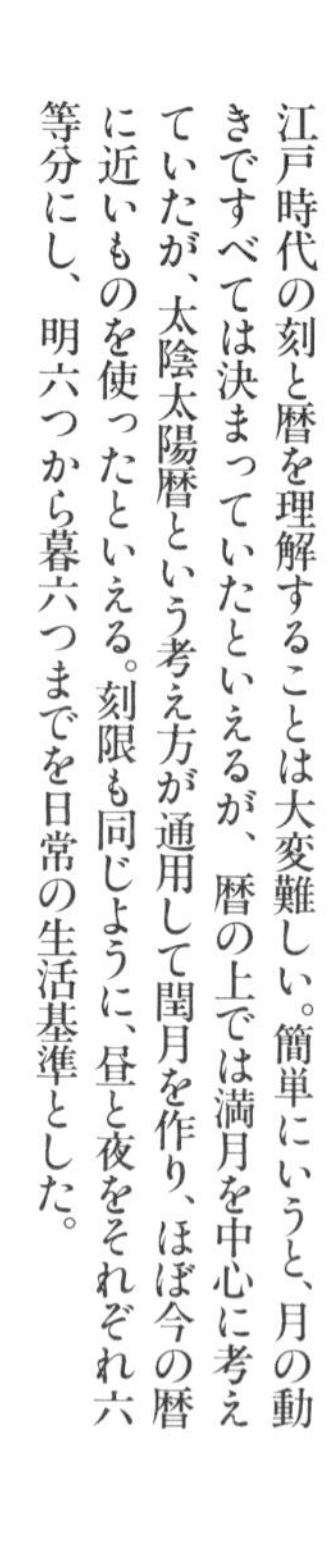

⬇これも刻の区切りを溝によって移動させた尺時計。左側は刻の針

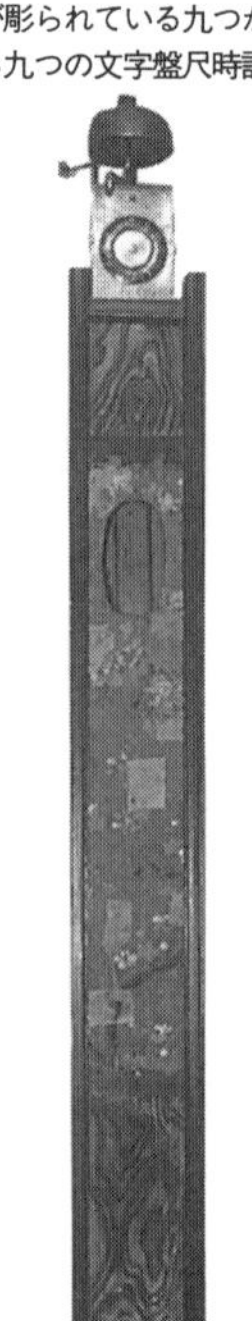

⬆伊能忠敬の雅号東河が彫られている九つから九つの文字盤尺時計

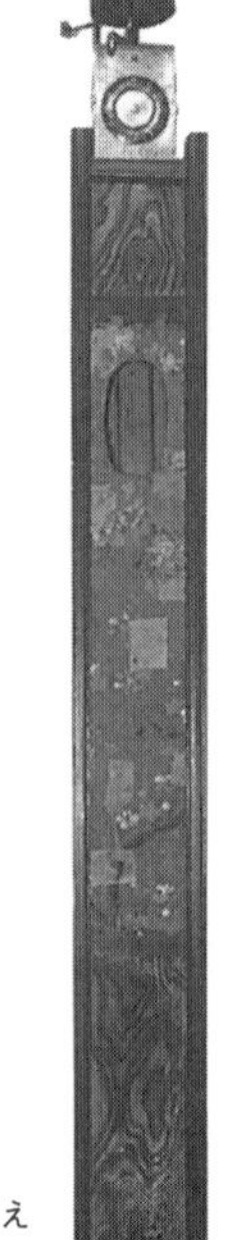

➡尺時計のように見えるが、櫓時計の変形。動きを下でも示したか

⬇針が固定されている台時計。刻を示すのは、文字盤の回転で行う

➡重りを櫓で隠した時計。こうした時計を一般に櫓時計と呼んだが、調節専門家が必要

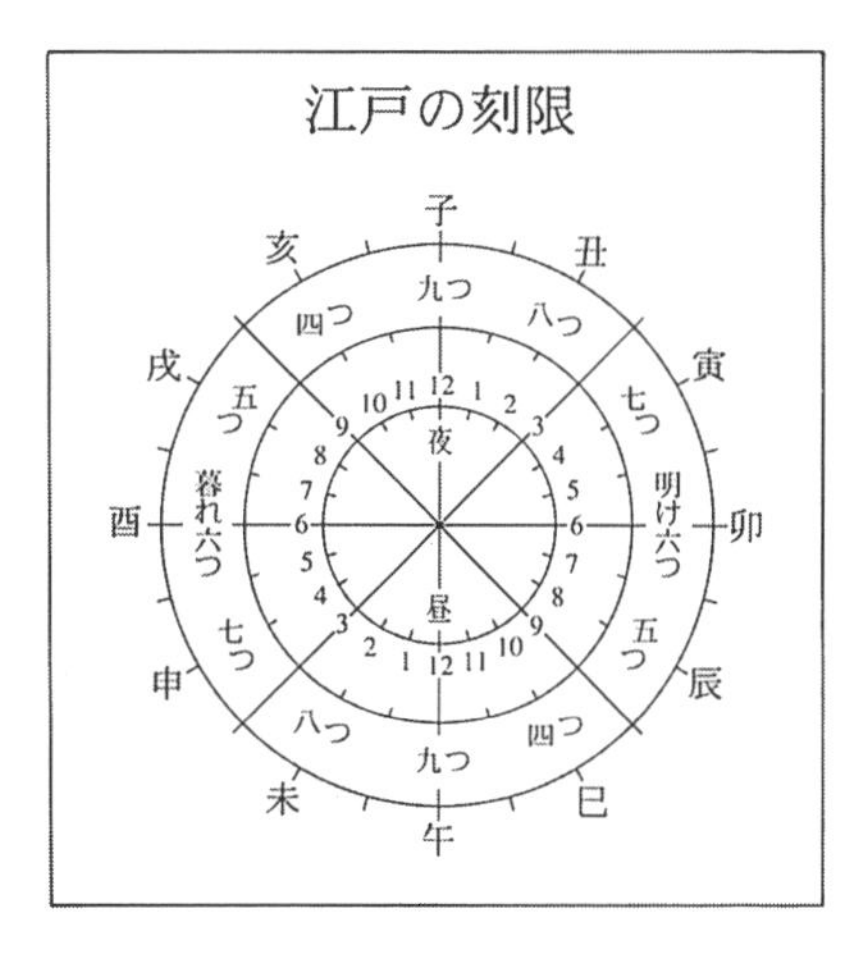

⬅金属の部分と木の部分が調和した工芸作品ともいえる台時計。日本の美

➡二本天符の櫓時計。重りの位置で昼夜の刻を変える仕組の時計

➡典型的な櫓時計。重りで歯車を回し、針を動かす。文字盤は午が上にある

時計（とけい）

江戸時代の刻、今でいう時間を知るには、まず昼を六等分、夜を六等分していることを記憶して欲しい。つまり、日照から日没までを六等分し、日没から日照までを六等分した。

こうすると、昼の長い夏と、短い冬では刻の長さが変わってしまう。これが幕末まで続くので、すべての生活習慣がその季節の刻によって決まっていた。

簡単に説明すると、夜中の真ん中の時間を基準にして、その対極を正午とした。夜の真ん中が十二支でいうと子の刻で九つ。これから約二時間ごとに、丑、八つ。寅、七つ。卯、六つで、これが明六つ。それから辰、五つ。巳、四つ。次が午で、九つ。未、八つ。申、七つ。酉、六つ、これが暮六つ。次が戌で、五つ。亥で四つ。この次は子に戻る。

一刻を約二時間といったのは、その季節の日照から日没までは差があるので、昼を六等分、夜を六等分といっても、季節で異なるので「約」二時間となる。

⬆変わり時計。輸入された時計を和時計に変えたもので、掛時計型にしてある

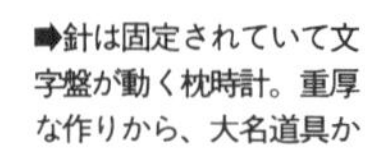

➡針は固定されていて文字盤が動く枕時計。重厚な作りから、大名道具か

⬇移動可能な枕時計。刻を示すだけではなく日の十二支も示す時計

➡目覚まし時計。化政期に作られた、月の満ち欠けを表示する時計

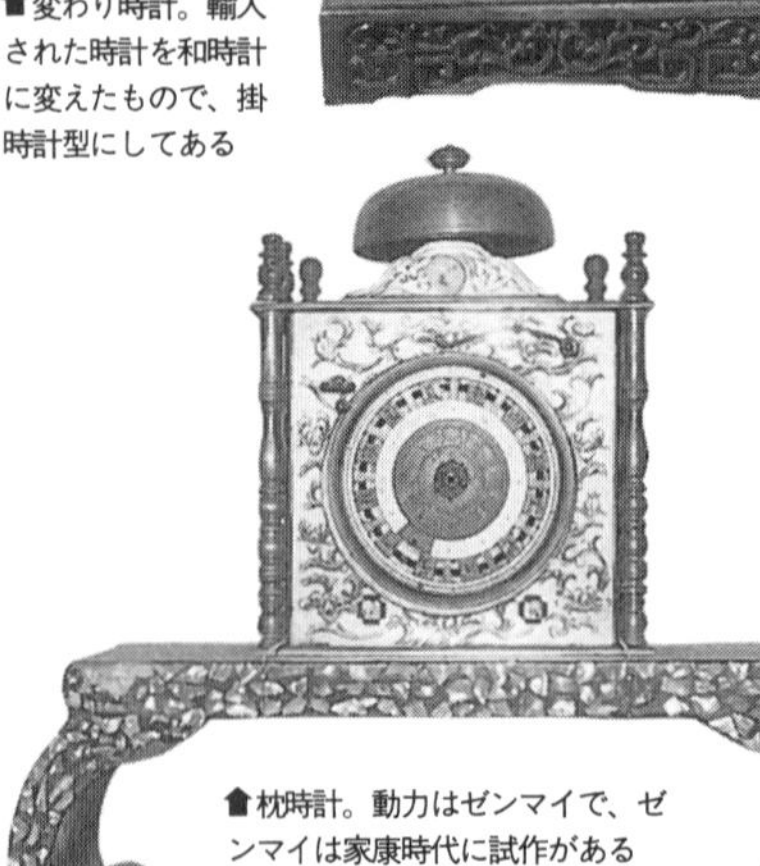

⬆枕時計。動力はゼンマイで、ゼンマイは家康時代に試作がある

⬆お籠時計。何故この名があるのか。ゼンマイ式の置時計だが形から呼ばれたか

江戸城にはこれを専門に調節する時計坊主というのがいて、毎日その刻限を正確に時計が示すように調整する役がいた。

　これを見計らって、太鼓で打ち、それを聞いて町中の時の鐘が刻限を鐘で知らせた。ずいぶん面倒な仕組だが、この刻限に慣れた人たちは、生活の手順をそれに合わせて暮らしたので、さほど不便は感じていない。

　時計の機械は西洋から入って来たのだが、これを日本の刻限に使えるようにしたのが江戸時代の時計師。重りを上げて、その重りが下がる加減を動力にしていた。この時計に、遅速を加減する棒が付いていたが、小さな重りが中心部に来ると針は速く動き、外側だと遅くなるのを利用して棒を長くして刻みの数を増やし、その日の刻限を正確に示すようにした。この棒を天符という。さらに進むと昼用、夜用二本の天符を付け、昼夜の異なる一刻を自動的に昼の一刻と夜の一時を示せるようにまでする。時計の仕組を会得すると、今度は針は一定の動きだが文字盤を付け替えて不定時を示す時計も作る。これは金持ちなら使えただろう、専門家のいらない時計。

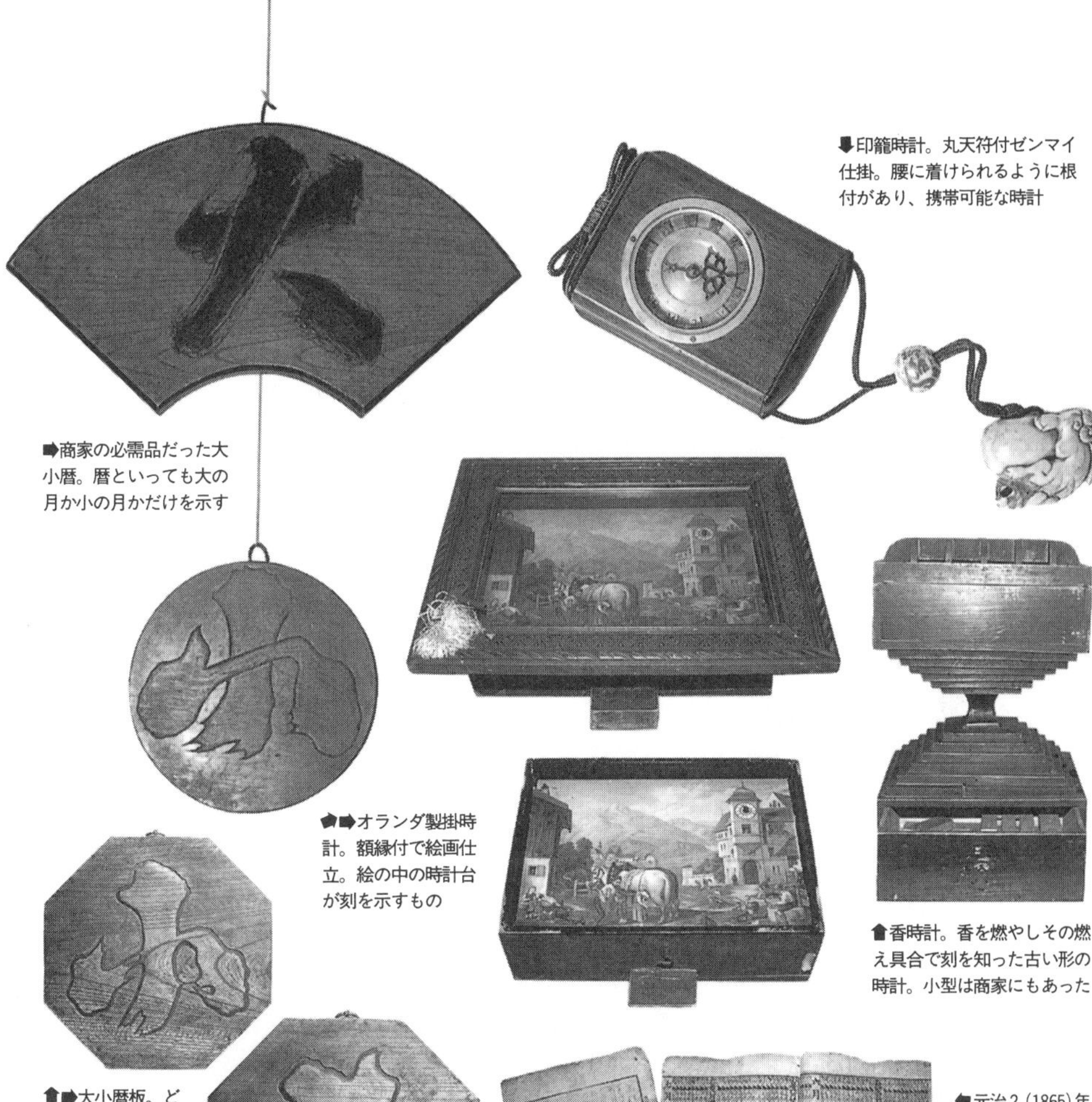

➡商家の必需品だった大小暦。暦といっても大の月か小の月かだけを示す

⬇印籠時計。丸天符付ゼンマイ仕掛。腰に着けられるように根付があり、携帯可能な時計

⬆➡オランダ製掛時計。額縁付で絵画仕立。絵の中の時計台が刻を示すもの

⬆香時計。香を燃やしその燃え具合で刻を知った古い形の時計。小型は商家にもあった

⬆➡大小暦板。どちらか必要の方を目立つ所に掛けたり片方を裏返した

⬅元治2（1865）年の三嶋暦。その日がどんな日かについてこまごまと記されている。うるさい人をたとえて三嶋暦ともいった

暦（こよみ）

江戸時代の暦を今は旧暦といって示してある暦がある。おおよそ四十日遡った頃が旧暦のその日にあたる。天保十五（一八四四）年に改正された暦はかなり精度の高い太陰暦だといわれる。しかしそれは学問上のことで、一般人は、その月が大の月か、小の月かがわかれば別段困らなかったので、大小閏を知るために、あるいは農作業の日程を決めるために、暦を使っていたといってよい。一年を十二か月にし、二十九日の月と三十日の月を決め、三百五十四日を一年にした。こうすると五年に二度ほどの閏月を挿入しないといけないので、暦売りの言葉を借りれば閏年のある年は「十三か月の御重宝（ちょうほう）」ということになる。

幕末には、この大小を自分で考えた絵暦というか、大小を絵解きにすることが流行り、文化人の高級な遊びとして、流行したこともある。商家などでは、裏表に大、小、の文字を書いたものを壁に掛け、大の月には大の字を、小の月には小の字を出していた。

火消

江戸時代の火消を大きく分けると三つになる。その一つは、大名火消。江戸城や藩邸の近所を消火する。次が定火消（じょうびけし）。これは旗本の係で「がえん」と呼ばれる人足を常に置いていた。三番手が最も華やかだった町火消。各組に纏があり、組の印、いろはの文字を図案化した半纏を着た消火の専門職で、江戸の町中では最も活躍した。いさみの人達。

⬆龍吐水係が着たと思われる印半纏。龍吐水や玄蕃桶の係は平人足の下とされる

⬆い組の纏。上の部分がもともと纏だが、これをだしともいった。下部はばれん

➡い組の印半纏。道具持ちと呼ばれる役半纏、龍吐水などを運ぶ者以外はこれを着た

纏（まとい）

纏というのは町火消の旗印のようなもので、江戸では、享保十五（一七三〇）年にいろは四十八組として町火消が誕生した。

それ以前にもすでに町火消はいたが、カタカナで組分けしていた。享保十五年から組名はひらがなになり、その頃から各組の纏が作られるようになった。面白いのは組名のなかで「ん」は本、へひら、は百千万に変えてあること。

⬅纏持ちの印半纏。梯子持ちとともに、道具持ちと呼ばれた、頭取に次ぐ組の最高位

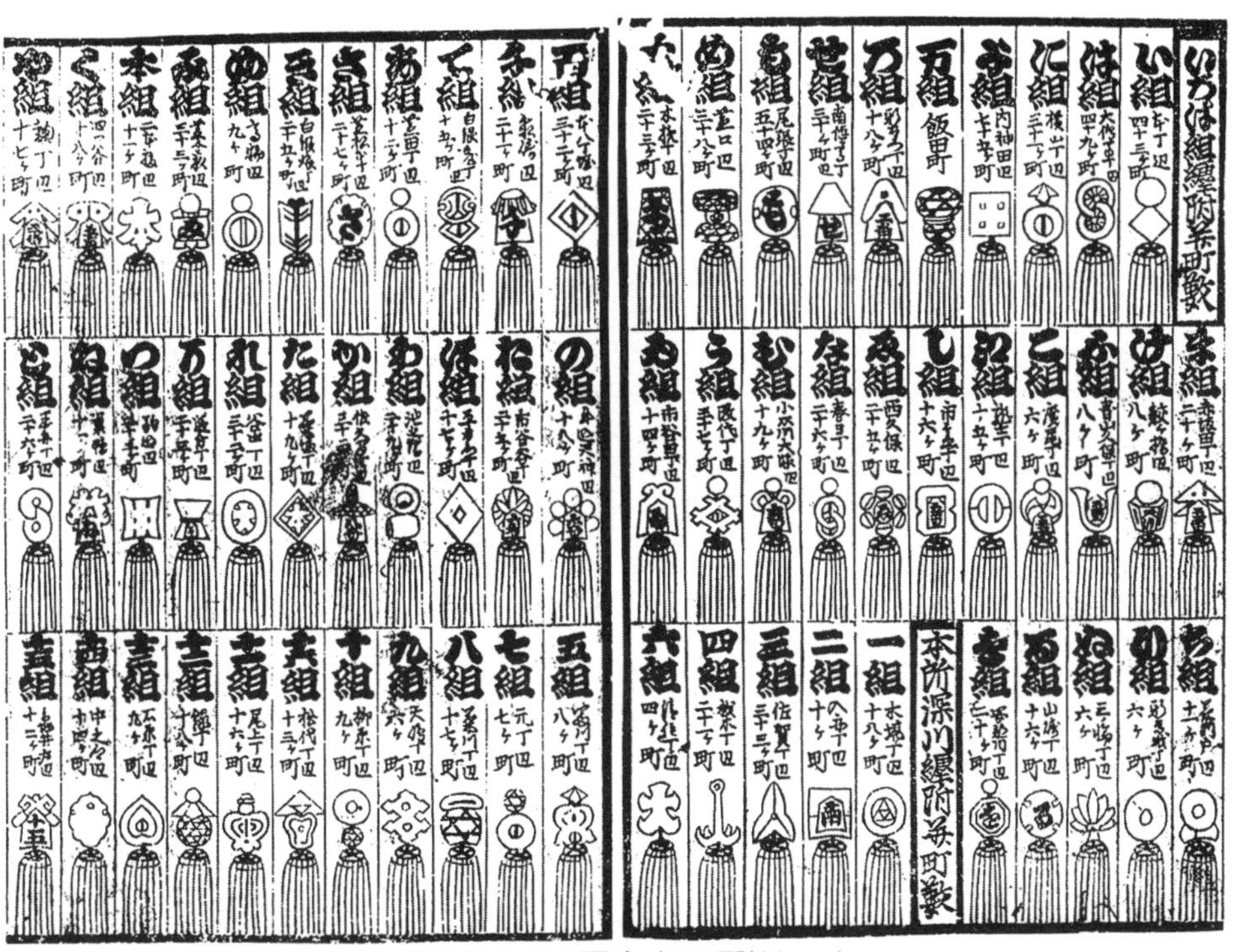

⬆幕末に出た『御江戸町盡』にある火消の一覧表。本所深川は江戸町内の組とは区別されていた

➡火消の組内で道具持ちと呼ばれた、梯子持ちが着た印半纏。大紋は梯子の字

➡玄蕃桶を持運ぶ係が着たと思われる印半纏。半纏の柄は纏と関係がある絵柄

➡本所深川は南北中に大別されたが、その北組の十五組の印半纏。柄は纏から

上の一覧表にもあるように、本所深川は、一から十六までの数を組の名にしていた。

もともと纏というのは、戦で馬印のような使われ方をしたもので、自分の隊の動きを隊員が知るために使われたが、先にもいった享保十五年の改正の時に消火の火消組に使われるようになった。正式には纏とはその頭部にあるもののことをいい、下に付いたひも状のものは「ばれん」と呼ばれる。

ともかくこの纏は火消の心意気を示したもので、その家が焼け落ちるまで、火がかりしている組の纏はその屋根にあった。

半纏（はんてん）

半纏とは文字通り上半身にまとったもので、火消の半纏には必ずその組の文字が大きく書かれていた。右ページの丸と四角の組合せが「い」組みの纏で、その右下が「い」組みの半纏。このほかに、火消は役半纏というのがあり、纏持ちをはじめ、龍吐水の係を示すものや玄蕃桶（げんばおけ）を預かる役を示す半纏などがあった。火にかかる時は刺子を着、水をかぶる。

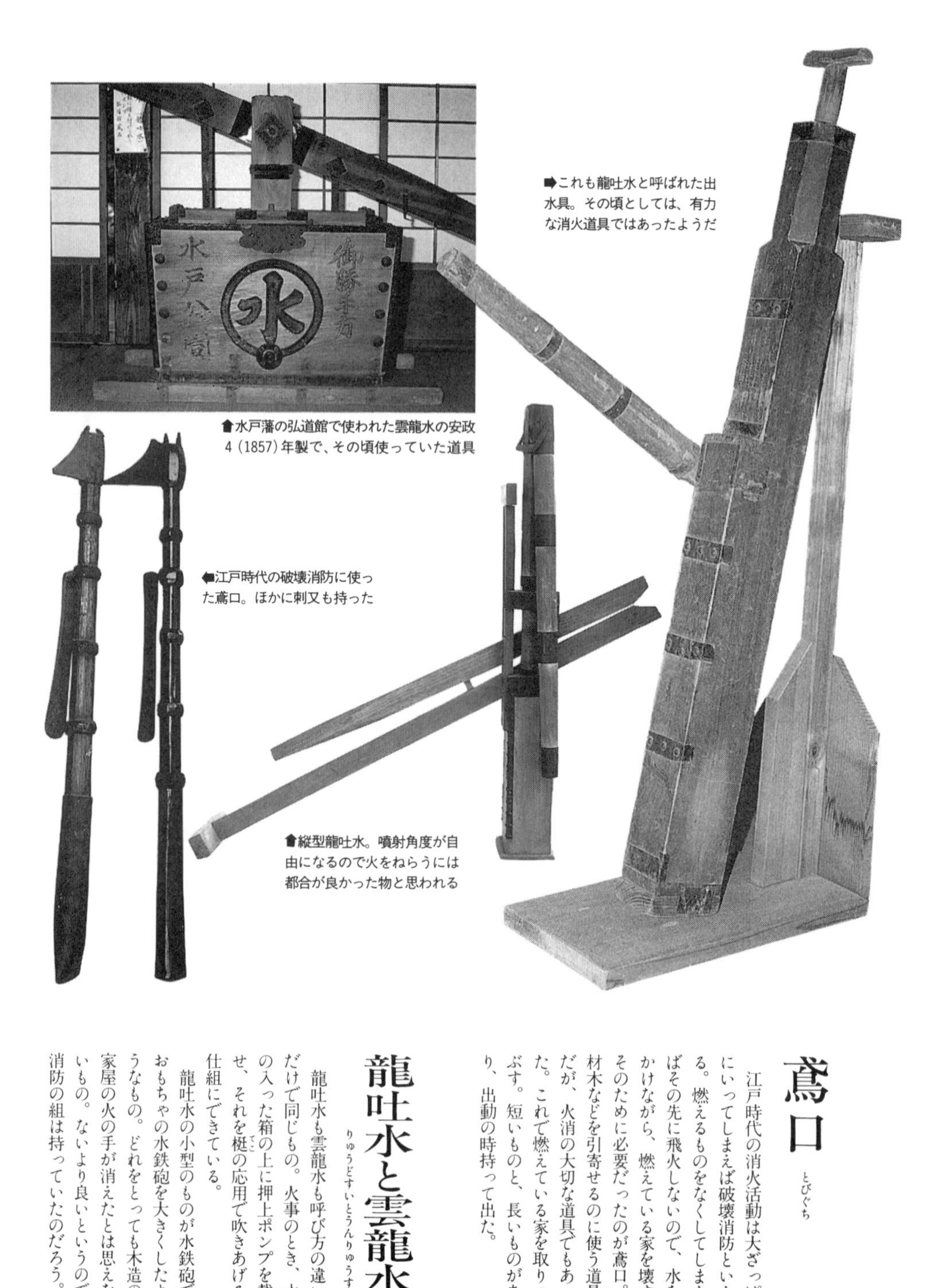

➡これも龍吐水と呼ばれた出水具。その頃としては、有力な消火道具ではあったようだ

⬆水戸藩の弘道館で使われた雲龍水の安政4（1857）年製で、その頃使っていた道具

⬅江戸時代の破壊消防に使った鳶口。ほかに刺又も持った

⬆縦型龍吐水。噴射角度が自由になるので火をねらうには都合が良かった物と思われる

鳶口（とびぐち）

江戸時代の消火活動は大ざっぱにいってしまえば破壊消防といえる。燃えるものをなくしてしまえばその先に飛火しないので、水をかけながら、燃えている家を壊す。そのために必要だったのが鳶口。材木などを引寄せるのに使う道具だが、火消の大切な道具でもあった。これで燃えている家を取りつぶす。短いものと、長いものがあり、出動の時持って出た。

龍吐水と雲龍水（りゅうどすいとうんりゅうすい）

龍吐水も雲龍水も呼び方の違いだけで同じもの。火事のとき、水の入った箱の上に押上ポンプを載せ、それを梃（てこ）の応用で吹きあげる仕組にできている。

龍吐水の小型のものが水鉄砲でおもちゃの水鉄砲を大きくしたようなもの。どれをとっても木造の家屋の火の手が消えたとは思えないもの。ないより良いというので消防の組は持っていたのだろう。

第二章・食

食の器

◆江戸の道具考◆食

江戸時代の食の道具には二つの面がある。酒器類のいさみ肌と、皿などの女性的初々しさ。これの接点に弁当箱類がある気がする。噺にある升酒を江戸っ子が飲む姿を想像して欲しい。ひょいと入って声を掛け、立ったままで升のすみに少し塩を載せて一気に飲干す。こうした気分が江戸時代の酒器には充満している。船徳利などは揺れる船の中で酒を飲むための道具に過ぎないが、底を広くし、寸を縮めて安定を良くしている。これで酌み交わす酒は、死なばもろともの乗合の衆だから喧嘩になるわけはない。さっぱり飲んでごろっと腕枕。仮に飲み残しがあっても、物にぶつかったり倒れたりする気遣いはない。

江戸時代の武士も町人も瓢(ひさご)を大変贔屓(ひいき)にした。人に教えてもらい、屋根に蔓をはわせて秋にこれを収穫し、好みの細工をして酒筒にする。中には持ち寄ってこれはこう、あれはこうと品定めをする。自然物だからそう好みにはまった物はできない。そこで瓢を売る専門の店が誕生するのだが、津軽には面白い細工が誕生する。

始めは自分用に作ったのだろう。こよりで好みの瓢の形を作り、編み上げたら漆塗にして仕上げる。これを見た粋な酒飲みが求める。天然の瓢ではあり得ない形ができ上がっているからだ。そこでこれを扱う商人が出てきて、注文を一手に取り、下職にながした。これはここをこう工夫してくれ、尻の部分を大きくなど注文主の要求を満たしていく。専門の漆職人がこれまた望み通りに漆で仕上げていく。これらは現在残されている数多くのこより漆瓢から想像するのだが。しかもこれは下級武士の内職だったというところからの想像だ。

現在は骨董的価値が上がってしまって、なかなか手に入りにくい蕎麦猪口(そばちょく)も職人が生み出した美だ。蕎麦猪口は最初、湯呑みとして生まれたのだという。いたのは技を極めた職人だけ。これに負けじと頑張る職人が次の世代を継いでいく。付けた絵に嫌みがない。凝ってもいない。素直な姿と素直な絵付が現代人に現代とは違うものを与えてくれる。

漆の仕事も職人が生み出した美だ。名の知れた絵師が漆職に知恵を与えた仕事はあるが、多くは職人の手による美しさだ。中でも漆仕事の華は提重(さげじゅう)という花見や大名行列のお供をした弁当。あるいは、自作の太い竹を切っ

て提重にしたものなどは、竹という素材を知り尽くしてこその花見の気分を高める仕事。大きな瓢箪を輪切りにして細工を施した仕事。徳利を持つ人形がいて、野原に出た時は酌をしてくれる。人がこの人形を持って相手の杯に酒を注ぐとこういうことになる。どれをとっても気分の盛上げかたに気配りがうかがえる。

酒飲みの道具の話ばかりになって恐縮だが、祝いの酒を入れて相手に贈った樽の存在も見逃せない。二つ一組として相手に差し上げる祝いだから、婚礼に使うことが多かった。腹には大きな絵が施してある。袖があるものとないものがあるのが指樽（さしだる）。江戸中期にはもう骨董屋にしか見かけなくなったと書かれてはいるが、それでもいくつかは幕末まで作られていたようだ。姿の美しい模様の凝った祝いの酒を入れた容器、指樽。かぶらの絵があり、揚羽の蝶の紋があり、中には巧妙な松と藤を描いて男女の陰陽を描いているものなど、江戸の遊び心がここにある、といえるものが残っている。

長く手をのばした角樽（つのだる）。こちらは現在でも技は継承されているが、江戸っ子が祝いの酒をこれでやり取りした情景は落語の『文七元結（ぶんしちもっとい）』に見事に語られている。赤と黒を基調にした色使いといい、形の良さといい、こうした姿、色が江戸の文化の底辺にあったことは忘れてはならない事柄の一つだろう。山形地方には、こうした角樽の手の長さから、丸い桶に長い手をつけ、これを兎の耳に見立てた祝樽の一つ、兎樽を生み出している。兎樽には大小があり、夫婦を暗示している。このほか祝の酒を入れた樽には、平たいだけのものあり、蓋部分だけ墨にしてそこへ朱で屋号を描いたものなど、地域や婚礼の場の違いなどで様々な表現がなされている。

最後に少し江戸時代人の酒の飲み方についてふれておこう。

江戸時代の宝くじ、富の札を買った男は、酒をまず神棚に上げ、それをおろして一人で酒を飲む。この場合は、肴はほとんどない。長屋の熊さんのかみさんが用意するのは干した鯛。戸から天井板までを薪に使ってしまおうという貧乏長屋の住人は、大家さんが用意したお茶けを下げ、大根を漬けた蒲鉾と沢庵の卵焼きをお重に入れて花見に行く。こうした連中も婚礼には鯛の付いた膳の前に座って祝いの酒を飲まされる。もう少し凝れるような連中は、芝居見物に使われた幕の内弁当を花見の重に詰めたりもする。江戸っ子は江戸前といって刺身を酒の肴にしたり、鰻のうまい店でちょっと一杯をやったりもする。金がなければ升酒で塩。

勝手場

江戸時代の勝手場と呼ばれた場所を想像してみよう。まず水が根本にある。野菜や魚は基本的には外で洗った。しかし、炊事や煮炊きに使う水は勝手になくてはならない。煮炊きは竈（かまど）か七輪（しちりん）などの薪か、炭を火力にするもので行った。勝手で仕上がった料理やご飯は、器に盛られ、食卓や膳に並べられ、家内のものか、客が口にすることになる。

⬆料理する男が、この家くらいめでたいことが続く家はない、といっている富豪の勝手（商人軍配記）

⬆➡天保十四年と書かれた桶。食器や蔬菜を洗うのに使ったと思われるもの

⬅そうけと呼ばれたざる。穀類などを洗うときに使った家庭の道具

⬅アイヌ桶と呼ばれる物。貯蔵用の桶だろうが、下の方に波と千鳥が朱で描かれている

⬅殿様が使う水を入れた鍵の掛かる桶。飲み水ではないとしても、これだけ厳重だった

⬆手桶。水を汲んで運ぶための桶で、一般家庭には、なくてはならぬ道具の一つだった

⬅飲み水を汲んでこの桶に蓄えた。それ以外にも、汁などを入れて食事の場所まで運ぶ

調理具（ちょうりぐ）

右頁の図を見て欲しい。これは大商人の勝手場だが、器の棚があり、俎（まないた）と包丁を使っている人物がいる。土間の男はこれから蛸（たこ）を料理しようとしている。

実際の家庭ではこれほど材料を集めて煮炊きをすることは少ない。右の桶は天保十四（一八四三）年に作られた桶。おそらく洗い物をするのに使ったものだろうが、桶、樽、ざる、といったものはどんな家にもあったろう。さらには、鍋釜が一つずつ。大根などをおろすおろし器も必要品だろう。農家ではこね鉢が必需品だったし地方の町でもこれは欠かせないものだった。長屋住いでは、米は特定の容器には入れないで、ありあわせの箱に入れていたようだ。

また、料理が冷めない容器も作られていた。今の柳川の鍋や、鰻の蒲焼を盛る器に、こうしたものは残されている。貝焼きを作るのに使った、きゃふろと呼ばれるもののように、その地域だけの勝手道具もあっただろう。これも興味深い。

➡素焼きの火を燃す竈に、貝の鍋を置いた「きゃふろ」。東北地方特有の料理用火の具

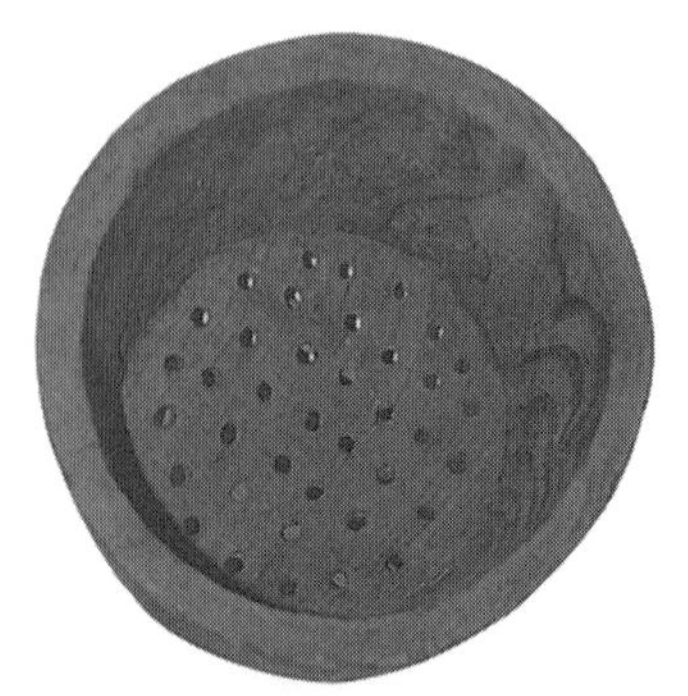

⬆蒸し器。強飯などを蒸したり饅頭なども蒸した。木製で底に蒸気用の穴がある

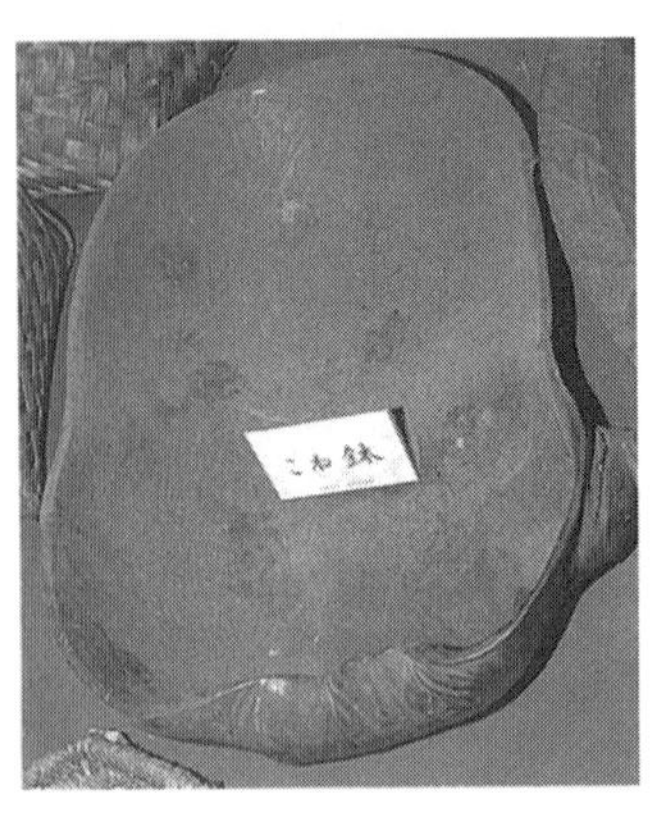

⬅こね鉢。自然木で作ったもので、うどんや蕎麦もこねたし、粉類を使うのに必要な道具だ

⬆長鍋。下に湯を入れられるように作られており、料理が冷めないための調理具といえる

⬇調理をしている図。小皿で汁の味加減をみている（素人包丁）

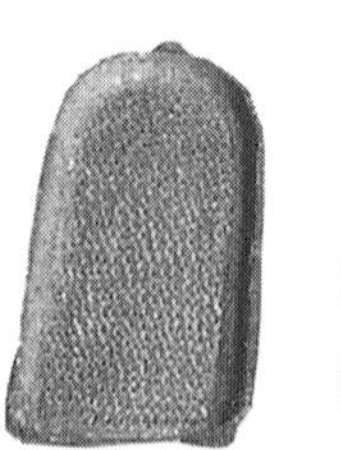

⬆越前焼大根おろし。幕末には都会では銅のおろし金が作られるが地方では焼き物だった

⬆大きい内側にそれより小さいものと順番に入れ込む板を曲げた曲げもの。祝い物入れ

➡小臼。木の実などを搗いてつぶす道具で、江戸時代の台所には欠かせないもの

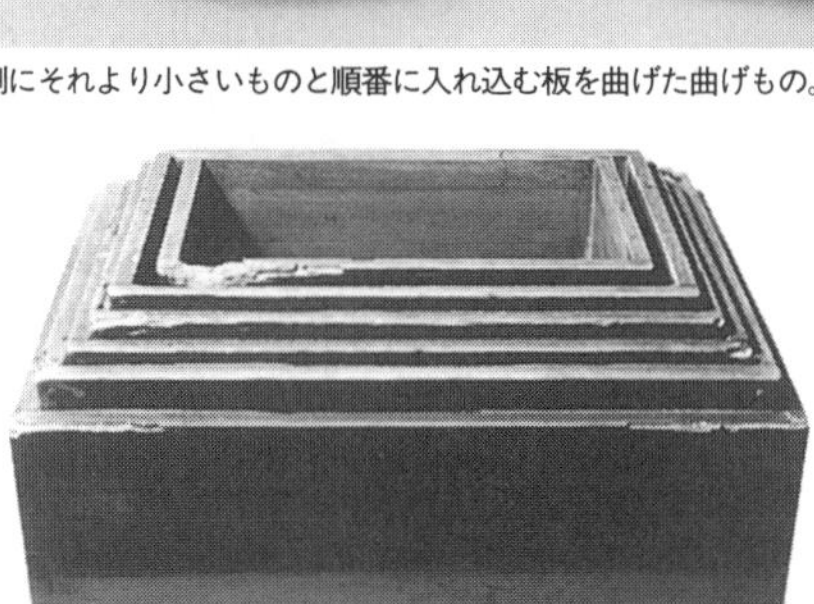

⬆切溜。大きいのからだんだん小さいのが入子になっていて、祝いのものなどを入れる

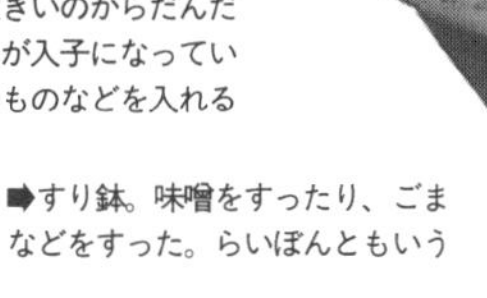

➡すり鉢。味噌をすったり、ごまなどをすった。らいぼんともいう

⬅米櫃。木製でこれは出入りの大工に作らせたか。木の蜜柑箱も米櫃に使った

⬆豆腐箱。豆腐を買いに行くための箱。この中に入れて持ち帰った

櫃 ひつ

米をはじめ、あるものを入れておく物をここでは櫃とした。米櫃があり、飯櫃、つまりお櫃がある時代。祝いの赤飯を配るための曲げものも各地に残されている。ちょっと変わった箱は、豆腐を買いに行くのに使った手提の箱がある。江戸の豆腐は固くて水を張った容器などいらないと書いてある本もある。千葉では縄でくくって買って帰ったと伝えられている。

⬅右は醤油瓶、左は酒瓶。どちらもオランダ人が使ったものと思われる瓶類

⬆長崎から輸出した醤油瓶。長崎や江戸で味わった人が広めたか

⬆錆釉油徳利。これは入れ物で、必要な部屋にとぼし油を運んだ

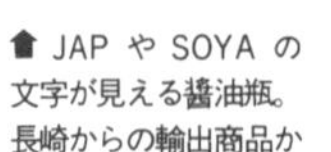

⬆ JAP や SOYA の文字が見える醤油瓶。長崎からの輸出商品か

⬆こちらも醤油を輸出するための瓶。幕末の輸出品か

⬅酢徳利。酢も醤油も油も酒も、皆こうした徳利で買いに行った

⬅悪戸焼醤油徳利。これも家庭内で使った徳利。食卓にも使ったか

⬅成島焼きったて瓶。円筒を切ったのでこの名がある。この場合はカメと読む

徳利と瓶
とくりとかめ

醤油を買いに行くにも、酒を買いに行くにも徳利は必要だった。今残っている物の中には、輸出用の醤油の徳利もある。その頃から海外で日本の醤油は注目されていたようだ。瓶は水をはじめ、液体を保存するための必需品。もっともこうした使い方以外に、江戸期の物語に、糠味噌(ぬかみそ)を瓶で漬ける話がある。何かを漬けるのにも瓶は使われたのだろう。

⬇黒薩摩鉄釉貝目矢立大長壺。こうした長壺も、民家で使われた物を貯蔵する壺だったか

⬆琉球壺屋焼大壺。その頃琉球壺屋焼は九州に運ばれるほどだった

⬆扇田焼瓶。「瓶」はカメともビンとも読む。カメがむろん先。瓶や壺は地元の窯製が多い

⬆黒薩摩褐釉刷毛目半胴。幾何学模様の見事な物で種籾を入れたか

⬆かきおとし水草文半胴。何を入れていたのだろう。美しい絵柄

⬇越前焼壺。越前焼の遺品は佐渡などにも残されており、生産量のあった窯場か

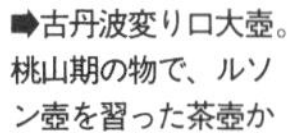

➡古丹波変り口大壺。桃山期の物で、ルソン壺を習った茶壺か

⬅益子焼白刷毛目文二升瓶。容量が書いてあり穀類か液体を貯蔵したか

壺（つぼ）

薩摩国つまり今の鹿児島県の苗代川では、半胴と書く壺を日用の道具として焼いていた。あるいは飯銅から来ている言葉か。ともかく何かを蓄えるための壺だろう。

壺で名の高いのが、ルソン壺。貿易によって現在のフィリピン諸島から輸入された壺で、主に葉茶壺として使った。壺の最大の行事は、徳川将軍用の茶を運んだ茶壺の道中が挙げられる。朝廷にも贈られたが、徳川家用の茶の運搬だ。

➡南方形ルソン壺。焼成時の火膨れがある

⬅南方形ルソン壺。しっかり縄にまかれ口があり焼酎を熟成させたのだろうか

⬆南方形ルソン壺。葉茶を入れていた物か

➡大きな茶壺。胴にまかれた縄は持運ぶための縄

⬇旧立花家別邸ルソン壺。壺の使い方がよくわかる状態だ

⬇旧立花家別邸お茶入れ。茶は大名の嗜好品

⬅享保年間（1716～36年）創業の茶舗に伝わる古信楽の茶壺

食器

江戸時代の食事に使われたものを通して、日本の伝統的な食事の摂り方をのぞいてみよう。日に三度食事をする習慣は、江戸後期に確立したのだが、その頃から一般でも本膳と呼ばれる供応があり、もてなす側ともてなされる側の礼儀が長屋住いの者まで知るようになってくる。その辺りの道具を見ながらその頃のありさまを想像してみよう。

⬆⬇殿様の膳。一の膳、二の膳、それに湯桶と飯櫃が付いた、すべて同製の豪華なもの

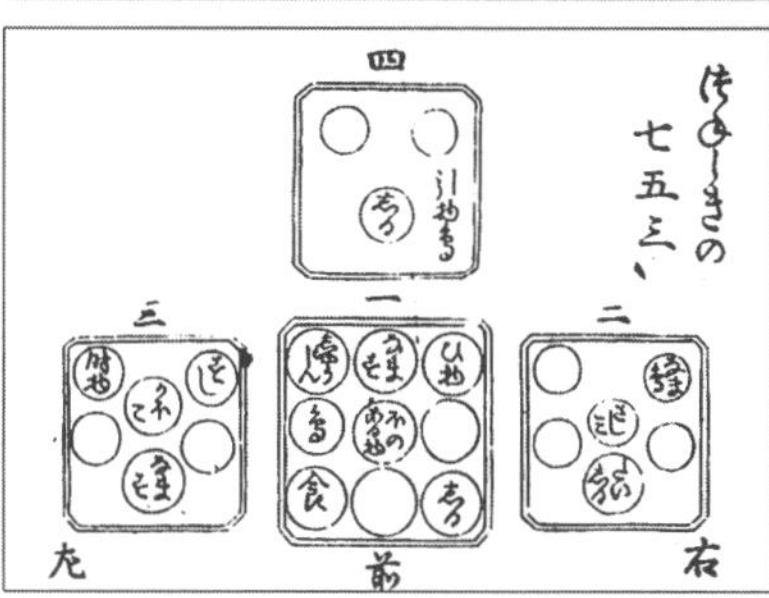

⬆つねしきの七・五・三とある膳（小笠原流百箇條）

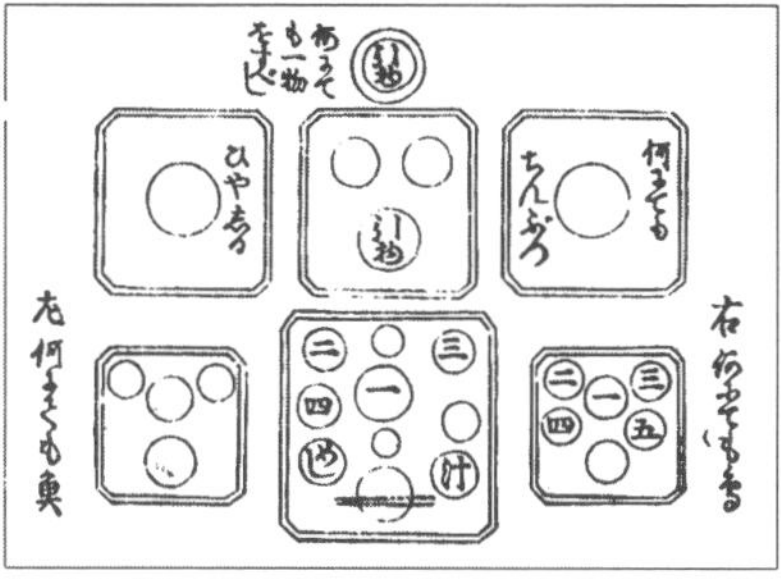

⬆図右上珍物、左上冷汁、右下鳥、左下魚とある（同上）

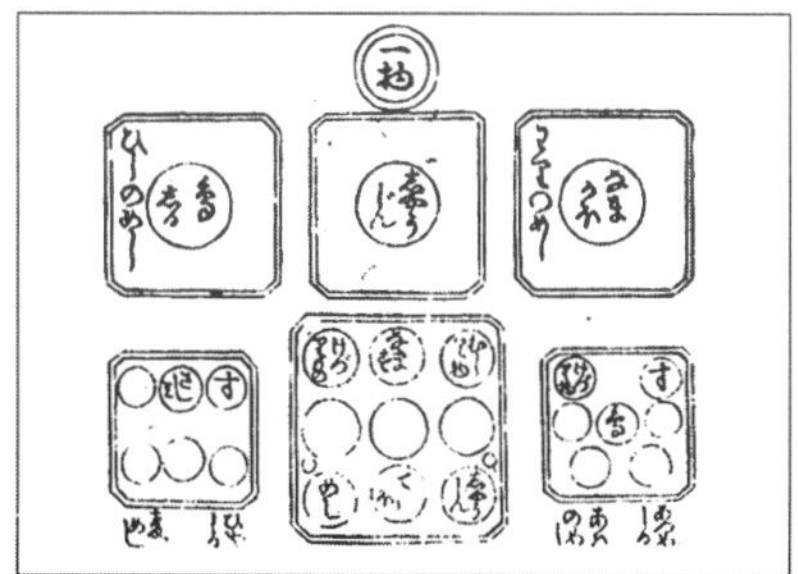

⬆式膳は汁の垂れるものには箸をつけないとある（同上）

⬇享和（1801～03年）初期の猫足膳。本膳の略式として使われた。本膳とは一の膳のこと

➡⬆角館の領主、佐竹北家の殿様の膳。平、壺、飯椀、汁椀、湯桶すべて同製の桜模様

⬇蠅帳付殿様用膳。おそらく御毒味役をへたこの膳は、そのまま殿様の前へ置かれた

⬆佐竹家使用のよつ椀と膳。膳は角切折敷に、足を付けたように見える型のもの

⬆本多家御膳一式。美濃守忠政の内室が使っていたもの。紋付よつ椀と飯器

⬇定紋付式正膳。客をもてなす膳で、中央膳を本膳と呼ぶ二の膳付

☗台様のものは、飯台とも箱膳とも呼ばれたもの。膳の上にあるのは金魚の絵の付く漆塗の碗

☗上総国笹川村の親分、繁蔵が常用した徳利と徳利台それに飯膳

⇐一般人の食事用具。地域によって木椀類より磁器碗類が使われた

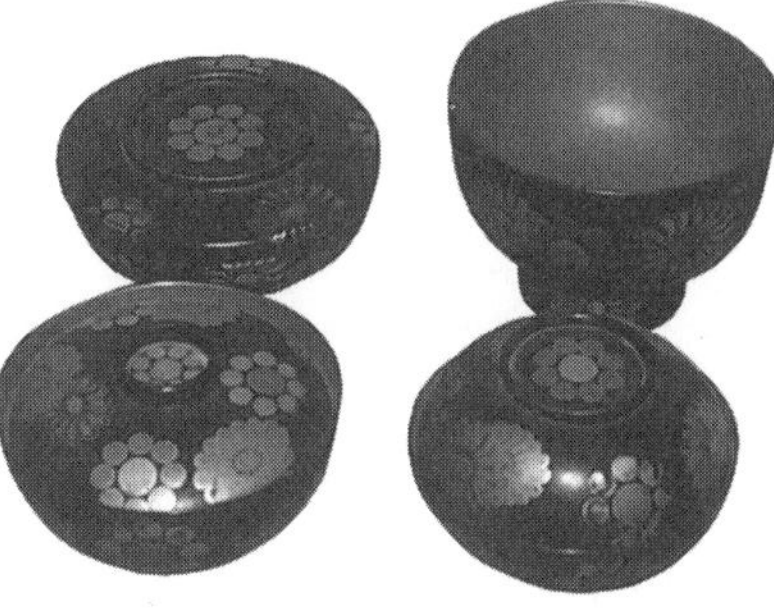
☗木内惣五郎（宗吾）が常用した紋入りの平や汁、飯などの椀類。漆塗組みもの

☗夫婦膳。型は飯台と呼ばれたもの。台上は、平、壺、汁、飯の椀

☗飯台という。上の食器は、使用後箱の中にしまい、台の蓋は裏返して箱の蓋とするお膳

膳（ぜん）

『守貞漫稿』などを見ると、折敷（おりしき）が一般の食事の時の膳のように思われるが、江戸時代の実物や挿絵を丹念に見ていくと、折敷に足を付けた物や、箱形の膳を使っている。『守貞漫稿』にも、京坂と江戸の違いのところで、箱型は京坂の市民が日常に使い、江戸ではこれを折助膳と呼ぶとある。折助というのは武家の下僕のこと。では日常に使った膳というのは、胡桃（くるみ）足膳といって、角の切れた折敷に胡桃を割ったような半円の足が付いた物。しかし、江戸でも最晩期には箱膳が使われていたようだ。

膳とだけいうと意味はかなり広くなる。もてなすことも膳を調えるといったりしており、料理そのものも、膳といっていた人たちがいる。長屋の熊さんだって、結婚式に呼ばれれば、足の付いた膳にお目にかかったろう。ともかくここに集められた膳は、江戸時代の様々な階層が使っていた物。膳の上の食器とともに見て欲しい。御膳ごしらえということは、料理をするということでもあった。

⬆婚礼用の膳。膳の足は中足と呼ぶのが正式な呼び名だが、猫足ともいった

⬆正月の祝膳。低平、高平、壺、杯が一組で、すべて素焼き。かわらけの名残の正式膳

⬆輪島塗八隅膳。角切折敷の形をしており、それに足を付けた姿の膳だ

⬅竹塗漆器本膳。竹塗漆器は漆塗で、竹の感じを作りだす漆器。天保年間に創作された

⬆台は婚礼に飾られる嶋台。上にある大きな方の片口は「ひやげ」

➡仏事用の本膳。猫足と呼ばれる足が付く。地域によっては共同所有をする

⬇おひつ。食籠とも呼ばれたもので、上流階級のご飯を入れた食事用の道具

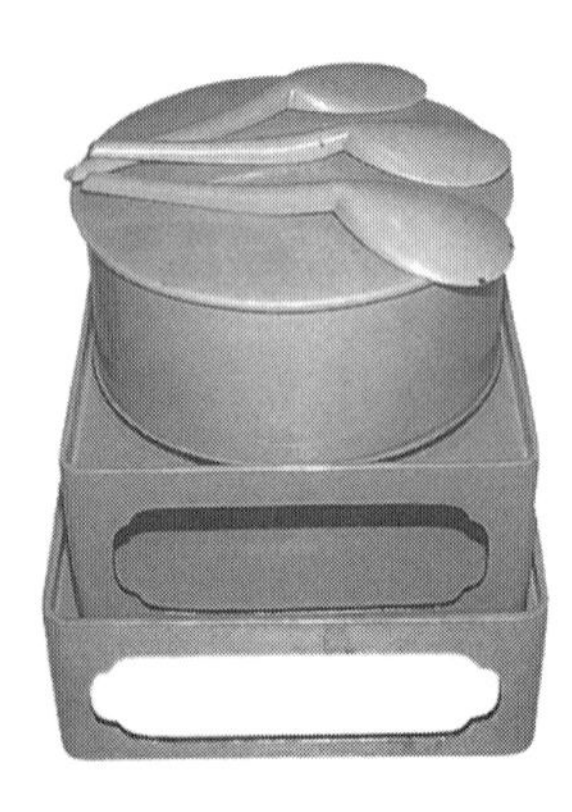

⬆正月や祭りの祝いに使われた膳。左側向こうにある磁器皿は焼き物を盛るためのもの

⬆葵紋付行器。一種の弁当入れで、古典的な、ご飯やおかずを入れて持運んだ道具

⬅九曜紋五三桐紋混紋食籠としゃもじ。細川家の歴史を物語る食器だろう

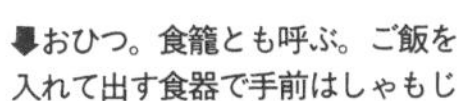

⬇金蒔絵のおひつ。かぶらの絵柄が美しく描かれている食器で、大名の使った道具と思える

⬇おひつ。食籠とも呼ぶ。ご飯を入れて出す食器で手前はしゃもじ

⬇秋田地方で「きひち」と呼ばれる食具。嫁の里帰りに餅や赤飯などを入れ運んだ

⬇向鶴紋御食籠。南部家の飯器で梨地に紋を散らした、貴人用食器

⬇おひつ。珍しい形だが、これも炊いたご飯を入れて運んだものか

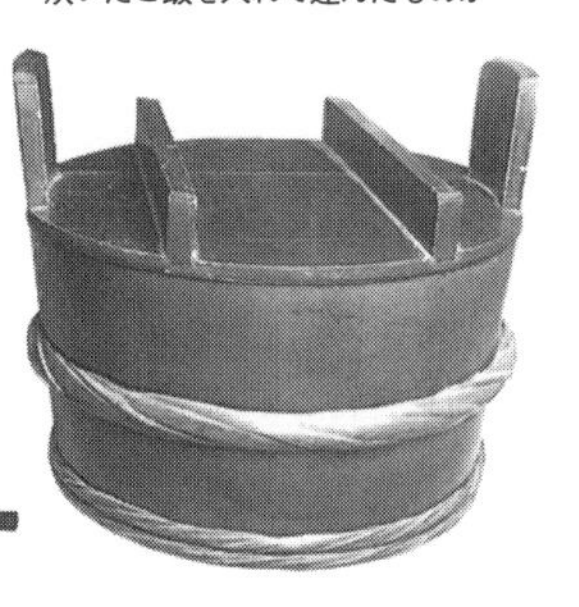

⬇行器。農民が使っていたものだという。かなり大きな土地持ちか

⬇貝しゃくし。きゃふろと同じような食事の道具。海岸に近い地方の物産

飯櫃（めしびつ）

飯櫃とはおはちのこと。炊いたご飯を入れる容器で、大名などが使う行器（ほかい）も飯櫃。

一般に、江戸ではおはち、京坂ではおひつ。江戸のものは丸く京坂のものは楕円だった。江戸時代の商家では原則日に一度しかご飯を炊かず、後の二食は冷たいものを食べた。そこで保温を考え、藁で編んだ「おはち入れ」「おひつ入れ」を使っていた。

⬆石皿。この名は長石をごく細かにして土灰を混ぜた釉薬から付けられたともいわれる

⬇瀬戸石皿笠にかんざし紋。職人が自分の好みの絵を描いた作品

⬆瀬戸石皿馬の目。にしん皿とも煮染め皿とも呼ばれた、日常の皿

⬆丹波焼灰釉筒描梅うぐいす紋皿。こうしたものも、石皿と同じように煮物を盛った

⬇瀬戸石皿鶴祝申紋。これは申の歳の祝物として使われたのだろう

⬆瀬戸石皿馬の目蝸牛紋。素朴な絵柄だがいかにも雑器の味がある

⬆丹波焼蛙紋皿。蛙が柳に飛びつく図。職人の遊び心が伝わってくるような食器

➡瀬戸石皿法螺貝紋。慶長頃に始まった陶器か炻器。煮物を盛るのにもっぱら使われた

⬆若杉窯色絵絵替八角小皿。箸休めなど、ちょっとした珍味などを盛った皿だろうか

⬅古伊万里染付花籠芙蓉手皿。均整のとれた絵柄の皿で、輸出されたものの見本のようだ

⬆鵬ヶ崎焼皿。風景を描き詩を入れてある、文人画の世界を焼いた食器といえるだろう

⬇今右衛門窯の青磁花瓶図皿。大名窯だけに気品のある絵柄が多い

⬇現川焼皿。現代の作品といってもおかしくない構成の皿

さら

皿の言葉はずいぶん古くからある。江戸時代に入って初期の頃の訓蒙図彙を見ると、磁器のものと漆塗のものがあると出ている。

一般はどちらを多く使ったか。食器としての皿はあまり使わなかったようだ。主に、塗の椀状のものを使っている。だが、鰯などはやはり陶器の皿状のものを使ったと思われる。

身分の高い人や金持ち、大商人は磁器皿を使った。

⬆古伊万里染錦四方割花籠絵中皿。江戸時代に西洋の王様が求めた皿

⬆染付芙蓉手 VOC 皿。江戸時代、東インド会社によって、ヨーロッパに輸出された磁器

⬆源内世界地図六稜皿。歌舞伎の芝居を書き、火浣布まで作った、平賀源内制作の皿

➡肥前侯宿陣於木屋瀬頂戴の絵皿。肥前の殿様からの皿だろうが、生産地は不明

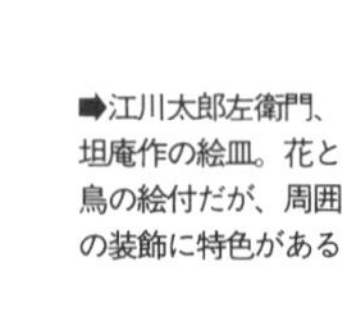

➡江川太郎左衛門、坦庵作の絵皿。花と鳥の絵付だが、周囲の装飾に特色がある

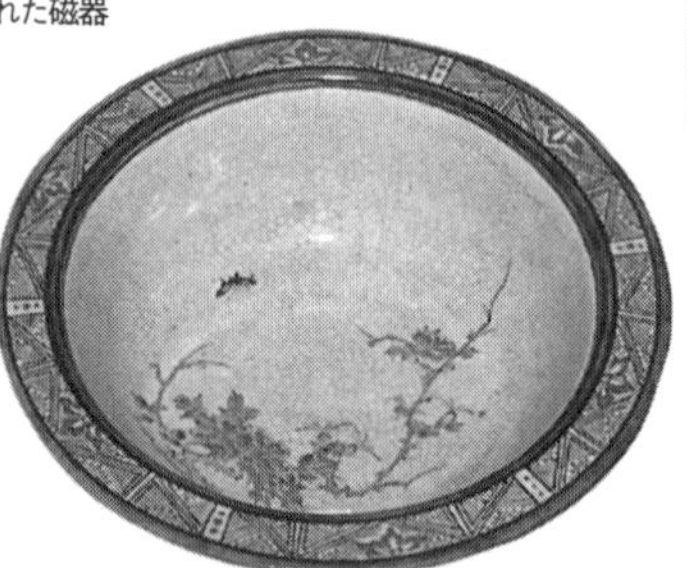

⬇文政10(1827)年に京都で作られた、錫製の刺身皿と錫製の猪口。殿様の特別発注品

⬇献上唐津大皿。幾何学模様の組合せが気品を見せている皿で献上品らしい

➡陸奥国南部領二戸周辺で作られた塗の小皿。浄法寺塗と思える皿で煮しめなどを盛った

⬆漆皿。赤と黒で塗分けられ、金の細い線ですすきを図案化して描いたと思われる優品

⬅漆塗小皿。葡萄様の模様を渋い赤色地に金彩し、小さい円形の葡萄を直線で描いてある

⬆享和三（1803）年記名の大平。蓋が器より大きいのが平の特徴

平（ひら）

平とは、平椀の略した言葉で、器の名でもあり、本膳などにも使われる料理の名でもある。正徳四（一七一四）年に出た、料理節用の二の膳の平皿には、御煮物として、白魚、卵ふはふはを入れ混ぜなどと書かれてある。その形からきた言葉か、平は横に平たい厚い椀状のもの。煮物をもっぱら盛ったようだ。現代でも会席などで煮物に使う家がある。

⬆須恵焼染付巴藤紋鉢。美しい磁器で、福岡県須恵町で焼かれた物

⬆会津本郷焼にしん鉢。鉄釉のような釉薬で、当初はにしんを保存するための鉢だった

⬇相馬駒焼十代清治右ェ門作駒絵付鉢。底に勇ましい駒の絵がある鉢

⬅佐渡の金太郎焼鉢。幕末に、自国に焼き物のないのを残念がり、独自で創造した焼き物

➡道本七郎右ェ門色絵鉢。九谷焼の優品。編目の地に、金魚を泳がせている

⬆長与焼蓋付小鉢。寛文7(1667)年から焼かれた、長崎の唐三彩的焼き物

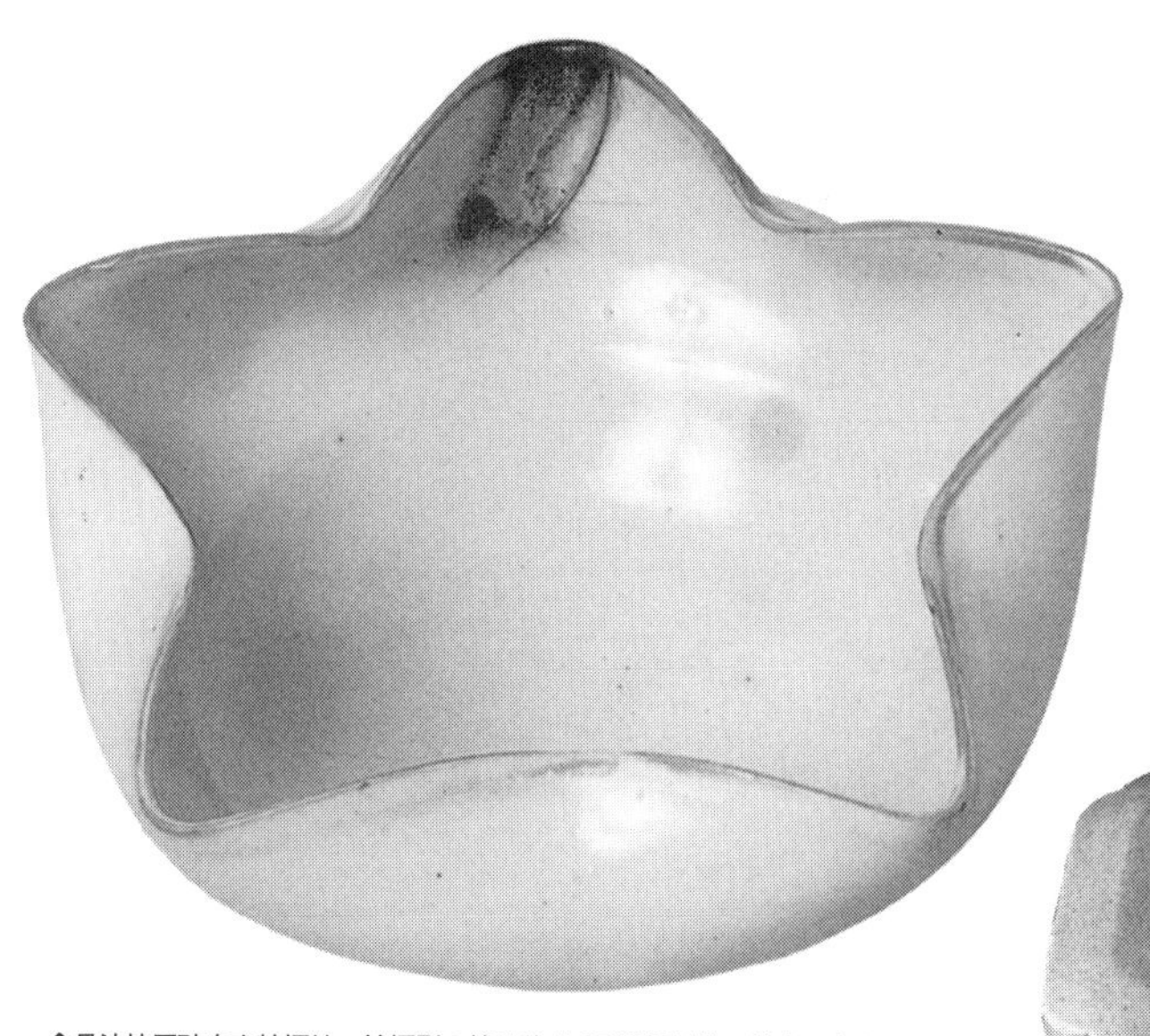

⬆丹波焼辰砂窯変桔梗鉢。桔梗型の焼き物は17世紀以前に始まったか

⬆萩焼小鉢。焼き物の肌と、一筆書きのような絵付が見事な焼き物

➡萩焼四方鉢。萩焼は、慶長の役（1592〜98年）の終末として、陶工を朝鮮半島から連れてきて興した焼き物の一つ

⬆尾戸焼花弁形向付。江戸前期の承応2（1653）年から始まった、高知の窯の品物

⬆文化元年に長崎奉行が起した窯、亀山焼の蓋付小鉢

鉢（はち）

鉢はもともとインドの器で、僧侶が持つ鉄鉢からきたものとされる。料理には鉢肴という言葉があり、伊勢貞丈の解釈として、式三献では今の食物にならないので、実際の食い物としての追加の料理として誕生したという。

容器としては、磁器あり、漆塗などがあるが、一般には磁器の皿より深く、しぼってあり、椀よりは浅いものとされる。鉢肴、八寸は器の直径からきた名。

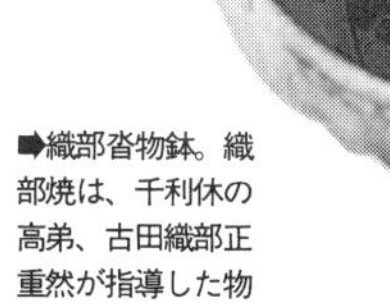

➡織部沓物鉢。織部焼は、千利休の高弟、古田織部正重然が指導した物

⬇末広焼飯茶碗。享和2（1802）年に臼杵藩の方針で築窯。庶民の雑器も焼いたか

➡伊万里焼くらわんか茶碗。淀川のくらわんか舟が使ったかくらわんか様式の碗か

⬆砥部焼くらわんか茶碗。江戸初期から淀川で京坂間の乗合船の客目当てに、食料を売った舟が使った茶碗。舟は酒や餡餅を主に売る

⬇二宮尊徳が使った飯茶碗。尊徳は幕末の農政家、経営学の実践学者といえる人物

⬆丸山焼蓋付碗。これも臼杵藩の指示で幕末に築窯した窯の製品。気品がある物

⬇ビードロめし茶碗。ガラス製の飯用の茶碗。国内産と思われるが、見事な作りの茶碗

碗（わん）

磁器のものを碗と書き、塗のものを椀と書く。どちらも丸いやや深い器。本膳の平に通じる料理でもあり、簡単なものは、椀盛といって、魚や野菜の具を多くして出す。器としての椀は漆塗のものが多かったようで、上総国笹川（かずき）の繁蔵の食器はほとんど塗の器。『浮世床』にも、せめて自分の椀ぐらい片付けろという言葉が出てくるから木製が多かったのだろう。

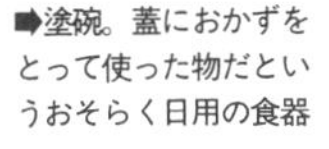

➡塗碗。蓋におかずをとって使った物だというおそらく日用の食器

⬅日本最初の焼成コーヒーカップ。伊万里焼で輸出を考えたものだろう

➡色絵蕎麦猪口。蕎麦は、江戸初期中国僧がつなぎに小麦粉をと考案してできたという

⬆幕末から明治に活躍した河鍋暁斎図案制作による漆吸物椀。黒地にのの字の白文字椀

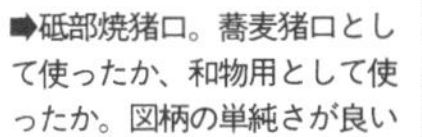

➡砥部焼猪口。蕎麦猪口として使ったか、和物用として使ったか。図柄の単純さが良い

⬇蕎麦を食べだした、初期の蕎麦猪口。口が広がっていないのが特徴といえるのがこれ

蕎麦猪口（そばちょく）

そばちょく、と読む。もちろん猪口は当て字。もともと猪口とは小型の上が開いた下がすぼんだ酒を飲むためのもので、本膳に使われる陶器の筒状の形で、酢の物や刺身を入れる器が似ているのでこちらも猪口といった。膳の上の向付を流用したのが蕎麦猪口だとの説もある。作られだしたのは元禄頃といわれ、初期のものほど口から底までが真っ直。時代が下ると口が開いてくる。

菓子器
かしき

菓子器と仮にいったが、江戸時代に使われた言葉は菓子盆。これもいつの頃からかこう呼ばれたので、古くは縁高、つまり縁の高い折敷で、足の有無の違いはあるが、そうした器に菓子は盛られた。寺院などでは椀に饅頭や羊羹などを盛って出した。今残されたものには通常菓子器という言葉が付いている。菓子の器の名だから幕末再晩期には菓子器と呼ばれたか。

⬆津軽家の牡丹紋付湯桶。津軽家の紋は津軽牡丹と呼ばれる。湯桶は湯、茶、酒に使う

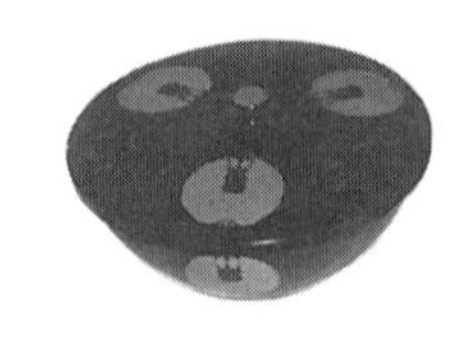

➡津軽家牡丹丸紋付菓子器。寺では菓子を碗に盛った、その変化か

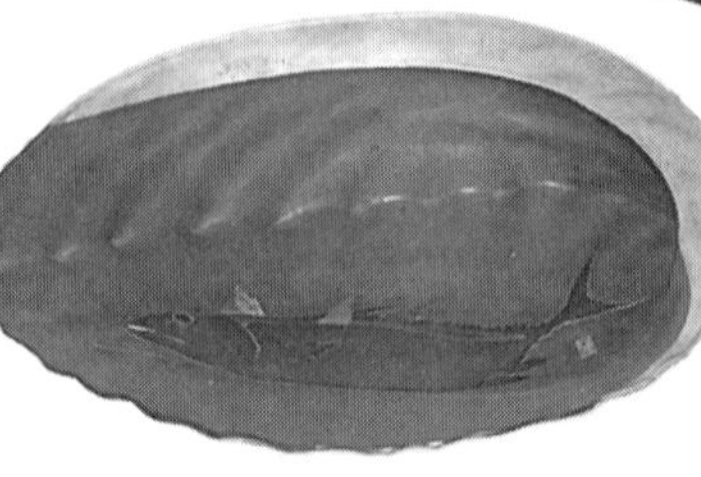

⬅破笠細工菓子器。小川破笠作と伝えられる奇抜な漆細工の菓子器

⬆日本の腰高の変化か、外国製か不明のガラス高坏。どちらにしても、文明交流の物品

⬇高盛絵漆器。城の中で使われていた菓子器と思われる漆の工芸品

⬆長崎ガラスの菓子器。和製ガラスで、日本のものが作られた見事な例

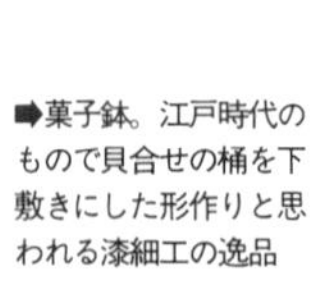

➡菓子鉢。江戸時代のもので貝合せの桶を下敷きにした形作りと思われる漆細工の逸品

➡湯桶は大小さまざまな大きさがあり、大きさによって用途を使い分けた、食器の一つ

⬇川畑道仁作かぼちゃ型鉄瓶。かぼちゃ形を見事に作り出している

⬅湯桶。俳句などでは、汁を入れるものとしても使われたことがわかる

➡伊達家に仕えた善蔵八代が作った大やかん。狩りで野風呂の湯を沸かす

⬇饂飩な私におまへの辛み長くそばにはおかれまい。湯桶の図（世志此銭占）

⬅つばやかん。尻部分に火に載せるためのつばが付く。越後の燕で打出された、やかん

湯桶（ゆとう）

手と口のある漆塗の酒器と書いてあるものもあるが、茶席で使われたものが原形と思われる。桶の字は漢音で、トウともツウとも発音する。現在でも蕎麦屋などでこの言葉は生きている。蕎麦湯を入れてあるものを湯桶と呼ぶ。江戸時代にすでに蕎麦屋にあったことは上の図で見る通り。現存する限り、気張った所より気安い所で使われたようだ。

湯沸かしと急須（ゆわかしときゅうす）

やくかんといって、薬を煎じた釜が湯沸かしの原形。後に湯を沸かす器になり、湯沸かしとなった。

落語的にいえば沸いているから湯だが、江戸初期から水を沸かすものを湯沸かしと呼んでいる。急須は急焼で煎茶を飲むための道具。明時代の中国で作られ、最初は直接火に載せていた。『東海道中膝栗毛』に、土瓶様のものを、これを京坂ではきびしょというとある。

⬆能茶山焼土瓶。文政３（1820）年に築かれた、土佐国（高知県）窯の物産

⬆二本松万古焼急須。寛永20(1643)年、藩主が京都から職人を呼び、始めた焼き物

⬆秋田万古焼急須。幕末に藩士が藩命で伊勢に行き、職人を連れてきて興した窯

⬆人情本に描かれた長火鉢上の急須かやかん。横に湯呑みがあるが土瓶か（春色恋廼染分解）

⬇加治木に残されたいも型急須。鹿児島県加治木は、江戸初期島津義弘公によって窯が築かれた土地

⬇屋島焼急須。讃岐国（香川県）の焼き物として知られた。屋島は源平の古戦場

酒器

日本人は古くから酒を愛したことは古事記を見てもわかる。そうした伝統の上に、江戸時代には酒の文化が花開く。燗徳利(かんどくり)や猪口(ちょこ)ができたのもこの時代。酒にまつわる道具が、実用を兼ねて工芸化して実を結んだのが酒器ということになる。中でも、酒を入れる用のために作られた樽が、使いみちによってそれぞれの姿をもったのもこの時代だ。

⬅指樽一対。指樽は常に二個一組として扱われ、祝いの酒を入れた酒樽

⬇半纏のように両肩を張った指樽。巴紋の大きく箔押しされた、工芸品

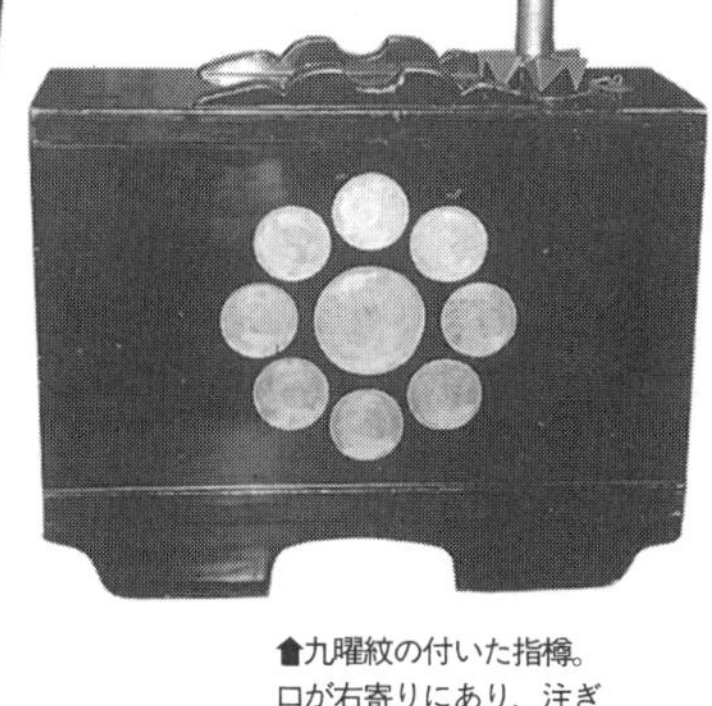

⬆九曜紋の付いた指樽。口が右寄りにあり、注ぎよい工夫がなされた酒樽

⬅酒長持と呼ばれた婚礼具。指樽を二つ組みにし、婚礼の行列に加えた

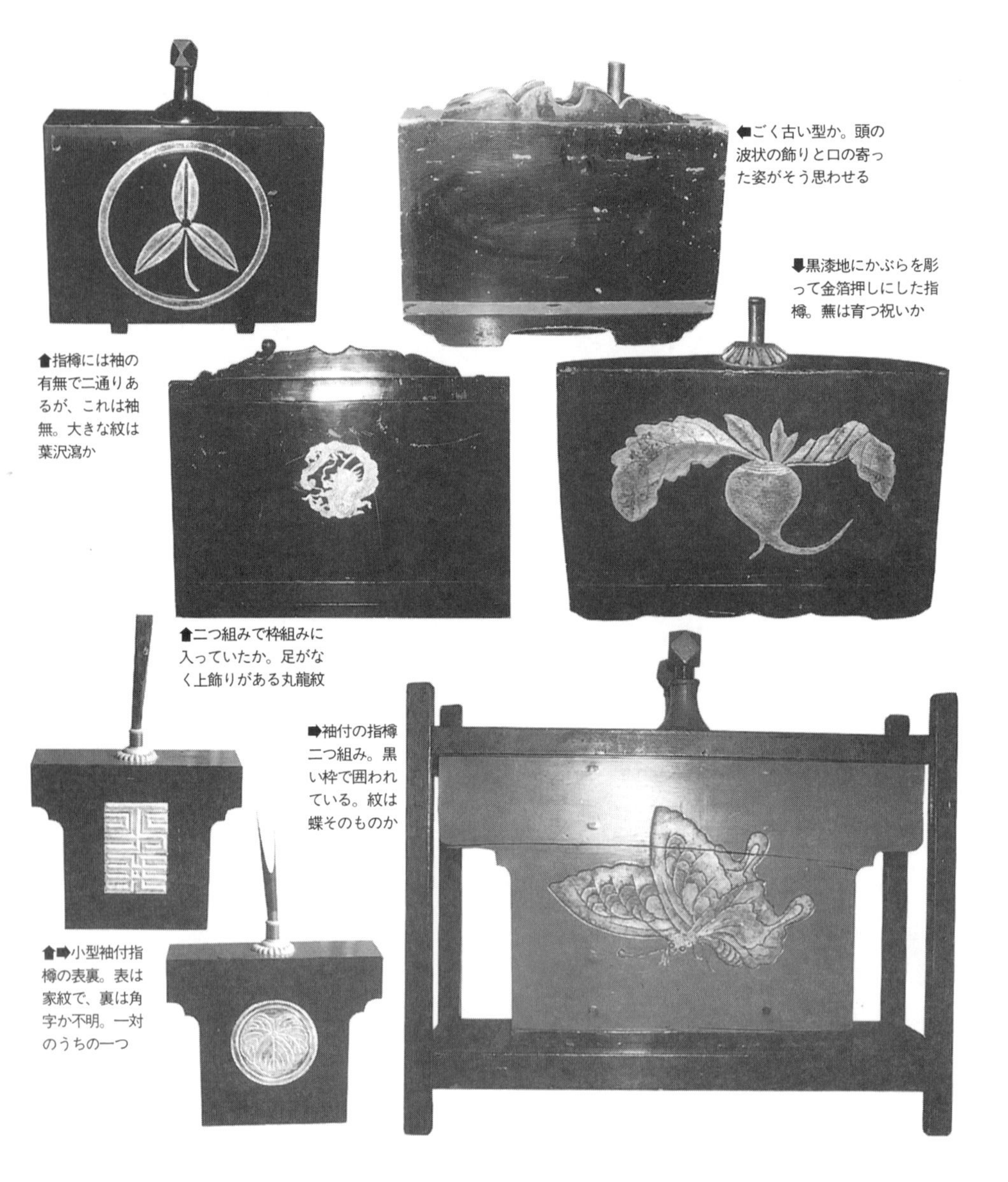

⬅ごく古い型か。頭の波状の飾りと口の寄った姿がそう思わせる

⬇黒漆地にかぶらを彫って金箔押しにした指樽。蕪は育つ祝いか

⬆指樽には袖の有無で二通りあるが、これは袖無。大きな紋は葉沢瀉か

⬆二つ組みで枠組みに入っていたか。足がなく上飾りがある丸龍紋

➡袖付の指樽二つ組み。黒い枠で囲われている。紋は蝶そのものか

⬆➡小型袖付指樽の表裏。表は家紋で、裏は角字か不明。一対のうちの一つ

指樽（さしだる）

『貞丈雑記』によれば、室町幕府の頃に記された本に指樽のことは出ているという。伊勢貞丈がこの本を書いた時代、宝暦十三年から天明四年（一七六三〜八四）の間にすでに指樽は都会では少なくなっているので図示しておくと書いている。江戸の後期でも、婚礼の時は各地で使っていたようで、日本人特有の美意識が、こうした祝いの酒を持って行く容器にも現れ、美しい形に完成されていく。

『貞丈雑記』によれば、総体は黒塗りで、耳は朱塗り、真鍮の鋲が打ってあるとある。柳樽（やなぎだる）や角樽（つのだる）が流行るまでには、この指樽が祝いの品としての酒を入れる樽として必要だった。

残っている実物を見ると、実に色々な形があり、図案が施されている。酒を祝うという考え方が江戸時代より前からあったことも事実だが、江戸期に儀礼化するとともに器としての指樽が工芸品となり、作る職人が工夫を凝らして注文主に喜ばれるものを作ったことは残されたものを見るとわかる。

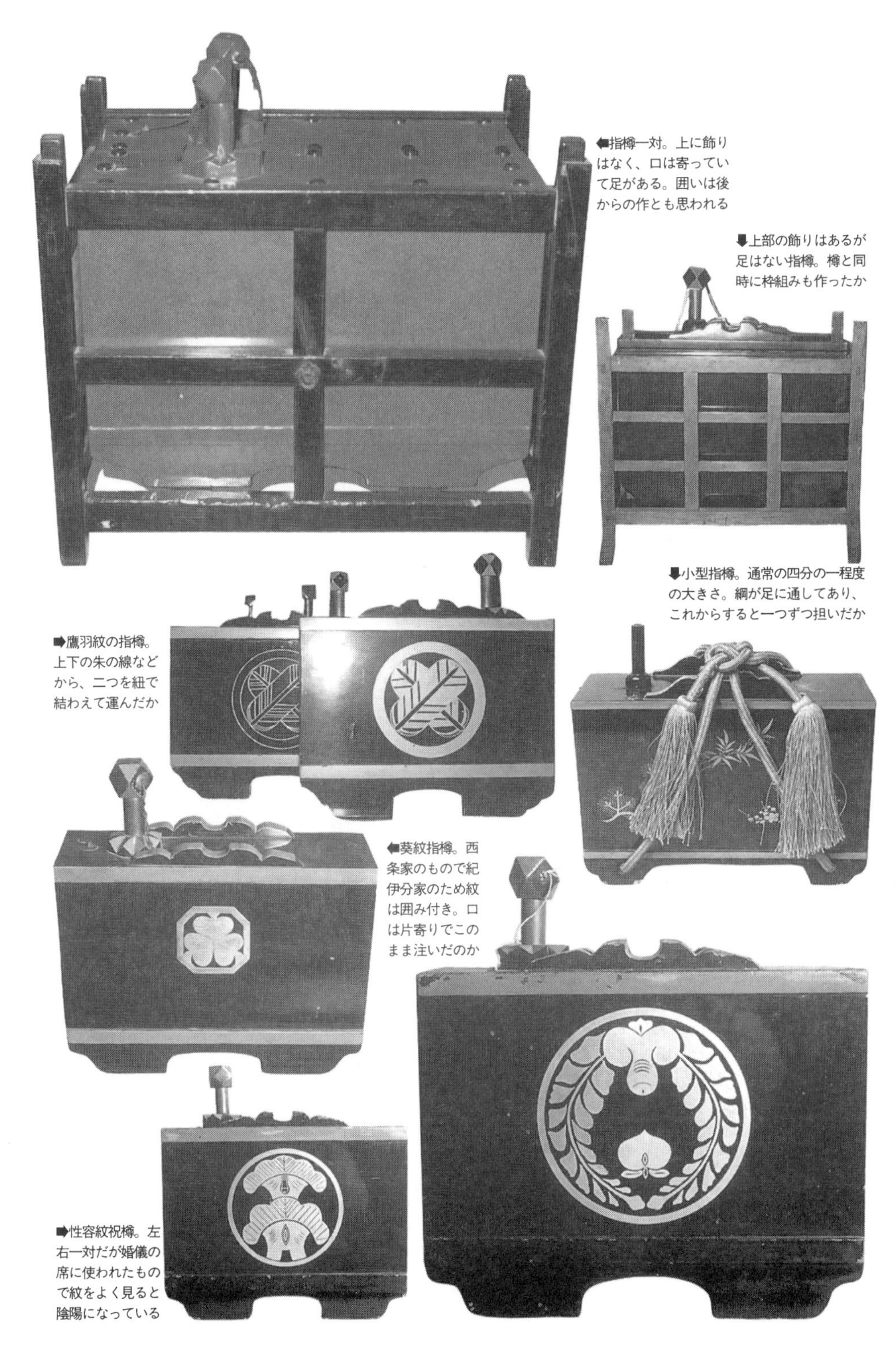

⬅指樽一対。上に飾りはなく、口は寄っていて足がある。囲いは後からの作とも思われる

⬇上部の飾りはあるが足はない指樽。樽と同時に枠組みも作ったか

⬇小型指樽。通常の四分の一程度の大きさ。綱が足に通してあり、これからすると一つずつ担いだか

➡鷹羽紋の指樽。上下の朱の線などから、二つを紐で結わえて運んだか

⬅葵紋指樽。西条家のもので紀伊分家のため紋は囲み付き。口は片寄りでこのまま注いだのか

➡性容紋祝樽。左右一対だが婚儀の席に使われたもので紋をよく見ると陰陽になっている

文化改元甲子十二月に出た山東軒主人著述の『近世奇跡考』に出ている酒戦図。図右上に柳樽が見え、酒の飲み比べの様がよくわかる

角樽と柳樽（つのだるとやなぎだる）

どちらも祝いの酒を入れる樽。『貞丈雑記』によれば、柳樽というのは柳の木で作った手のある樽だという。この本が書かれた頃は檜や、さわらの木などで作り、盥（たらい）のように平たくするが、昔の柳樽とは違うともある。そして角樽にはふれていないところを見ると、柳樽が先にあり、その後角樽が現れたと見てよいだろう。角樽も柳樽も、どちらも祝いの酒を入れるものには違いはない。落語の文七元結（ぶんしちもっとい）では、文七が酒屋で角樽を借りる話がある。幕末の様子を書いた本には、角樽は酒屋で貸したし、新しいのも売っていたとある。そうだとすると、新しい角樽を買って先方への御祝儀に樽ごと祝うこともあったのだろう。

日本人の祝いの形の典型が角樽といえないだろうか。これはかえって武家社会よりも、町人文化として発展した酒の道具といえる。長屋住いの職人も祝いごとのために手にすることがあったろう。貧富の境がない祝いの形だ。

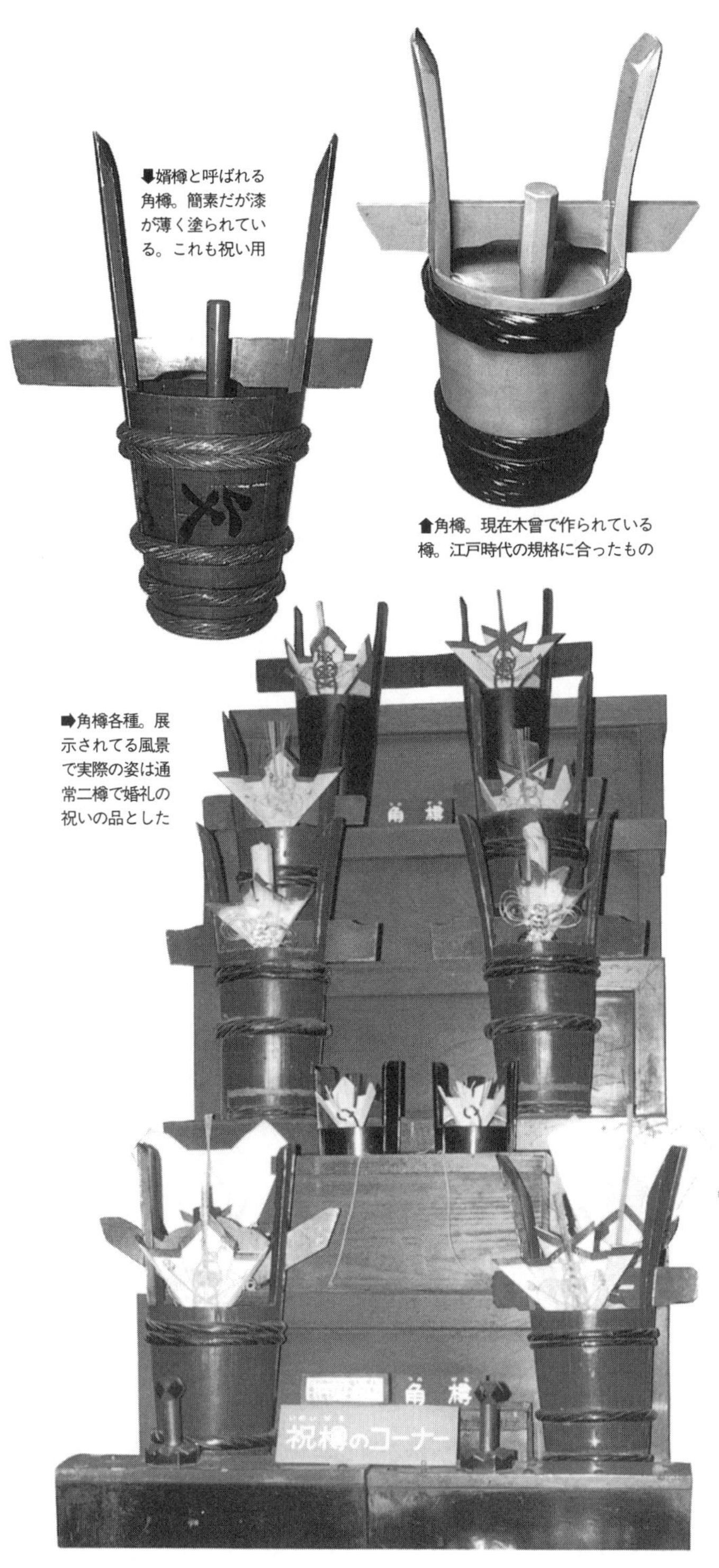

⬇婿樽と呼ばれる角樽。簡素だが漆が薄く塗られている。これも祝い用

⬆角樽。現在木曾で作られている樽。江戸時代の規格に合ったもの

➡角樽各種。展示されてる風景で実際の姿は通常二樽で婚礼の祝いの品とした

⬇酒樽。角があり、横木に飾りがあるので、角樽の原形か。担ぎ綱がある

⬅角樽。たががなく黒漆塗で、一部に朱が使ってあるかなり古い型

⬆祝樽。角の先に刻みを入れた角樽式で、柳樽から発展した物か

⬅角樽。細長い樽で、横木が太い。塗はなく、実用一点張りの祝樽

⬇大樽。柳樽から発展した角樽の姿をしているが、赤飯を入れた樽

➡角樽。婿樽と呼ばれる物と同型。がっしりしていて角が勇ましい

⬅➡漆を塗っていない角樽。角は長いが重量感のある樽

⬆角樽。生漆を塗った祝いの樽で、素朴だが重量感がある

⬇角樽。祝樽とも呼ばれる。赤い胴に黒いたが。横木に飾りの穴がある

⬅祝樽。ごく胴の長い樽で申し訳程度に角がある。この形だと肩にでも担いだか

⬆角樽。こうしたものを江戸の酒屋では貸したり売ったりした。塗りなしの祝樽

➡二樽を縄でくくった角樽。枠に入れないものはこうして一荷とし、祝いの印に

⬅上赤下黒の角樽。縄でしばって固い縁を示した祝樽の一形式

⬇角樽に熨を付けた祝樽。こうした豪華さが婚礼を盛りあげる重要要素

⬆黒漆塗平樽。船樽のようだが、祝い事に使ったものと思われる

➡酒樽、とだけ伝えられているが、外錆、内朱塗りで角樽とみられる樽

⬅⬇兎樽。山形地方の祝樽で、角を耳に見立てた樽。婚礼の席を飾る角樽で夫婦を大小で表している

⬇造り酒屋の樽で、祝いの酒用。生諸白上品寺屋喜右衛門とある

⬇酒樽。これはお得意用に酒屋が用意したか、宴席などに運び入れたか

⬇祝樽。普通の酒樽を漆塗にしたような素朴な樽で初期の祝樽の姿か

⬇柳樽のような樽。胴に環が付いている。祝樽として使ったか

⬇白木の祝樽。持ち手から過渡期的な祝樽だが柳樽とは、こうしたものだろう

⬇栓と内側を朱で塗り、周りは生漆の樽。柳樽の変化した祝樽か

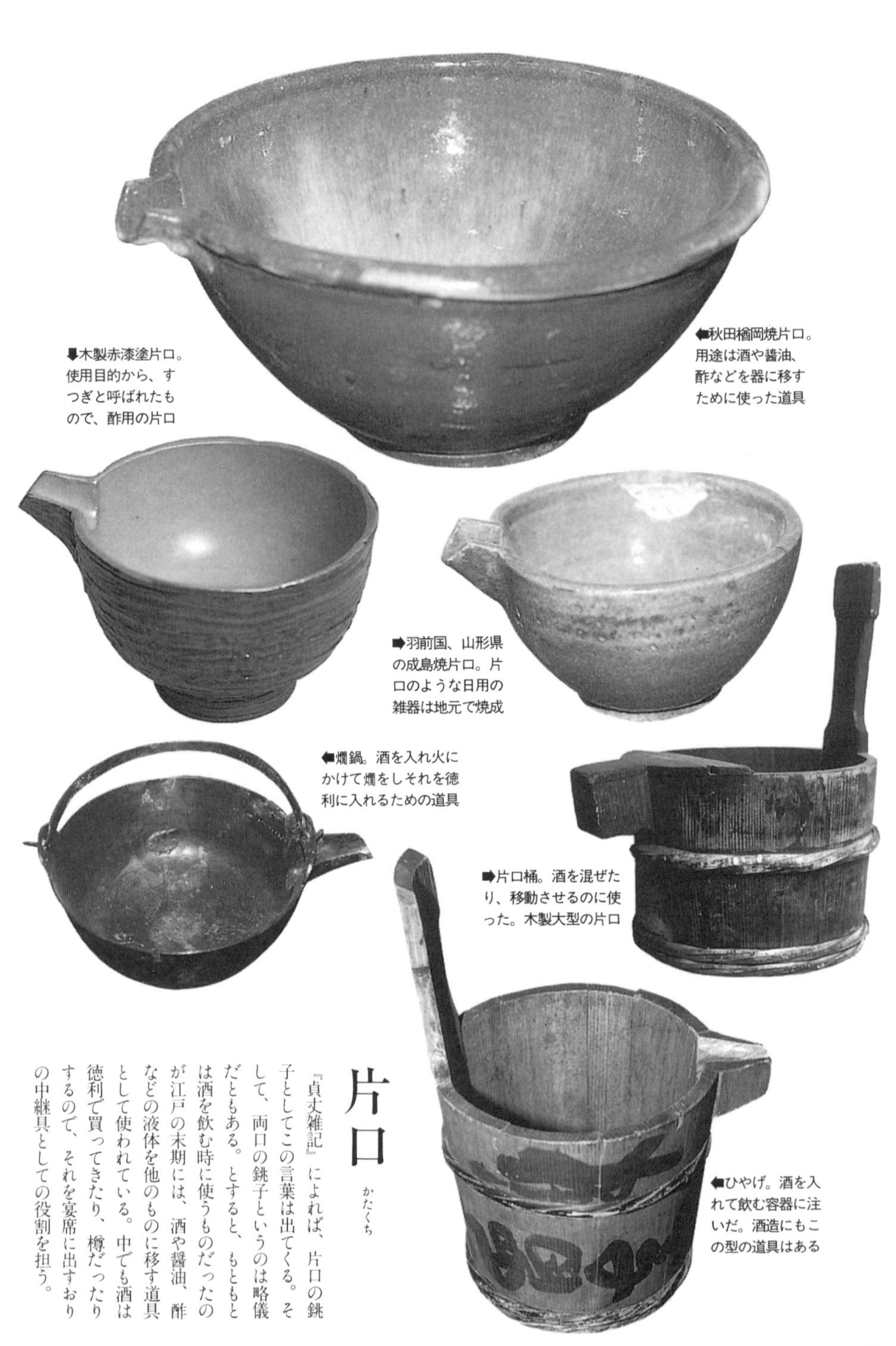

⬅秋田楢岡焼片口。用途は酒や醤油、酢などを器に移すために使った道具

⬇木製赤漆塗片口。使用目的から、すつぎと呼ばれたもので、酢用の片口

➡羽前国、山形県の成島焼片口。片口のような日用の雑器は地元で焼成

⬅燗鍋。酒を入れ火にかけて燗をしそれを徳利に入れるための道具

➡片口桶。酒を混ぜたり、移動させるのに使った。木製大型の片口

⬅ひやげ。酒を入れて飲む容器に注いだ。酒造にもこの型の道具はある

片口（かたくち）

『貞丈雑記』によれば、片口の銚子としてこの言葉は出てくる。そして、両口の銚子というのは略儀だともある。とすると、もともとは酒を飲む時に使うものだったのが江戸の末期には、酒や醤油、酢などの液体を他のものに移す道具として使われている。中でも酒は徳利で買ってきたり、樽だったりするので、それを宴席に出すおりの中継具としての役割を担う。

⬆塗の瓶子。江戸時代初期の作。瓶子とは銚子のこと。大名道具か

⬆はるのはつ日のゆたかにさして呑は目出たいとそのさけ。正月風景の中にある銚子と杯（世志此銭占）

⬇漆器銚子。元来は酒注ぎ。後年、儀式や、大名間の酒盛りに使った

⬅銚子。上部は津軽塗下部は朱漆の変形酒器。燗酒を入れて宴に出す

⬆携帯用飲酒道具。錫製と思われ、風炉様のものから、ちろり、燗鍋すべてある

燗用具（かんようぐ）

酒の燗をする道具を燗用具としたが、銚子のことでもある。というのも、燗鍋というものがあり、これに口が付いている。酒を温め、それをじかに宴席に出したのがこうした形を作ったのだろう。その後に、便利さから徳利が出てきて、燗徳利の言葉も生まれるが、燗をした酒は銚子で杯に注がれるのが一般だった。江戸時代最晩期には徳利と猪口で酒を飲む。

⬅船徳利。木製の栓、藁の網をかぶせた船徳利。網は徳利保護のため

⬅船徳利。末広形で底が広く口が細い一般的な安定感がある船徳利

➡船徳利。備前焼か出雲焼の船徳利で姿とともに絵付の美しい珍しい品

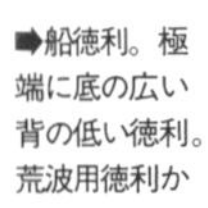

➡船徳利。極端に底の広い背の低い徳利。荒波用徳利か

⬆呉須で絵付された船徳利。波のあまりない航路の船用か

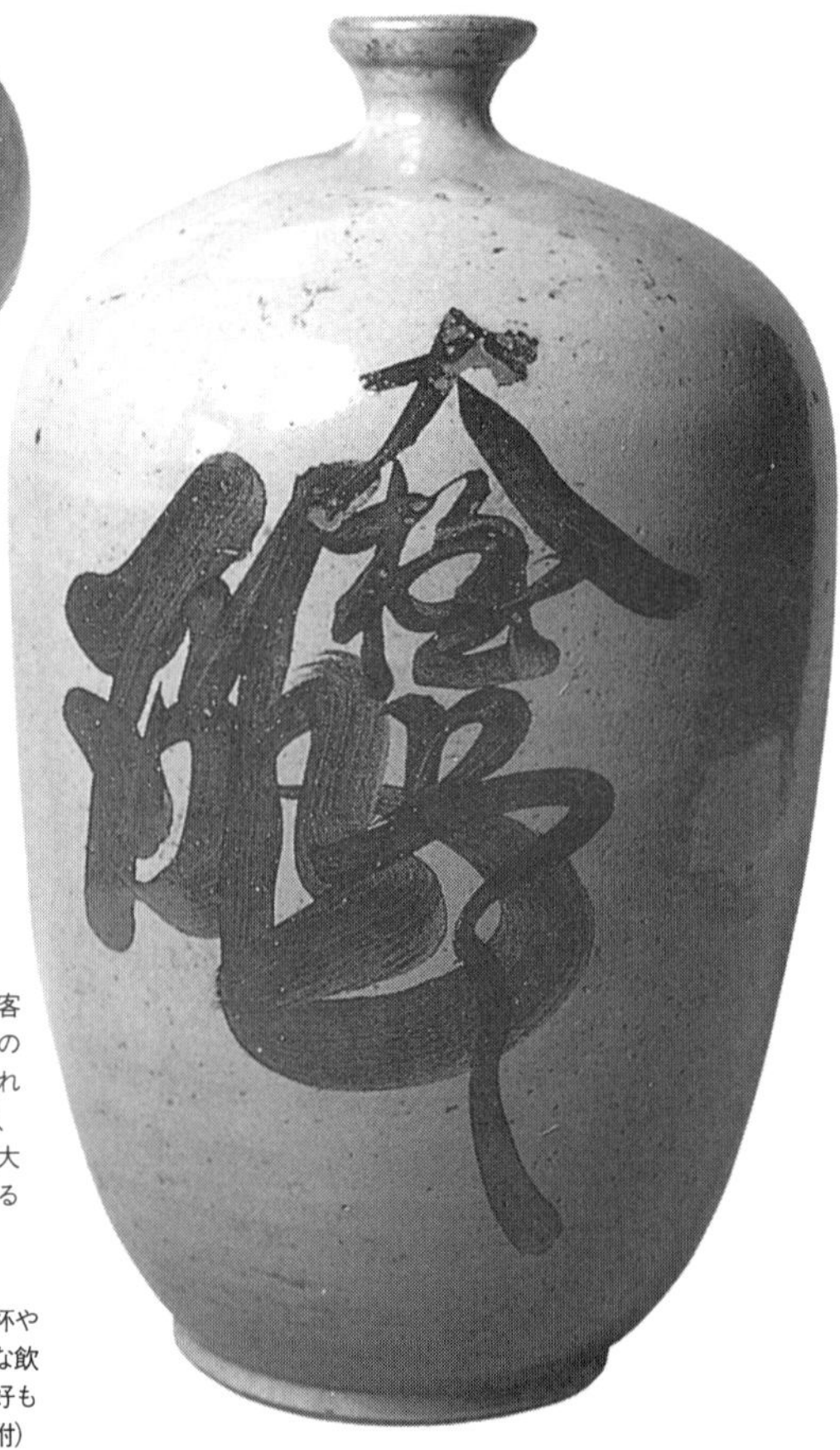

➡通徳利。客が使ったもので、酒を入れたというが、酢の文字が大書されている

⬅年忘れに一杯やる図。のどかな飲みっぷりで、好もしい（画本冠附）

➡丹波傘徳利。ろくろで作った後で、傘の形に仕上げた

⬆布袋徳利。底近くに布袋の刻印がしてある

⬆丹波船徳利。注ぎ口が付いていて、普通の船徳利と異なる型の物

➡能茶山焼徳利。能茶山焼は土佐国、高知県

⬇砥部焼徳利。大振りな徳利で、得意の通徳利に使っていたようだ

⬆小型の船徳利。小さい物だが底は広い徳利で個人が使ったか

酒徳利（さかどくり）

『貞丈雑記』には、以前には陶製の徳利はなかったとある。錫で作られていたので徳利のことを「すず」といったともある。さらに下った時代に書かれた記録によれば京坂では丹波焼の徳利で五合入りや一升入りがあり、これで酒を買って持運んだという。江戸では白い色の徳利や、貧乏徳利といって、淡鼠色の徳利で酒を買い、持運んだ。量が多くなれば樽も使った。徳利は運搬のためばかりに使ったわけではない。まず燗鍋がすたれると酒の燗をする燗徳利が登場する。幕末には、正式な席でも、一献目は銚子で盃を使うが、二献目からは徳利と猪口があたりまえになる。さらに下れば、燗徳利がそのまま宴席に出たり、飲み手に使われたりで、その姿も美しくなる。こうした江戸時代の徳利の中には、その徳利が置かれる場所から生まれた徳利もある。船徳利がそれで、底が広く口の細い安定した姿のもので、船が揺れてもこぼれない工夫がしてある。御神酒徳利というのもある。

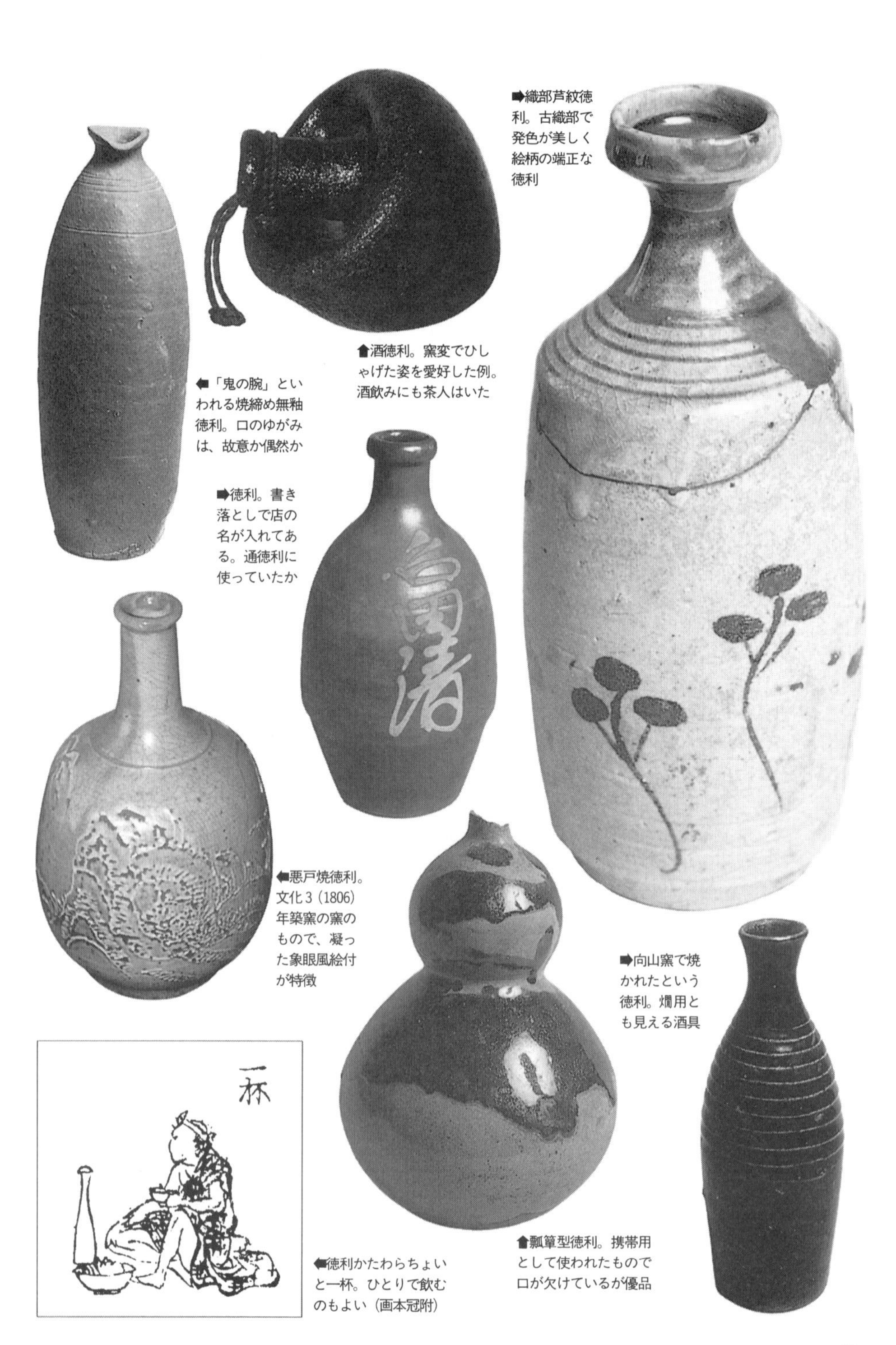

➡織部芦紋徳利。古織部で発色が美しく絵柄の端正な徳利

⬆酒徳利。窯変でひしゃげた姿を愛好した例。酒飲みにも茶人はいた

⬅「鬼の腕」といわれる焼締め無釉徳利。口のゆがみは、故意か偶然か

➡徳利。書き落としで店の名が入れてある。通徳利に使っていたか

⬅悪戸焼徳利。文化3（1806）年築窯の窯のもので、凝った象眼風絵付が特徴

➡向山窯で焼かれたという徳利。燗用とも見える酒具

⬆瓢箪型徳利。携帯用として使われたもので口が欠けているが優品

⬅徳利かたわらちょいと一杯。ひとりで飲むのもよい（画本冠附）

⬅相馬駒焼、伝初代作の「あずけ徳利」。青い地に貫乳があり絵がある

➡津軽の伊万里焼ともいわれる篠沢焼徳利。優雅な品

➡大宝寺焼徳利。青色で細かい砂利様の突起が点々とある釉薬かけ

➡九谷焼徳利。初代、徳田八十吉作瓢形色絵八角徳利。中国的な絵柄が特徴

➡伊万里焼染付綱絵大型徳利。伊万里焼は日常品を絵付した作品が多い

➡伊万里焼松ヶ谷染付紙造り絵徳利。伊万里焼には、日本全図などもある

➡白岩焼徳利。秋田の民窯で、地域の生活用具を焼成

➡吉田屋唐草紋徳利。文政年間に再興された古い九谷。どっしりした作り

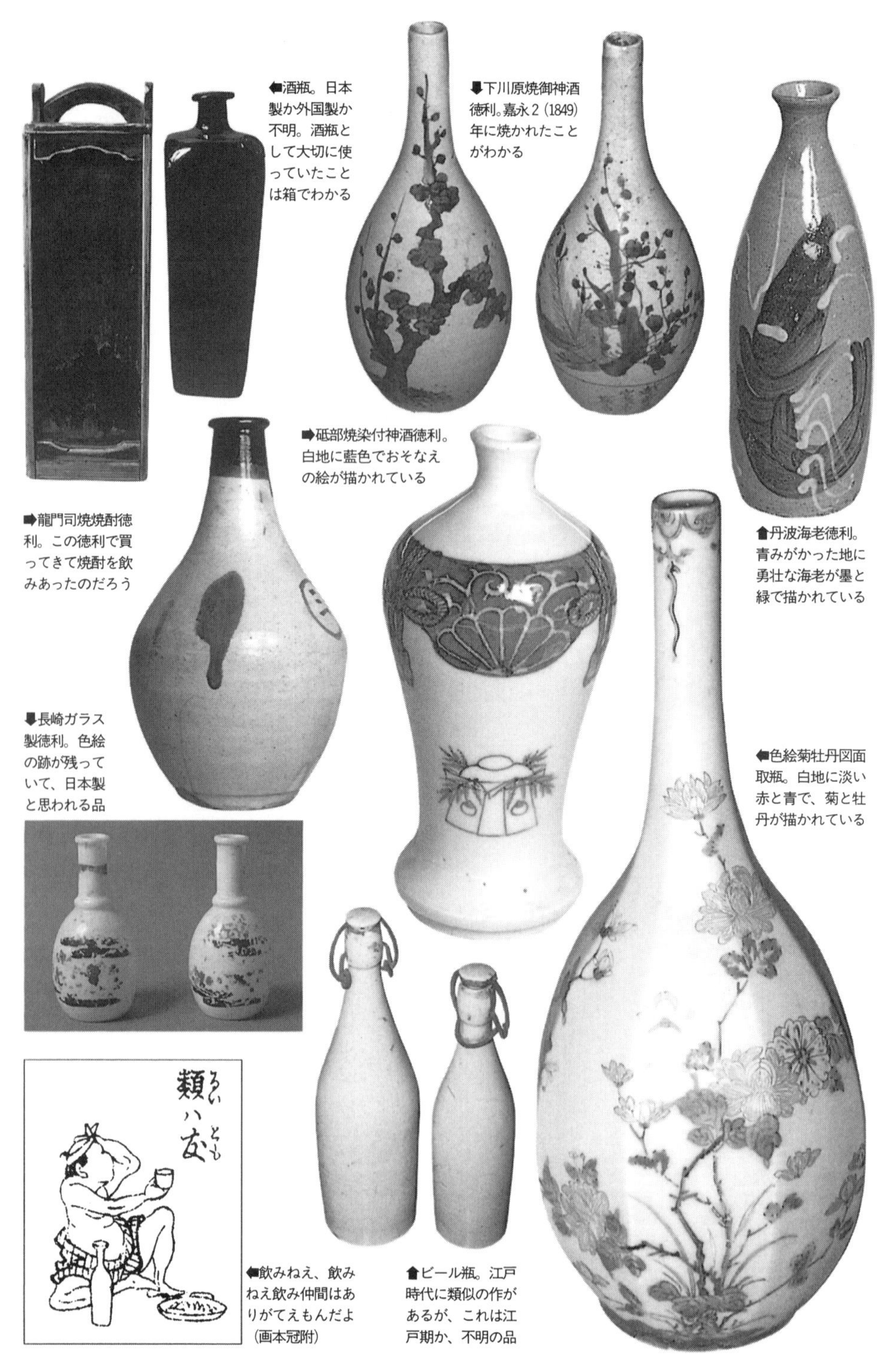

⬅酒瓶。日本製か外国製か不明。酒瓶として大切に使っていたことは箱でわかる

⬇下川原焼御神酒徳利。嘉永２（1849）年に焼かれたことがわかる

⬆丹波海老徳利。青みがかった地に勇壮な海老が墨と緑で描かれている

➡砥部焼染付神酒徳利。白地に藍色でおそなえの絵が描かれている

➡龍門司焼焼酎徳利。この徳利で買ってきて焼酎を飲みあったのだろう

⬇長崎ガラス製徳利。色絵の跡が残っていて、日本製と思われる品

⬅色絵菊牡丹図面取瓶。白地に淡い赤と青で、菊と牡丹が描かれている

⬅飲みねえ、飲みねえ飲み仲間はありがてえもんだよ（画本冠附）

⬆ビール瓶。江戸時代に類似の作があるが、これは江戸期か、不明の品

⬅環付携帯酒器。小ぶりの朱漆仕上げ。上から、漆絵様の菊を描く

⬆自然の竹を活かした酒器。漆を塗って仕上げてあるがこれも自作

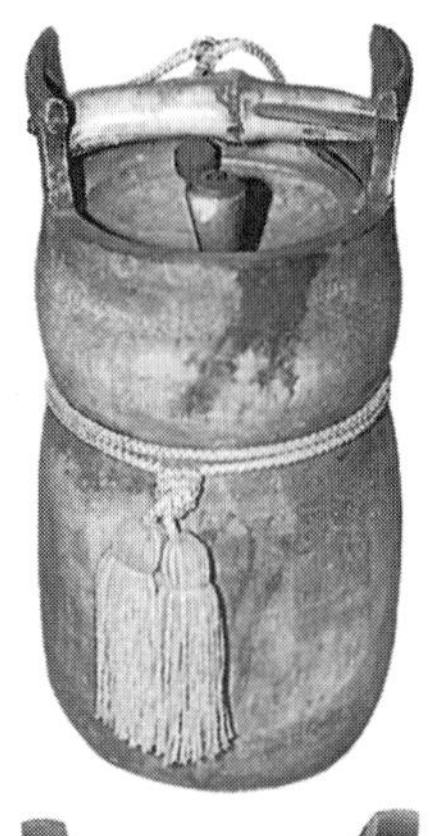

➡自然の竹を使った酒器。ごく小さなもので自家製と思われる優品

➡孟宗竹酒筒 朱漆塗仕上げ。鮫島姓は多いが、氏は不明

⬅携帯用酒器。朱漆を一度全体に塗りその上から花が描いてある酒器

⬆酒筒。竹製で漆仕上げ。胴に喫茶人物図が彫られている酒器

酒筒

さかづつ

携帯用の酒入れ。どこかに出かけるのに酒を持っていこうと考案されたもので、最初は竹の筒をそのまま使ったのでこの名がある。

時代が下ると、竹に絵を彫ったり竹の形を使った漆塗の木製が現れたり、樽の形をした携帯酒入れができたりと、酒飲みの遊び心が際限もなく進み、しまいには刀型のものまでが作られてしまう。酒飲みというものは際限のないもの。

⬆酒器。小さな樽型で、胴は黒、上は朱で、胴に梅を彫り朱で彩色

➡出陣用酒筒。総体朱塗りで、頭と底に縁状に黒を使った携帯酒器

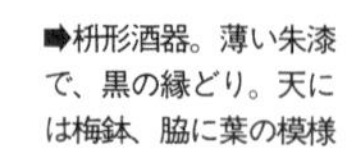

➡枡形酒器。薄い朱漆で、黒の縁どり。天には梅鉢、脇に葉の模様

⬇提重式酒器。外側を黒錆塗りにし、内側は朱漆。胴には草花の模様

⬇携帯酒器。天朱、脇黒漆で花などを朱で描いた、胴に着けた酒器

⬆水筒。側面は生漆状で、輪郭部は黒漆。携帯用酒器としても使える物

⬇南蛮絵携帯酒器。漆塗で、線彫りで南蛮人を描いてある。胴に着けた

⬅水筒。輪島塗で、黒漆塗。現在でも十分に使える品物

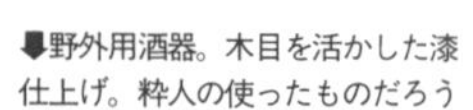

⬇野外用酒器。木目を活かした漆仕上げ。粋人の使ったものだろう

➡携帯酒器。野歩きに使ったと思われる素朴な酒器。胴に着ける型

➡酒器。樽を作ってから生漆を塗り、中央に環を付けたもの。外出用酒器

➡携帯酒器。琉球塗と思われるもので、六面体。随所に線彫の絵がある

⬇酒器。黒地金蒔絵で松竹梅図。縁などに朱を使っている。座敷でも野外でも使える品物

⬅大型酒樽。いい伝えでは、加藤清正公が使用したものだという

⬇煙管型酒器。粋人の好んだもの。これを腰に下げて花見と洒落た

⬆携帯用酒器。外国のボトルを真似たような姿で下絵生漆仕上げか

⬇大小刀型酒器。下は黒地金蒔絵、上は朱鞘。これをたばさんで花見

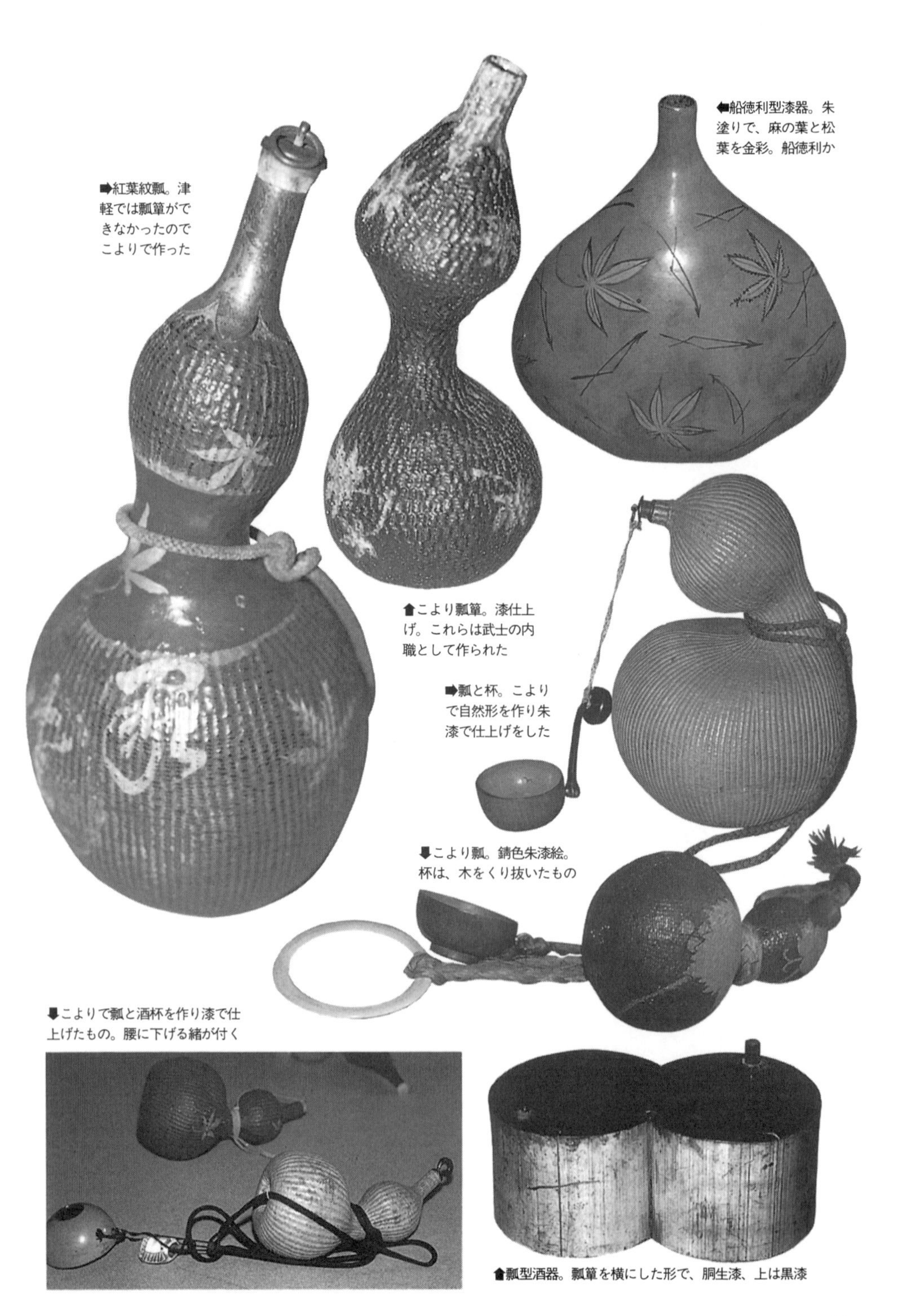

➡紅葉紋瓢。津軽では瓢箪ができなかったのでこよりで作った

⬆こより瓢箪。漆仕上げ。これらは武士の内職として作られた

⬅船徳利型漆器。朱塗りで、麻の葉と松葉を金彩。船徳利か

➡瓢と杯。こよりで自然形を作り朱漆で仕上げをした

⬇こより瓢。錆色朱漆絵。杯は、木をくり抜いたもの

⬇こよりで瓢と酒杯を作り漆で仕上げたもの。腰に下げる緒が付く

⬆瓢型酒器。瓢箪を横にした形で、胴生漆、上は黒漆

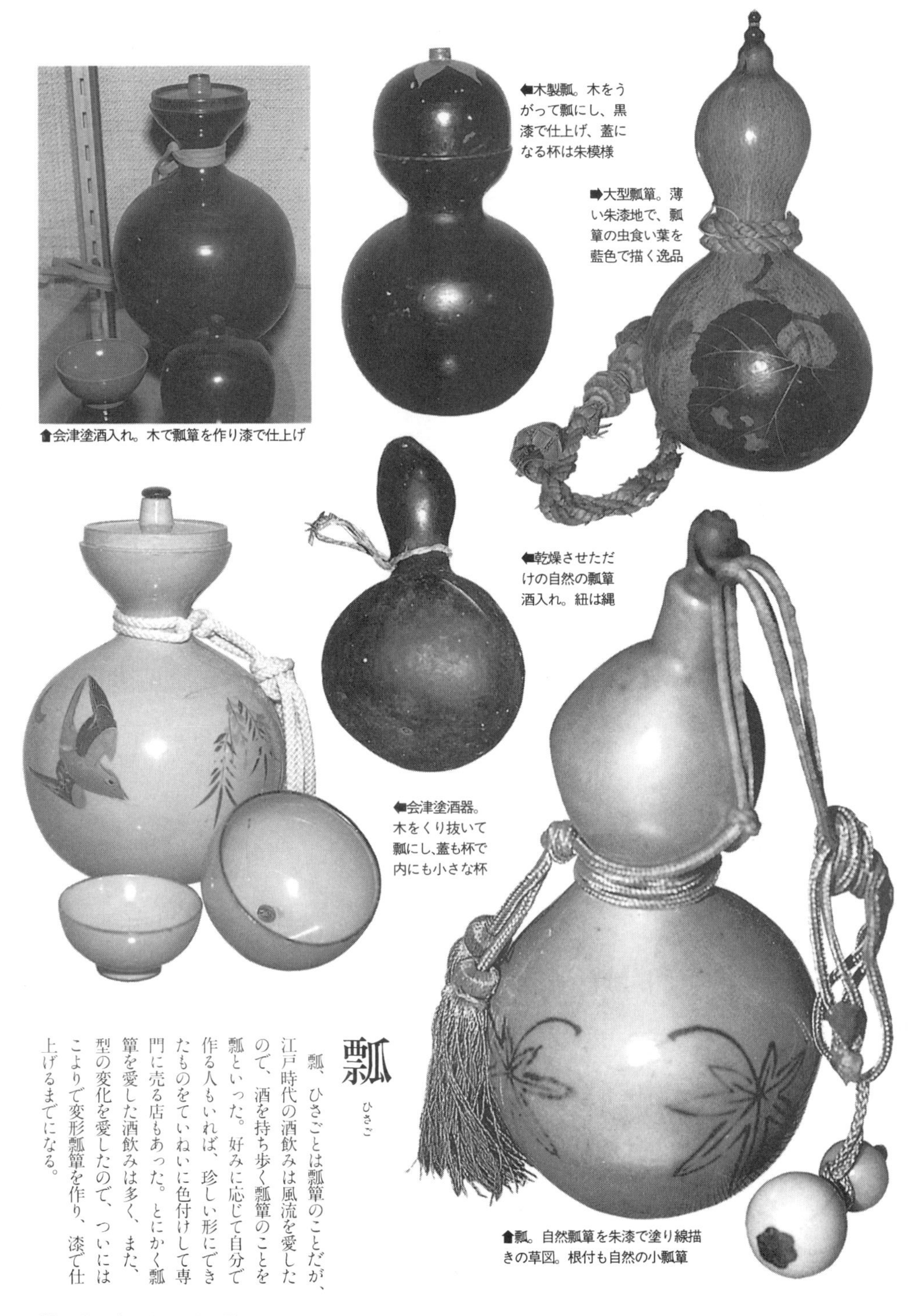

⬆会津塗酒入れ。木で瓢箪を作り漆で仕上げ

⬅木製瓢。木をうがって瓢にし、黒漆で仕上げ、蓋になる杯は朱模様

➡大型瓢箪。薄い朱漆地で、瓢箪の虫食い葉を藍色で描く逸品

⬅乾燥させただけの自然の瓢箪酒入れ。紐は縄

⬅会津塗酒器。木をくり抜いて瓢にし、蓋も杯で内にも小さな杯

⬆瓢。自然瓢箪を朱漆で塗り線描きの草図。根付も自然の小瓢箪

瓢（ひさご）

瓢、ひさごとは瓢箪のことだが、江戸時代の酒飲みは風流を愛したので、酒を持ち歩く瓢箪のことを瓢といった。好みに応じて自分で作る人もいれば、珍しい形にできたものをていねいに色付けして専門に売る店もあった。とにかく瓢箪を愛した酒飲みは多く、また、型の変化を愛したので、ついにはこよりで変形瓢箪を作り、漆で仕上げるまでになる。

⬆婚礼の夜の図。嶋台と杯（世志此銭占）

⬅十五重盃。通常は三重。酒戦会にでも使ったような、組みの盃だ

⬆➡玉吹き盃。鯉に亀。酒を注ぐと気泡がぷくぷく浮上がってくる

⬇津和野出身の木地師が考案した桃型酒杯。外側錆茶、内朱地金彩

⬆朱本盃。文化九年絵付狩野由信、書院落慶の下賜品

⬅猩猩図。酒を好む怪物。酒好きの異称（萬物雛形画譜）

左、赤絵時鳥朝顔紋馬上杯。右、赤絵菊時鳥紋馬上杯。一対の盃

⬆羽後国、秋田県の白岩焼馬上杯

⬆茸型酒器。茸型の中に杯などが入る

➡ギヤマン盃。山内豊信公愛用の品。国産品か外国製かは不明

⬆江戸後期に現存した大盃。蜂龍盃という名がある（近世奇跡考）

盃（さかずき）

寛文六（一六六六）年にでた訓蒙図彙には、樽の所に酒樽や指樽、瓢の絵があり、続いて罍（らい）とあって瓶状の絵があり、次に、盃、さかずき、盞、さん今俗にいう猪口とある。盃という言葉は古くからあり、万葉集にもでてくるという。

もちろん酒を飲む容器だが、京伝が描いているものなどには、よほど大きいものがあったように見える。江戸時代には一升入るものがあり、これを一息で飲んだという話も残されている。どうにも信じられない話だが、大酒家はいたようだ。

一般的には盃というのは武家や、改まった席のもので、長屋住いの八つぁんや熊さんが日常に使ったのは猪口だろう。それでも、ちょっと小金があれば、三重の盃くらいは大家さんの所あたりにはあったようだ。大、中、小、の三つの盃を大きい順に重ね、盃台に載せて使った。現在の正月の盃は、こうした名残といえる。盃台に載せたものには、十数重ねというのもある。

⬆細川公が領民に下賜した焼締めの大盃

⬅十分杯。長岡藩主が大酒を戒めて作らせた盃。八分以上注ぐと、盃の酒はすべてこぼれてしまう品

⬆熊神に酒を捧げるアイヌマラプトトウキ（熊神盃）

⬆ビールジョッキ。国産の物ではないと思われる酒杯

⬇白岩焼なりたてすず。青釉胴。酒などの発酵を助けるための道具

➡佐久間象山が実験に使ったと伝えられる蘭引、つまり蒸留器。薬品などの蒸留に使ったのが使い始めだろう

➡文久二(1862)年正月に求めたと箱にある蘭引。蒸留器

蘭引（らんびき）

ランビキ。平賀源内の書いた、『物類品隲』には、蘭引を使って和名ばらの露、紅毛語ローズワアトルを採るのには、ランビキを使って採るとある。蘭引というのはこれで見る通り薬や酒を蒸留するためのもので『西遊記』や『東遊記』を書いた京都の医師橘南渓はこんなに酒が簡単に作れるものはないと自分の本に書いている。おそらく焼酎を蒸留したのだろう。

遊山の器

携帯用の弁当には色々な呼び名がある。使い方にも大名と町人では異なることがあるが、どちらも酒食を野外でする時に使った。武士は下僕に時分頃持ってこさせたが、町人は出商い（であきない）でもしない限り、家で食べるか、店で食べる。弁当がいるとすれば、芝居見物か、お花見や野原での酒宴だろう。そうしたおりに使う道具をここでは紹介する。

⬅柴田家家紋入り野弁当。左の皿が右の空間に入る物

⬆葵紋野弁当。右酒器、左重、上皿がある提重

⬆蒔絵野弁当。殿様道具なら鷹狩りなどに使ったか

⬅野駆の道具一式。盆や小鉢など食の器一切がある

⬇小型弁当。酒器と飲用升
それに重箱が付いた遊山用

⬆弁当。左人型酒器、人物が酒を注ぐ。右かさね重。人物酒器の下が皿入れ

⬇弁当箱。塗の器を組合せた物
で、重箱のような姿をしている

⬆重箱付弁当。初
めはこのように数
人分の食器を収納

⬇燗徳利付花見道具。
脇の盆は左の空間に入
る。大名の花見の弁当

⬇野弁当。二十人前で、手前右は枡形酒器

花見弁当

はなみべんとう

これは仮の名。一般的には提重箱。訓蒙図彙では、提盆、携盒同じとある。町人から見ればこれは遊びに出る時の酒食を入れる物。

大名だって、道中の用意のために行列に持たせたので、戦にいく時にこんな物は持ってはいかない。

どちらにせよ遊び心が生んだ酒食器。実に楽しい物が残されている。江戸の野遊びの優雅さが伝わってこようという物ばかりだ。

⬆お重に御馳走、酒はいっぱいのお花見（画本冠附）

➡遊山用弁当箱。塗の蓋付容器を重ね入れ、提げられるようにした

⬇角館佐竹家の黒塗桜絵弁当箱。同酒器と食器もある

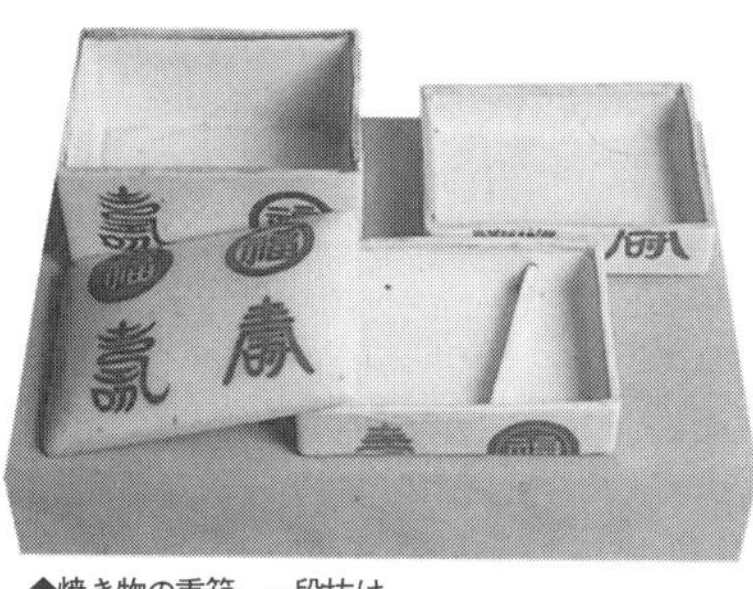

⬆焼き物の重箱。一段抜けているが、野遊び用だろう

⬅扇丸三紋手提弁当。提重の発展形か。塗の皿や箱を納めた収納具

⬆角樽型弁当。上の二段が重箱になっている工夫された提重

⬅扇形弁当箱。姿も良いが、野遊びの雅味を満喫できる道具だろう

➡磁器三段重。美しい花柄付で、鉱山労働者が使用か

⬋三段重弁当。九曜紋付で、殿様の野駆用と思われる

⬆花見弁当。一本の竹で作った線彫を施した、四段の提重

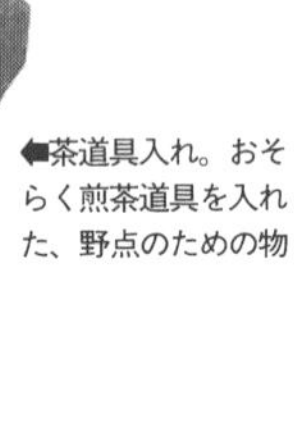

⬅茶道具入れ。おそらく煎茶道具を入れた、野点のための物

⬆弁当箱。割子と呼ばれた武士の弁当箱、と思われる形式の物

⬆弁当。自然物を使った洒落た三重弁当箱。長いのは水筒

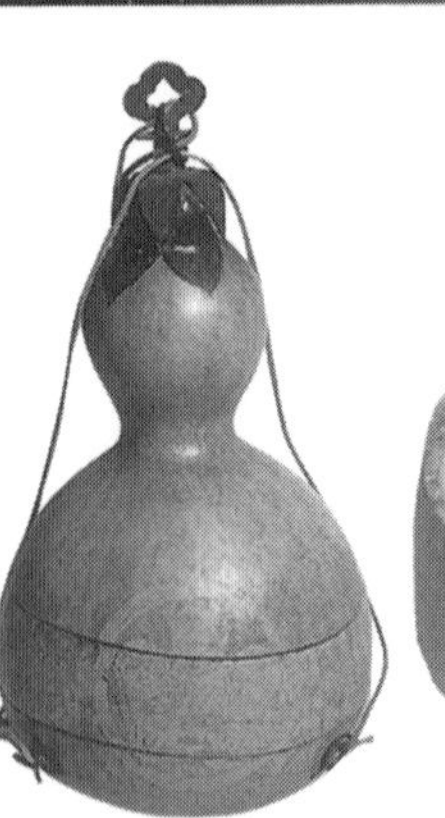

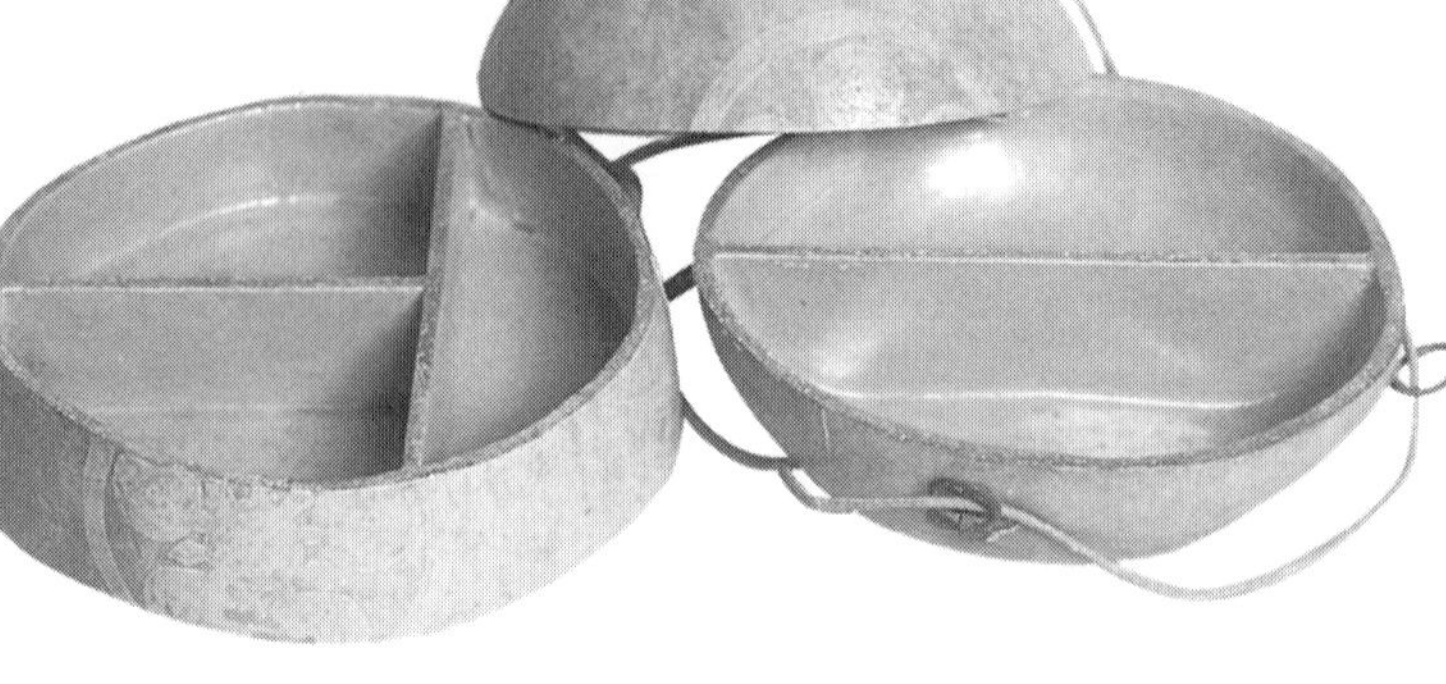

⬅瓢型弁当、左全体像右が中身。上部は徳利

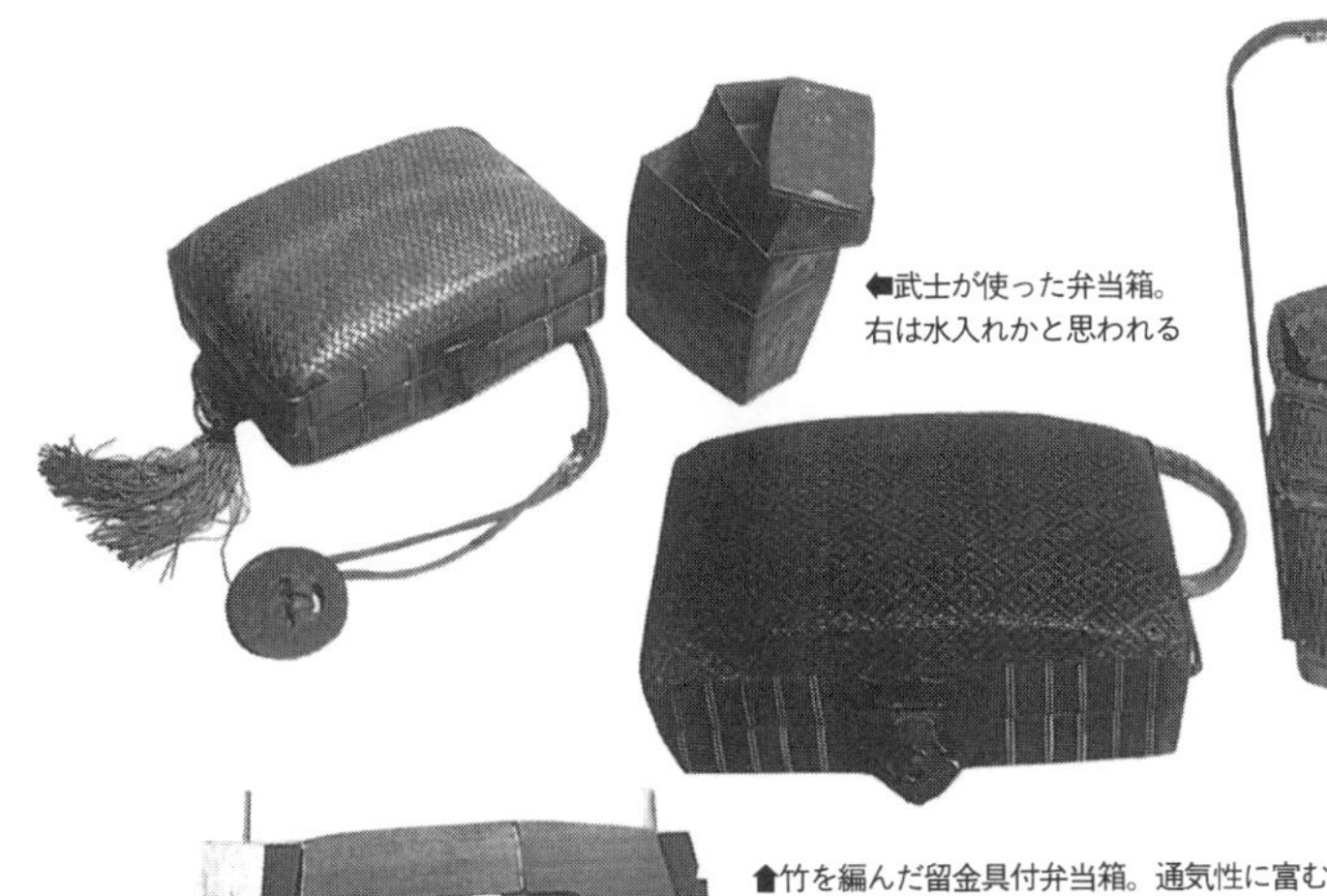

⬅武士が使った弁当箱。右は水入れかと思われる

⬆竹を編んだ留金具付弁当箱。通気性に富む

⬅⬇竹を編んだ割子。二段の重と、水入れとも思える

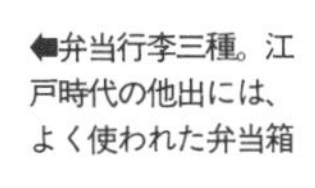

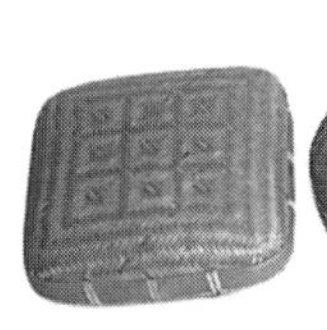

⬅弁当行李三種。江戸時代の他出には、よく使われた弁当箱

⬇⬅竹製提重。自製で、下は酒入れ部分上は肴を入れる重箱

⬆花見弁当。竹を活かした重箱で、緻密な線彫がある

弁当箱（べんとうばこ）

弁当とは、面桶、めんとうの転だとする本もあるが『和漢三才図会』によれば、樏子で和名はわりごあるいは、行厨で、ヘントウ、俗にいう弁当だとある。こうして見ると、器に食物を入れてでかける時に携えた物が弁当と思われる。

さらに進むと、享和四（一八〇四）年にでた『絵本江戸錦』にでてくる会話、弁当はちらし、という言葉は、出先で使う食事の中にも弁当という言葉が入り込んでいることがわかるし、幕末の記録でも芝居を観る時に用いる物を幕の内といい、よそに出かける時にはこれを利用するともある。それぞれを考えると、江戸期の中頃には他出する時に持っていく食料を弁当といったことがわかるし、それは様々な中身だったことも理解できる。遊山（ゆさん）に持っていった物は、卵焼きや煮染めを入れていただろうし、山で働く人は飯に梅干だけだったかもしれない。

その容器の型も場所により所により、持っていく所によって変わっていた。

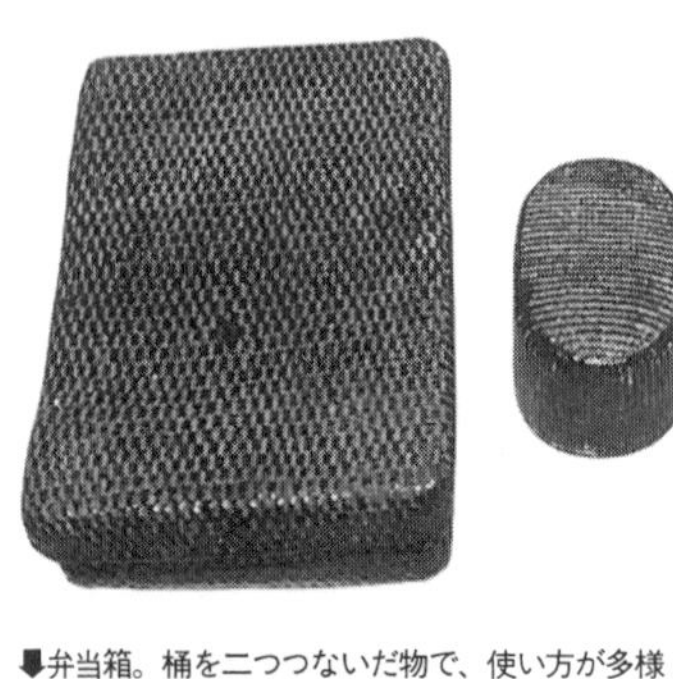

⬅こよりの弁当。こよりを編み箱を作り、漆で固めた弁当の箱

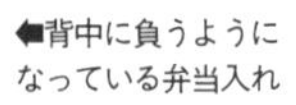

⬆弁当入れ。つとと呼ぶ物に握り飯などを入れた

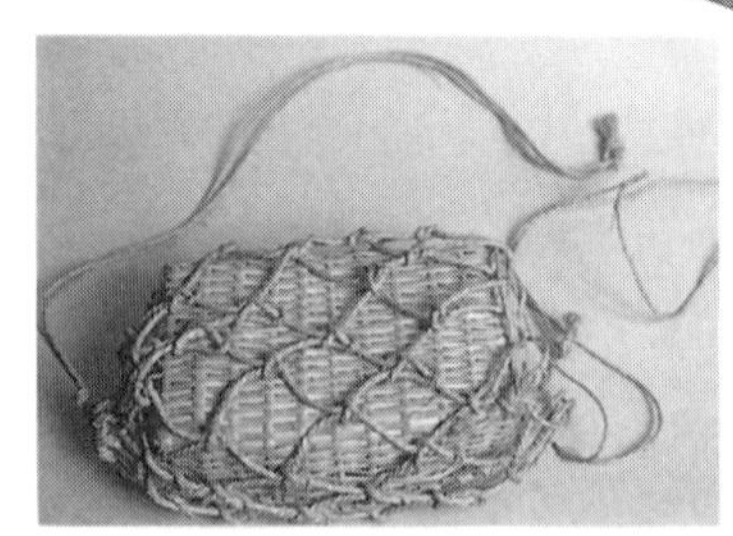

⬅背中に負うようになっている弁当入れ

⬇弁当箱。桶を二つつないだ物で、使い方が多様

⬆ヒルゲワッパ中子付。曲げ物をそのまま使った弁当

⬇円筒形弁当箱。上に菜、下に飯を入れた

⬅桶弁当。この中に握り飯などを入れて使う

⬇弁当箱。船上で使ったと思われる、飯櫃型弁当入れ

⬇弁当箱。曲げ物に薄く黒漆を塗った物

⬆盃をさしつさされつの醍醐の花見。重箱には佳肴がいっぱい（校本庭訓往来）

⬆寄せ木細工の重箱。参勤交代の武士が妻への土産とした

⬇津軽塗五段重。赤青黄など極彩色の漆絵。200年ほど前九代寧親公が愛用した

⬇五段重ね丸重。各段に五色の祝菓子を入れた重箱

⬆台付五かさね重。刻印を彫って絵柄にした珍しい重

⬇琉球漆器五段重ね重。赤漆地に緑や黄で風景を描く

⬆四段重ね梅鉢重。形から菓子を入れたとも思われる

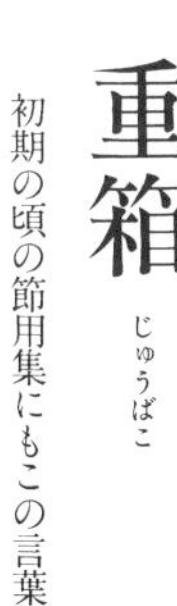

重箱（じゅうばこ）

初期の頃の節用集にもこの言葉はあるようだ。図で見ると、訓蒙図彙では、丸や四角の箱が重なった物を合子（ごうし）としていて、もともとは丸い物だったが、今は型も作りもはなはだ多く使い方も様々だとしてある。江戸の中期にはすでにこうなっており、末期には色々な用途のための物が生まれ、今に残っている。版本の中にもたくさんの重箱が見え、使い方がわかる。

➡松田青貝細工重。薬を入れる重箱で、小型の物

⬅アメリカのペリー提督を接待のために作った平猪口組込み酒器

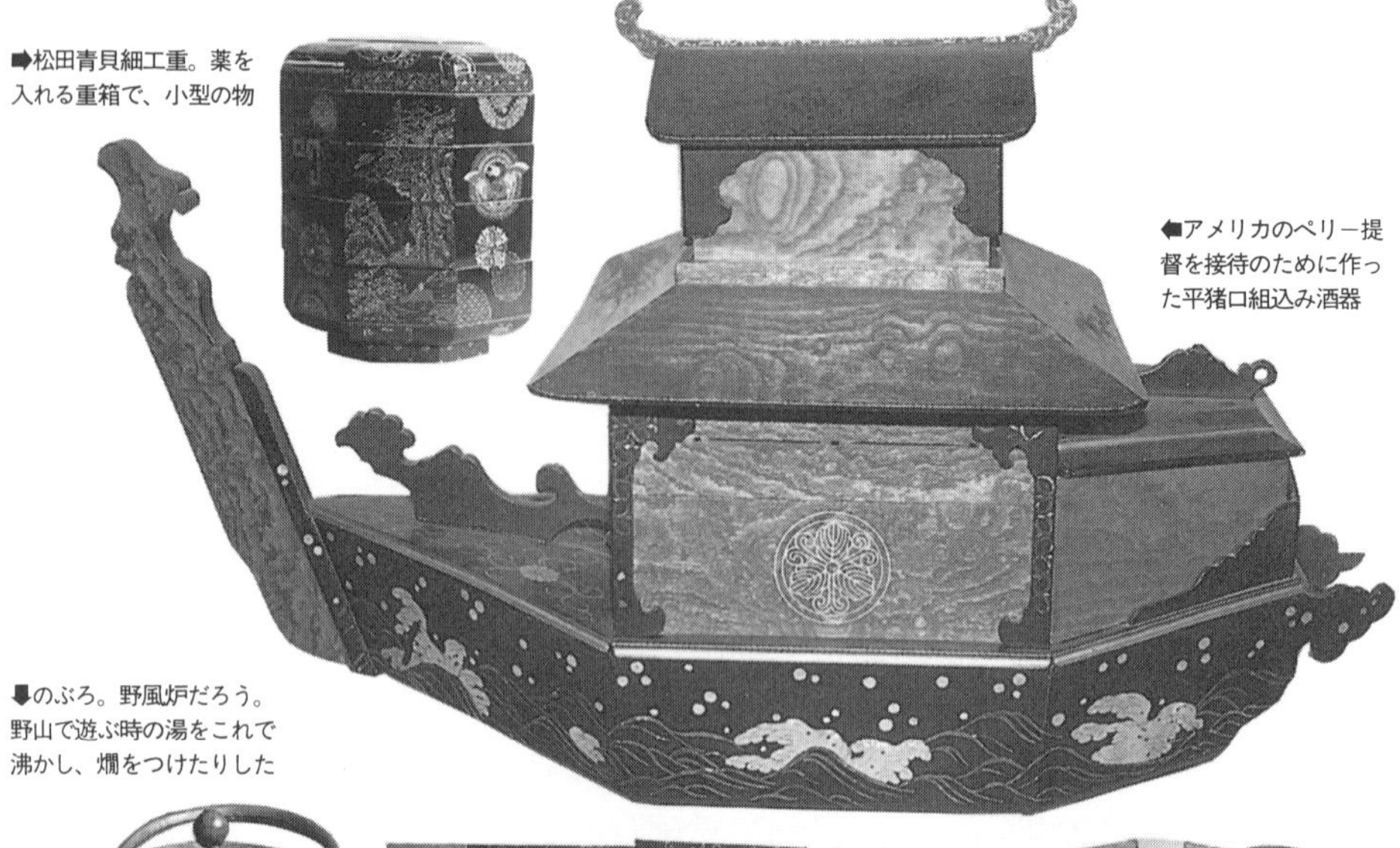

⬇のぶろ。野風炉だろう。野山で遊ぶ時の湯をこれで沸かし、燗をつけたりした

⬆道中湯沸かし。大名道具で道中で湯茶を献じた

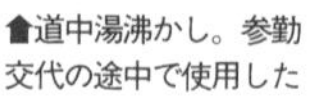

⬆道中湯沸かし。参勤交代の途中で使用した

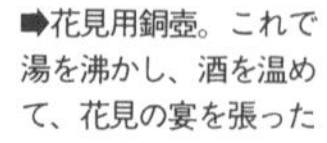

➡花見用銅壺。これで湯を沸かし、酒を温めて、花見の宴を張った

道中湯沸かし（どうちゅうゆわかし）

茶道には野風呂がある。これはそうした雅味のある物ではなく、道中している時に湯や茶を飲むための道具。湯茶のみではない。酒の燗をつけるための湯が必要な時に使う物もある。ただ湯を必要とした時のための物も、残されている。野原に出て遊ぶ時にはどうしても湯が必要となるので、そのための物も多く残っている。火にやかんをかける物がその例。

第三章・衣
装いと小物

◆江戸の道具考◆衣

粋とかいなせとはいったいどんなことをいったのだろう。大日本国語辞典を引いてみると、粋というのは人情の裏表に通じていることで、取り分け遊里の事情に通じていて言動や姿が垢抜けしていることだとある。いなせとは勇み肌で粋な若者、威勢が良くてさっぱりした若者などと書かれているが、粋の方が色っぽく、いなせは色っぽくないというわけではない。場所によっては年配者に向かっても使われる言葉でもある。江戸時代の女性は、粋やいなせの男性を良しとしたが、自分たちもそうした気分をもとに暮らしていたのだ。式亭三馬の『浮世風呂』がこの辺りの様子をよく出している。

長屋住まいの熊さんや八つぁんは粋の方ではなく、いなせに近い姿をしていたようだ。そのかみさんとなるといささか安くなるが、それでも『浮世風呂』に登場する中には、縞柄についてとやこういったり、娘が普段着に路考茶を染めてもらったといっている。

幕末には柄といえば縞しかないかのように縞が幅をきかせる。ただ縞柄といっても説明のしようがないほど多くある。山東京伝の描いた戯画に、目の不自由な按摩さんが並んでいて盲縞と書いたりしている。無地の織物と思って差支えのないようなものだが、『守貞謾稿』を見ると股引などに使ったように書かれている。それはともかく、江戸の通人の参考書のような京伝の戯画に、織物の遊びが出てくるところに江戸時代人の着物に対する関心の深さを感じる。お嬢さんでなければ着られなかったろう鹿の子絞りは、芝居の役者が舞台で着始めて流行ったという説もある。真相は分からないが、芝居の舞台というのは流行りの見本帖みたいなもので、いち早くそれを商いにしたり、予め役者と相談のうえ、着てもらってそれを商いに利用したりもした。

櫛簪笄も揃いで持つということは、幕末の頃でも長屋住まいの者にはなかったようだ。

ここに一つ興味深い話がある。幕末になると、鏡が大量に出回ってきて長屋住いの侘しい暮らし向きの女性でも鏡を持てるようになる。これは高級品の白銅を使った鏡ではなく、黄銅を使ったもの。銭を作るのと同じ手法で一時に数面できる型で作り、一応は反射する程度の水銀と純錫との混合物で、それこそ化粧がしてある鏡。そ

れほど高価ではない鏡なのだが、そのうちに曇って映らなくなる。すると、冬場になると鏡磨きの職人が現れる。鏡を磨くのは他国の、つまり違う地方からの出稼ぎ人なのだ。この人に頼んで、ぼやけてきた鏡を綺麗に映るように磨いてもらう。朴の木の葉を固く束ねたもので最初に表面の化粧を落とし、綺麗になったところで水銀と純錫の混合物を塗り、仕上げに朴の木の葉で磨きあげる。この職人さんは、小間物を持って売り歩く出商人（であきんど）でもあった。越中の氷見あたりから小間物を持って来たか、江戸の問屋で仕入れたかは分からないが、鏡を磨いたり小間物を売り歩いた。とすれば、櫛ぐらいは長屋住まいの御婦人も手に入れただろう。

男のなりは帯だと江戸時代の人は思っていた。着物は多少やれていたとしても、職人は帯に金をかけた。多少金に余裕のある人は持ち物に凝った。印籠（いんろう）などは、それこそ長屋の大家さんが公式の場に出る時の必需品だし、小銭を持っていれば、なりだけは大家さんと同じに、なんという者も長屋住まいの人の中にはいたようで、幕末にはこうした人まで印籠らしきものを持ったりもした。

誰でもが洒落られたのが煙管（きせる）入れと煙草入れ。これはたいがい対になっていて、煙管入れと煙草入れはつながっている。これも江戸中期まではなかったようで、先方へ行って相手の出してくれるのを良くも悪くも吸っていた。したがって後期まで来客があればまず煙草盆を出すという習慣が残っていた。紙、皮、布と素材も変化に富み、根付の細工に凝るといったことも盛んだった。

男のお洒落にもう一つ付加えると、履き物がある。これは女性もそうだったが、幕末になるとかえって下々（しもじも）が履き物に金を使い出す。輸入品の籐を細く裂いて鼻緒にした下駄を履いたり、式亭三馬が書いているやきもち焼きのかみさんに、亭主がやけを起こして芝居に行くなりの中で、三枚歯の下駄を履いて行け、そして打掛を着けて行けといって、かみさんにそれでは花魁（おいらん）だよといわせている。

流行りの最前線にいた売れっ子の花魁は、歯の三枚ある下駄を履いていたし、この花魁が屋内に入ると、今度は何枚も重ねた草履を履いて廊下を歩いた。この音に遊び客は胸をとどろかせたのだという。下駄が一般化するまではたいがいは雪踏（せった）で、この雪踏の表に何が使ってあるかを競いあったりもした。しかも底は皮で、かかとの所に金が打ってあり、ちゃらちゃらいわせて遊ぶ場所に通った様も人情本に描かれている。

装い

江戸時代の人はどんな姿をしていたか。「なり」。衣服を着けた姿をこう呼んだ。礼装として、幕末には武士に限らず町人も裃(かみしも)を着けた。長屋住いの人たちの改まった格好は、紋付に袴(はかま)くらいだった。不断の格好は小袖に羽織。これは上等の部で、下がると、股引(ももひき)に半纏(はんてん)というなりの仁もいた。仕事によってはこれに腹当を着けることもある。

⬆江戸城登城の大名も、江戸の町役も着けた礼服、裃。上を肩衣といい、下が袴で同生地

⬇右から、表衣、おもてきぬ、水旱。直衣、なをし。狩衣。水旱は襟を紐で結ぶのが特徴で、これらはすべて表に羽織る着衣の類

⬆濃紅袴。ちしおのはかともいう(校本庭訓往来)

☗左側の人物が肩衣袴を着けている（文政10年刊民家育草）

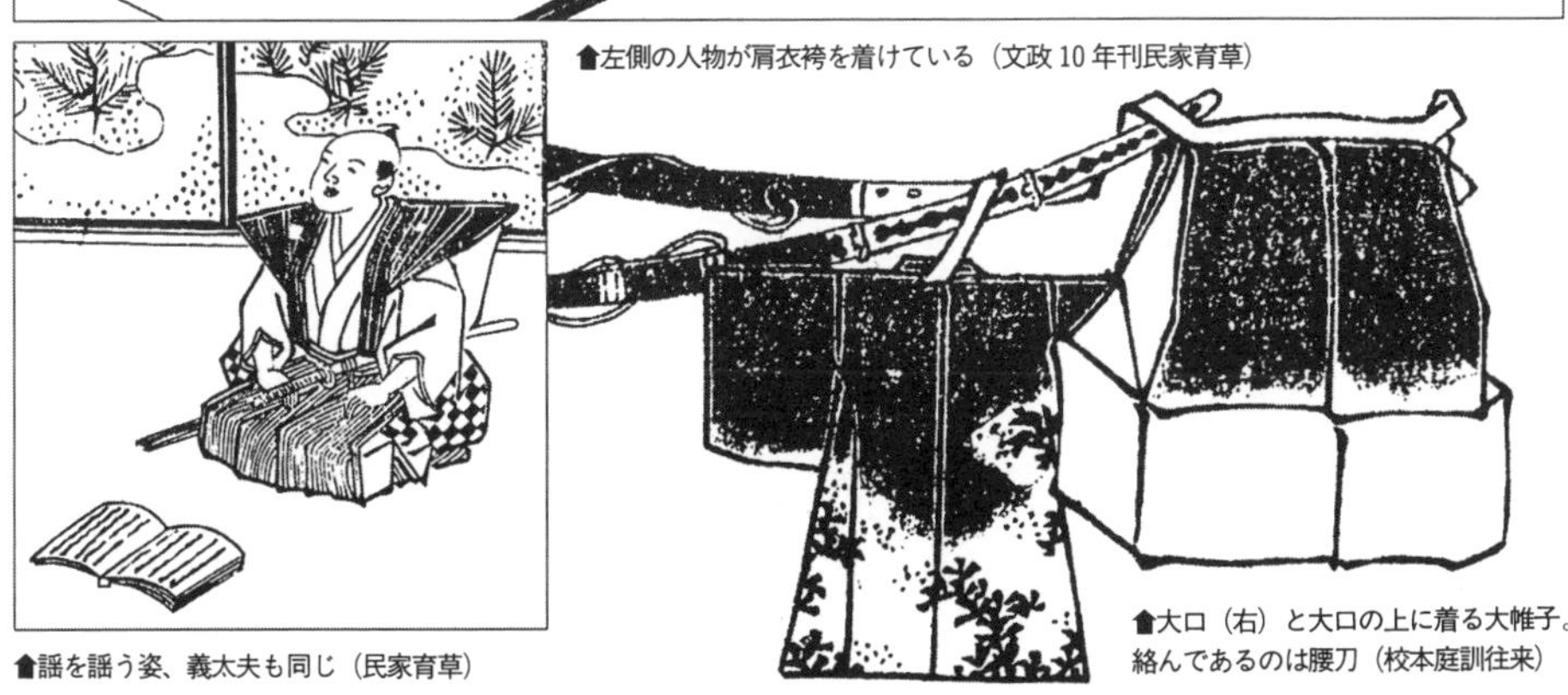

☗謡を謡う姿、義太夫も同じ（民家育草）

☗大口（右）と大口の上に着る大帷子。絡んであるのは腰刀（校本庭訓往来）

礼服（れいふく）

裃と呼んでいるが、正しくは肩衣（かたぎぬ）と袴。どちらも同じ生地で作る。袴の長いのが長袴で、浅野内匠頭守が、殿中で、吉良上野介に刃傷に及んだ時は長袴であったはず。半袴というのは、一般の武士が着けた肩衣に、裾までの袴。これは町役といわれた大家さんや地主は持っていたようだ。それより下がったり、そう改まらなくてもよい席には、町人は小袖に紋付の羽織。儀式張った所に出る時は紋付の羽織に袴。小袖にも紋があるのを着る人もいる。紋は正式には五つ。略式には一つや三つがある。下がってくると、よその紋で間に合わせる人も出てくる。というのも、一般の不断着もそうだが、町人の大多数は、古着を買って日常着にしていたので、羽織も紋の違うのは気にしない。紋さえあればよいといった風が全般だった。もちろん、金持ちはきちんとした羽織も袴も持っていただろう。ついでにいうと、隠居が義太夫を語る時は裃を着けた。これは絵手本などにも残っている。

☗麻布を藍で染め、白い綿糸で刺したこぎん。左、西こぎん、中、三縞こぎん、右、東こぎん

➡現存する最古の特徴的な柄の結城紬。男性用の綿入れの半纏。外出用の物と思われる

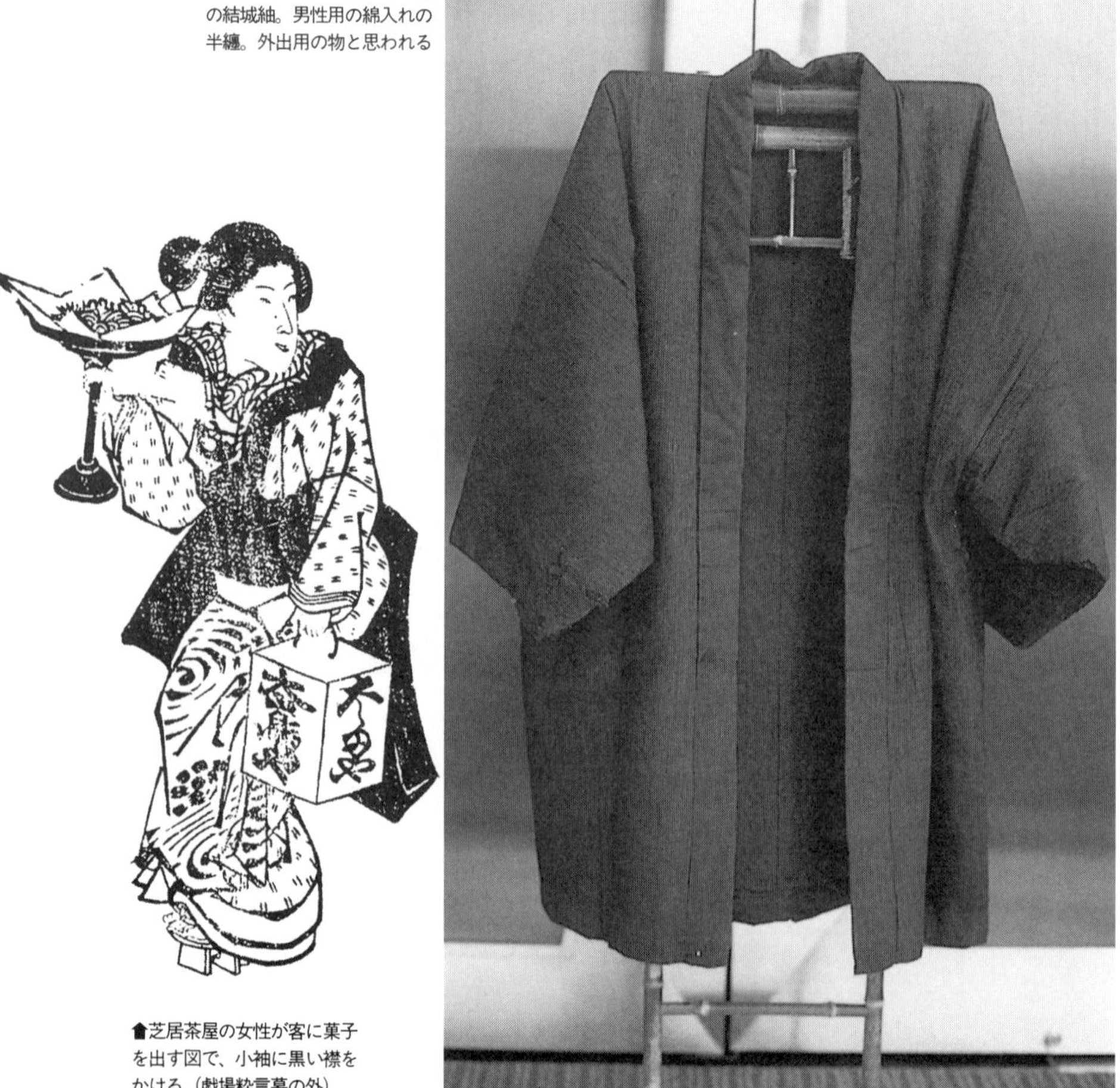

☗芝居茶屋の女性が客に菓子を出す図で、小袖に黒い襟をかける（戯場粋言幕の外）

⬅顔見世興行へ行く旦那衆。不断着といってもかなり凝ったなりで、粋人といわれたい人たち（戯場粋言幕の外）

⬆鹿皮製の羽織。防寒用として、火事場に行くのにも着たかなり値の張る着衣の一つ

⬅洗い張りの図。日常着ている着物は、その季節が終わると、ほぐして洗い、糊を付けて、板に張って干して仕上げた（諸職人物画譜）

不断着（ふだんぎ）

改まった礼服に対して日常着を一応こう分けた。どんな物を着ていたのか。幕末の草紙本などからすると、男も女も小袖と呼ばれる着衣を着けている。『貞丈雑記』によれば、かたびら、単衣（ひとえ）、袷（あわせ）でも袖下を丸くした物はすべて小袖で、綿入れだけを小袖というのは誤りだとしている。ところが幕末の記録では袖が大きくなくても広袖といい、この差別は、たもとのあるなしだとしている。たもとが丸く縫ってあるのが小袖だという。

また、木綿の服ではない綿入れの服を小袖というともある。木綿の服ではない袷を俗に袷小袖という。粗末な木綿の着衣でない物の名に小袖を使っている。木綿の綿入れを一般に布子（ぬのこ）と呼んでいる。単衣の着衣は、木綿物でなくても小袖とはいわないともある。『貞丈雑記』の時代と約百年の間に、小袖という名称は多少使われ方が違ったようだ。しかし、人情本や絵手本を見る限りでは『貞丈雑記』の説があたっているようだ。幕末の呼び方は今に通じる。

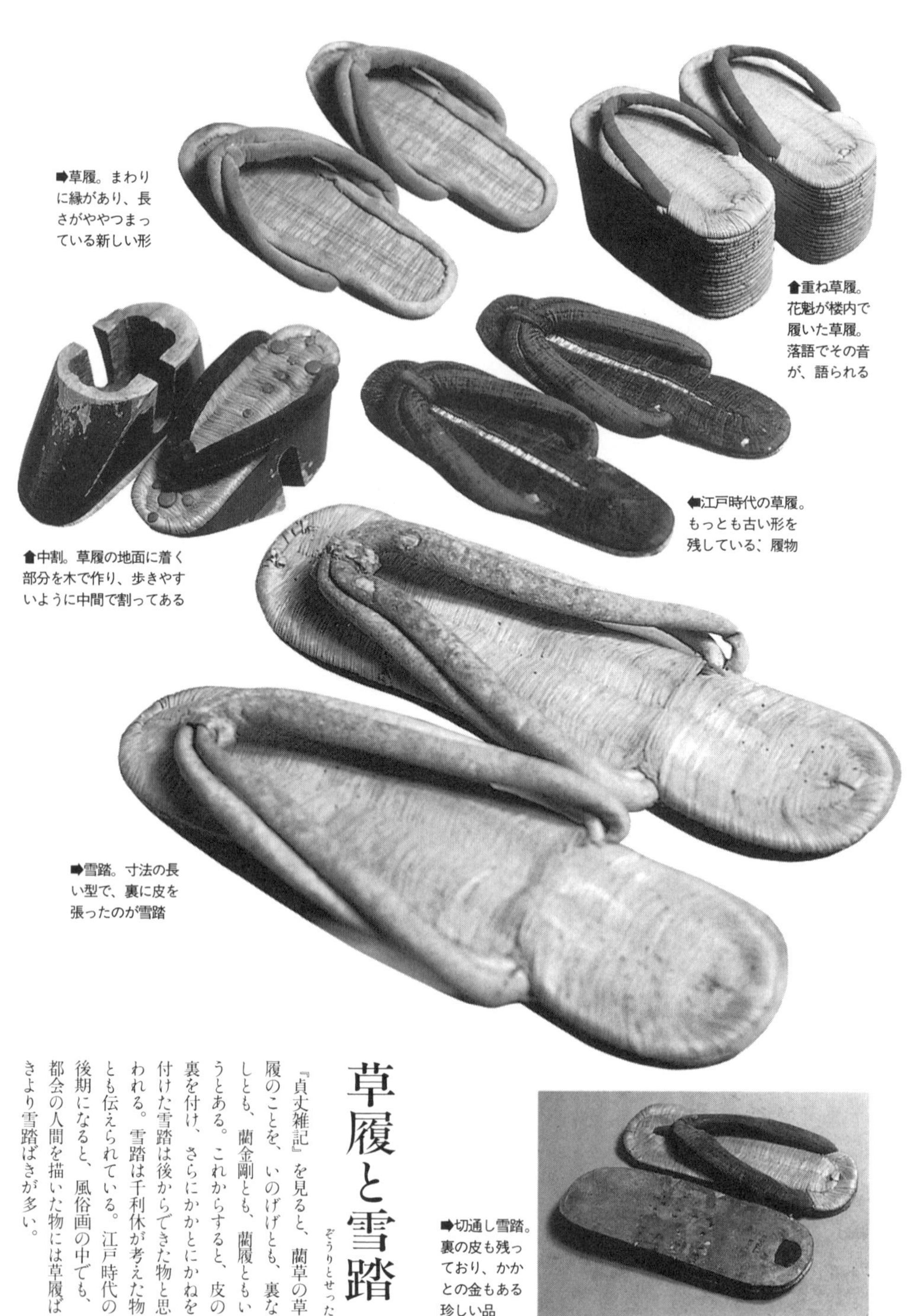

➡草履。まわりに縁があり、長さがややつまっている新しい形

⬆重ね草履。花魁が楼内で履いた草履。落語でその音が、語られる

⬆中割。草履の地面に着く部分を木で作り、歩きやすいように中間で割ってある

⬅江戸時代の草履。もっとも古い形を残している、履物

➡雪踏。寸法の長い型で、裏に皮を張ったのが雪踏

草履と雪踏（ぞうりとせった）

『貞丈雑記』を見ると、藺草の草履のことを、いのげげとも、裏なしとも、藺金剛とも、藺履ともいうとある。これからすると、皮の裏を付け、さらにかかとにかねを付けた雪踏は後からできた物と思われる。雪踏は千利休が考えた物とも伝えられている。江戸時代の後期になると、風俗画の中でも、都会の人間を描いた物には草履ばきより雪踏ばきが多い。

➡切通し雪踏。裏の皮も残っており、かかとの金もある珍しい品

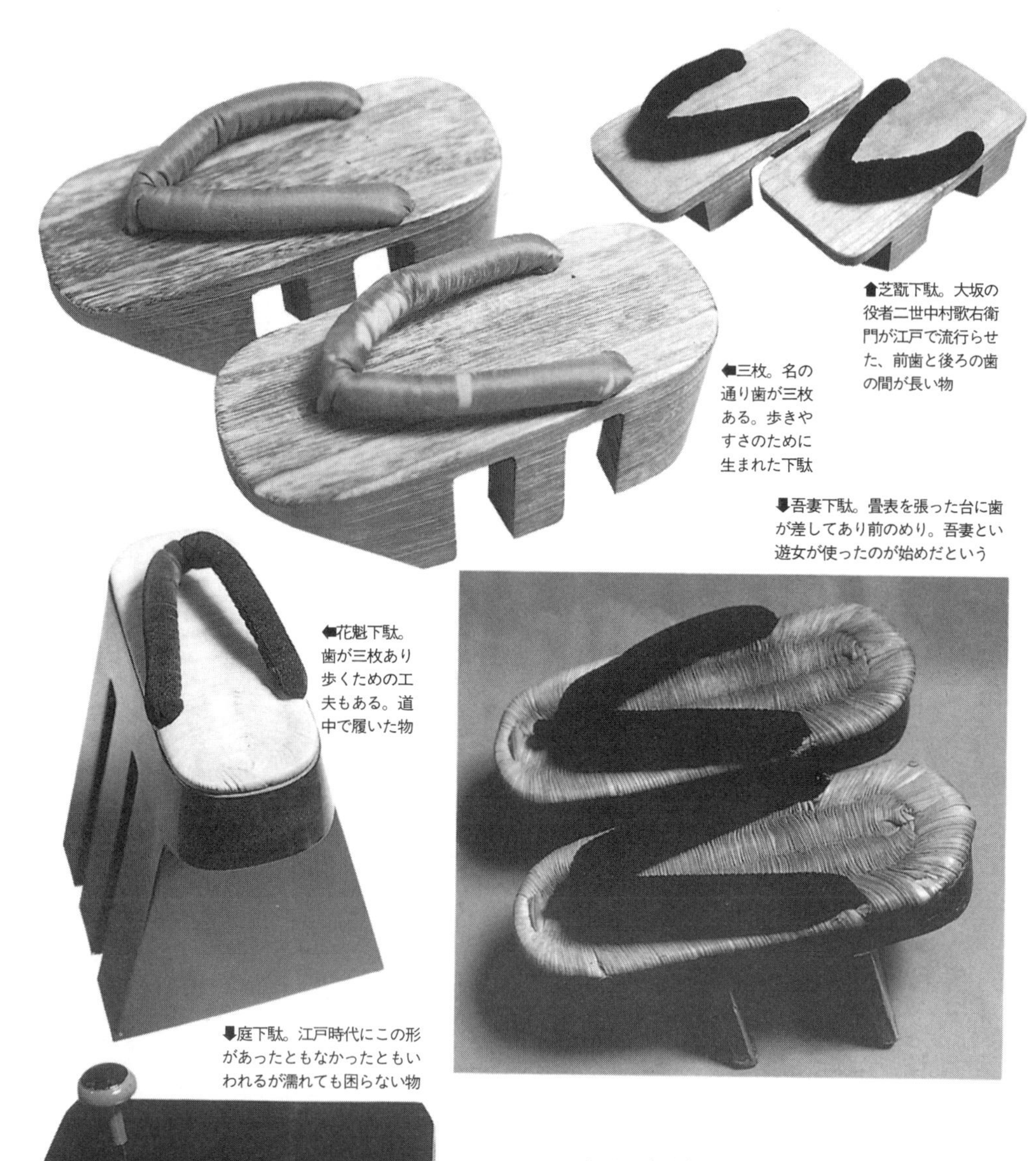

⬆芝翫下駄。大坂の役者二世中村歌右衛門が江戸で流行らせた、前歯と後ろの歯の間が長い物

⬅三枚。名の通り歯が三枚ある。歩きやすさのために生まれた下駄

⬇吾妻下駄。畳表を張った台に歯が差してあり前のめり。吾妻とい遊女が使ったのが始めだという

⬅花魁下駄。歯が三枚あり歩くための工夫もある。道中で履いた物

⬇庭下駄。江戸時代にこの形があったともなかったともいわれるが濡れても困らない物

下駄

げた

訓蒙図彙には、けきとあり、あしだ、木履だとしてある。図は今の足駄とよく似ていて、台に歯を差したように描かれている。安永四（一七七五）年に書かれた『物類称呼』には、あしだは関西や西国でいうぼくり、または、ぶくり。中国でぼくり、ぶくりというのは江戸でいう下駄だと出ている。どちらにしても、歯をくり抜く下駄は幕末にはあった。

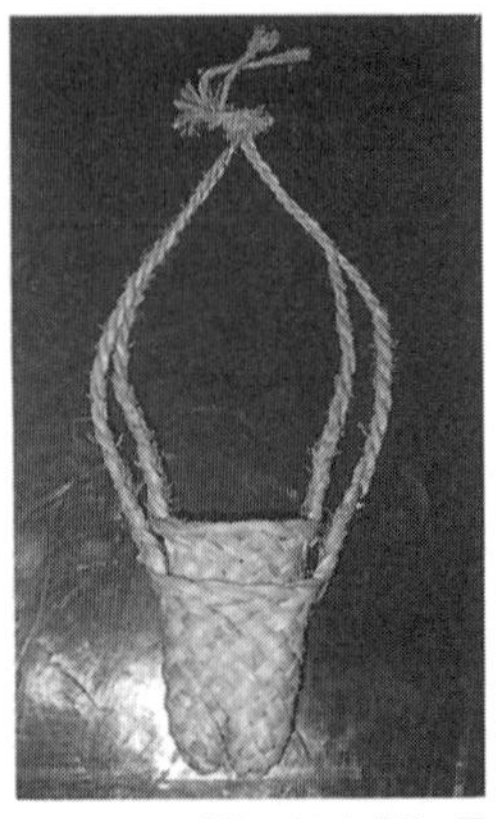

⬆つまかけ。草鞋の上から着け、雪の中の作業や道中に使った雪中具

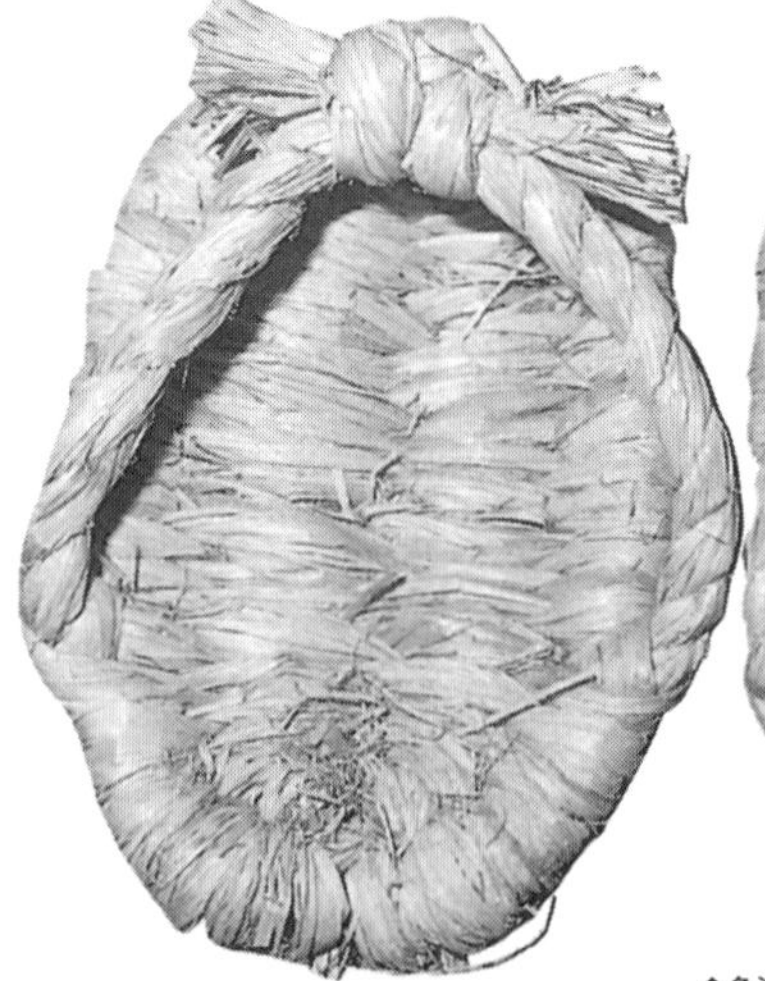
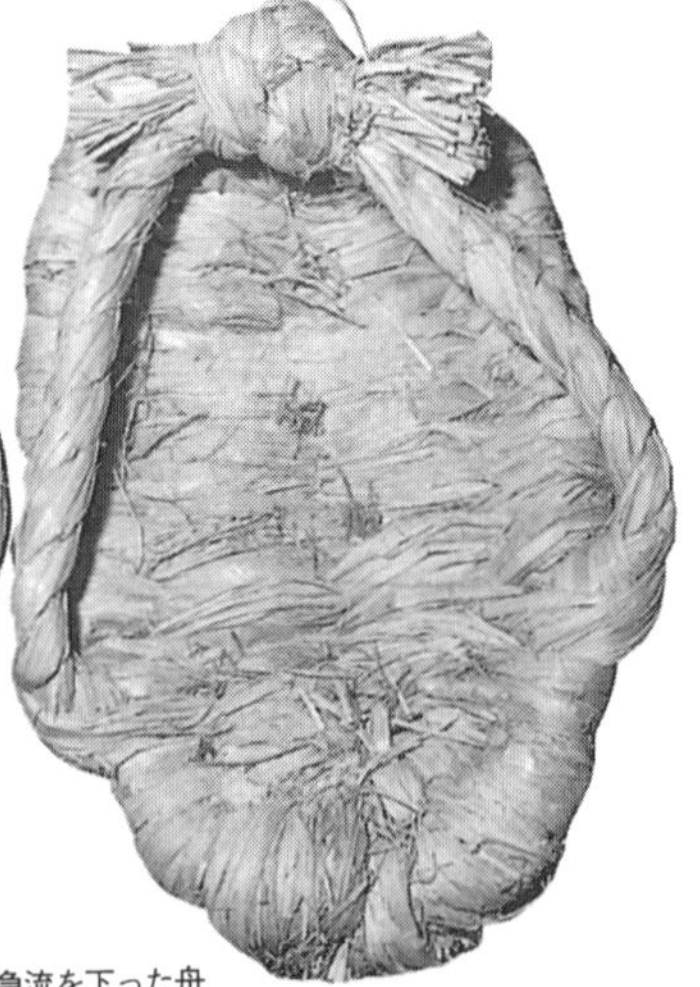

⬆急流を下った舟を川上に登らせるのに履いた「あしなか」。かかとが使え、滑らない履物

⬆わらぐつ。足を包むような覆いがあり雪の中を歩く

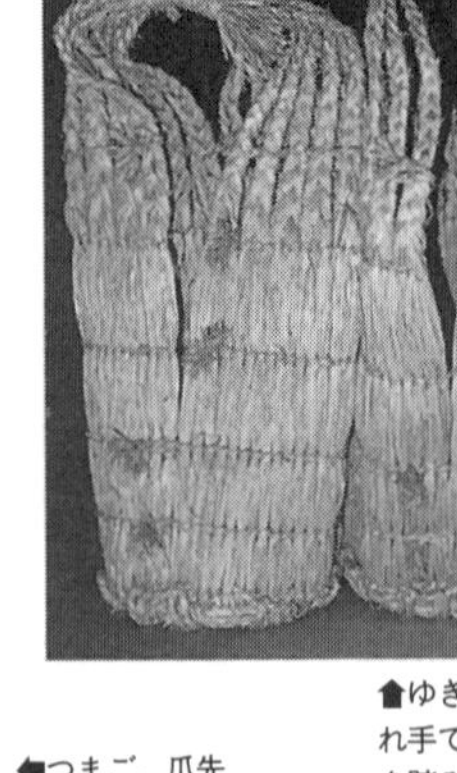

⬆ゆきふみ。足を入れ手で綱を持って雪を踏み固めていく

⬇おそふき草鞋。通常の草鞋に覆いが付いた雪中草鞋

⬅つまご。爪先に覆いがあり、後は平面の雪靴

⬆はばき。藁でできた脚半。足下を固める物

藁の履物（わらのはきもの）

武士の礼儀を研究した伊勢貞丈が書いた『貞丈雑記』には、あしなかに礼なしとして、敷皮に座っている人の前を通る時は、草履や靴は脱いで通るが、あしなかはそのままで通ってよいとある。その後に、わらんずもあしなかと同じに礼がないともあり、わらんずとは藁靴、わらうづ、ともいうと出ている。あしなかは昔の武士が履き、かかとが出ていて速く動けた。

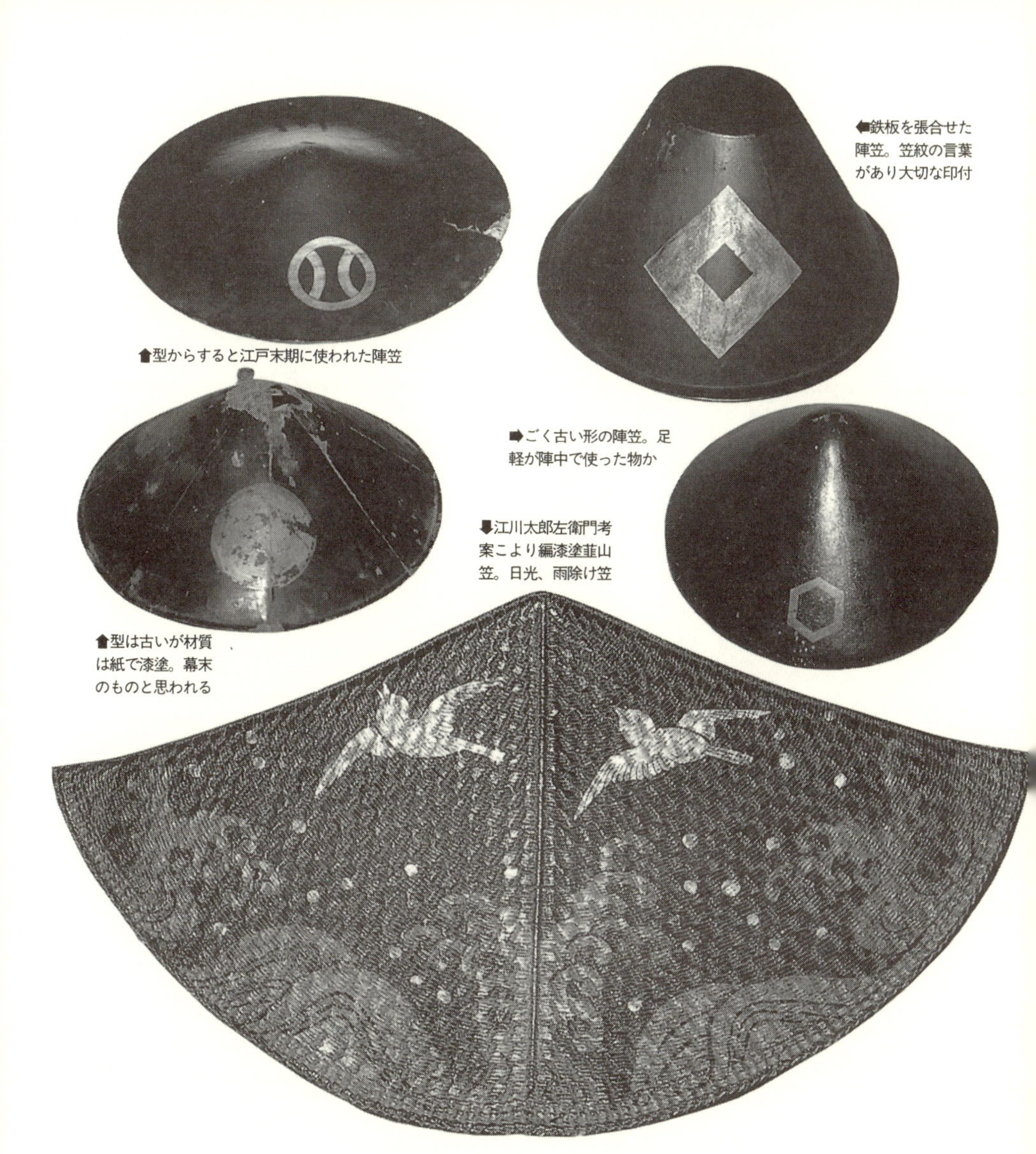

⬅鉄板を張合せた陣笠。笠紋の言葉があり大切な印付

⬆型からすると江戸末期に使われた陣笠

➡ごく古い形の陣笠。足軽が陣中で使った物か

⬇江川太郎左衛門考案より編漆塗韮山笠。日光、雨除け笠

⬆型は古いが材質は紙で漆塗。幕末のものと思われる

笠

訓蒙図彙を見ると「笠、りつ、かさ、涼笠、今考えると日笠」と出ている。これからすると笠は日除けとして最初は使われていたように見えるが『貞丈雑記』の笠じるしの項には、笠じるしというのは鎧に付ける物で、同士討ちにならないために、鎧の袖に印を付けたのを笠しるしとしてある。

幕末の記録には笠は日除けとして進化した物と考え、出商人の被った様々な笠を見せている。もともと訓蒙図彙にある通り、日を避けるための物だったようだ。文政頃に書かれた『我衣』に、兜の替わりに足軽などが被った陣笠のことが出ており、これは薄い鉄などで作った物、あるいは紙を百重にして張り固め、漆を塗った物など。同じような笠を、武士が夏の火事の時にも被ったとある。文久三（一八六三）年に大名以下幕府直属の武士まで、外出時に被る笠が決められ、百重張を使用するようになった。もっとも、大名は表白塗り裏総金箔押しなど、位で細かく塗りを決められている。

⬆これから女性たちは旅に出るのか、二人は着け、一人は手に笠を持つ。藁で編んだ笠のようだ（春柳錦花皿）

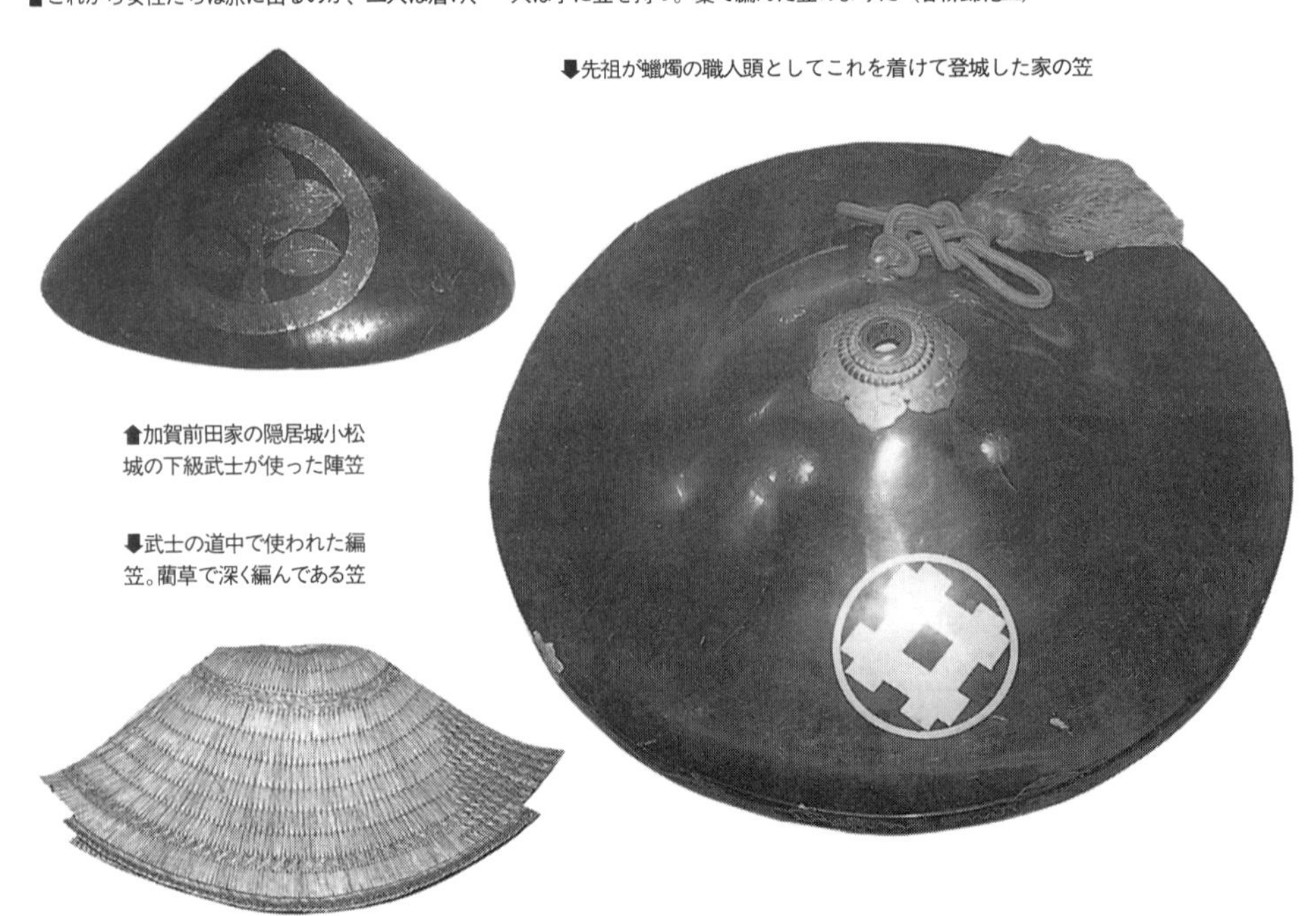

⬇先祖が蠟燭の職人頭としてこれを着けて登城した家の笠

⬆加賀前田家の隠居城小松城の下級武士が使った陣笠

⬇武士の道中で使われた編笠。藺草で深く編んである笠

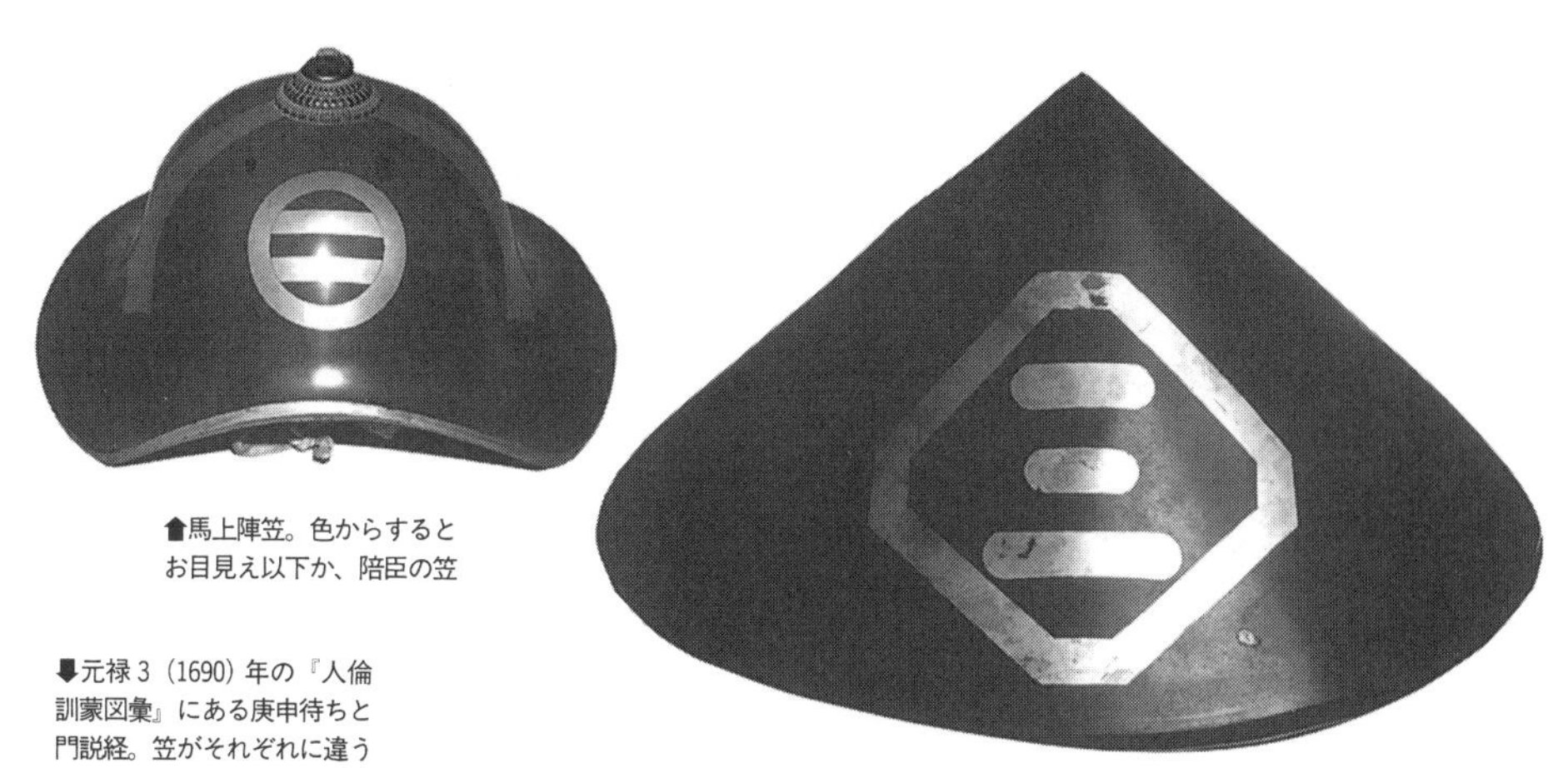

⬆馬上陣笠。色からすると
お目見え以下か、陪臣の笠

⬆臼杵藩稲葉家家紋付下級武士用陣笠

⬇元禄３（1690）年の『人倫
訓蒙図彙』にある庚申待ちと
門説経。笠がそれぞれに違う

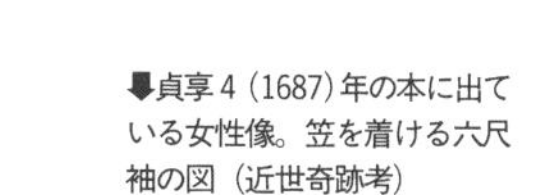

⬇貞享４（1687）年の本に出て
いる女性像。笠を着ける六尺
袖の図（近世奇跡考）

⬆門説経。説経節の三人だが、三人とも同じ笠を着けている（人倫訓蒙図彙）

➡中央の傘を持つ人物には、門だんぎ、と書いてある。門付の一種（人倫訓蒙図彙）

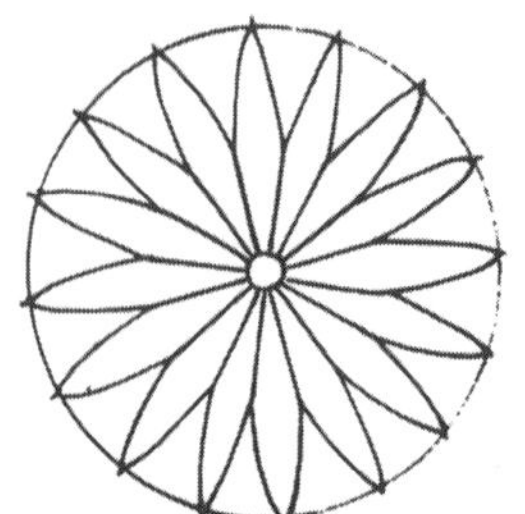

⬆傘の菊骨。日傘にも雨傘にもあり日傘は裏表に出す（守貞漫稿）

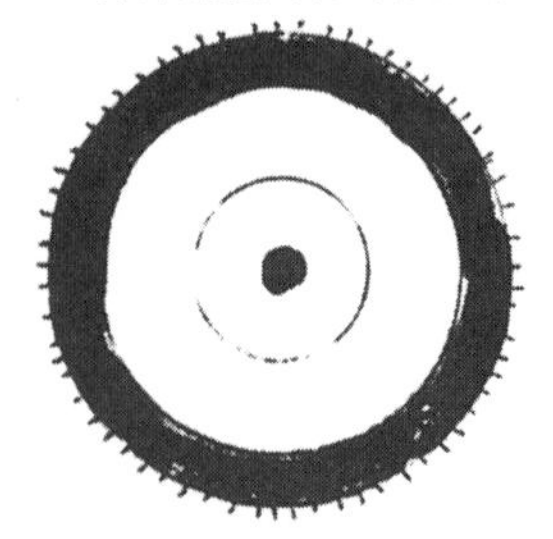

⬆江戸にあった奴蛇の目（守貞漫稿）

⬆上から見た蛇の目傘（守貞漫稿）

⬆岐阜に残った和傘の技。美濃紙と竹が手に入りやすかったので、300年の歴史

⬇天明４（1784）年の『彩画職人部類下』に出ている傘を張る職人。髪型からすると武士か

傘（かさ）

訓蒙図彙には、傘、さん、からかさ、今考えると雨傘、うさん、あまがさ、涼傘、ひがさとある。

江戸時代になると骨やろくろの付いた開け閉め自由の紙張りの傘が一般に使われ、その代表例が蛇の目傘。番傘もその紙に書く文字までを幕末の記録は細かく記している。番傘というのは、番号を記入した傘だからだという。雨天に使ったのはこの柄の付いた傘。

⬆江戸の版木で刷ったいせ辰の千代紙。手拭の被り方が詳しく描かれる

⬅山東京伝が考え出した『たなくひあはせ』に出てくる図柄。これは現在復活されている

⬇女が駕籠賃を払っている図。御高祖頭巾は防寒か顔を隠すためか（春色恋廼染分解）

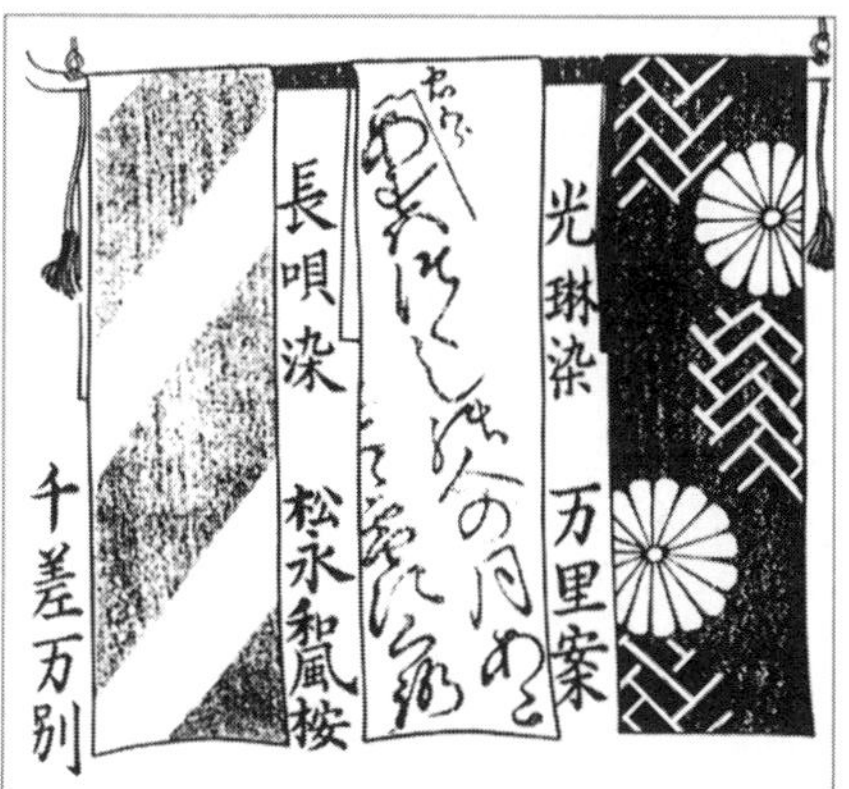

⬅京伝作の『たなくひあはせ』に出てくる光琳染、長唄染、千差万別図

手拭（てぬぐい）

訓蒙図彙に、帨、ぜい、たのごひ、てのごひ、帨巾。手巾、同。帨架、たのごひかけ。とある。『守貞漫稿』には、手拭は晒木綿一巾を長さ鯨尺で二尺五寸（約九十五センチ）に断って使うとあり、縞はなく、芥子玉しぼりや瓶のぞきというのがあるとし、淡い藍染めとある。あるいは米屋被りなど、手拭が手を拭うだけではない使い方をされたことを示している。

化粧

江戸時代に発達した仕事は数多くあるが、中でも鏡の生産はそれ以前とは比べられない大量生産になる。これを磨く職人も増える。櫛も式亭三馬の『浮世風呂』に登場するように、長屋のかみさんでも稼ぎのよい亭主を持てば買える品があった。白粉や紅も高級品ではなくなってくる。既婚の婦人のお歯黒もこの頃に確立。外国人は大変驚いたが。

⬆耳盥など、女性の化粧に必要な物がすべて同製の化粧道具。中央が鏡台と鏡

⬆鏡箱。鏡と同じ型をしており、江戸晩期の物は二枚入る物になる

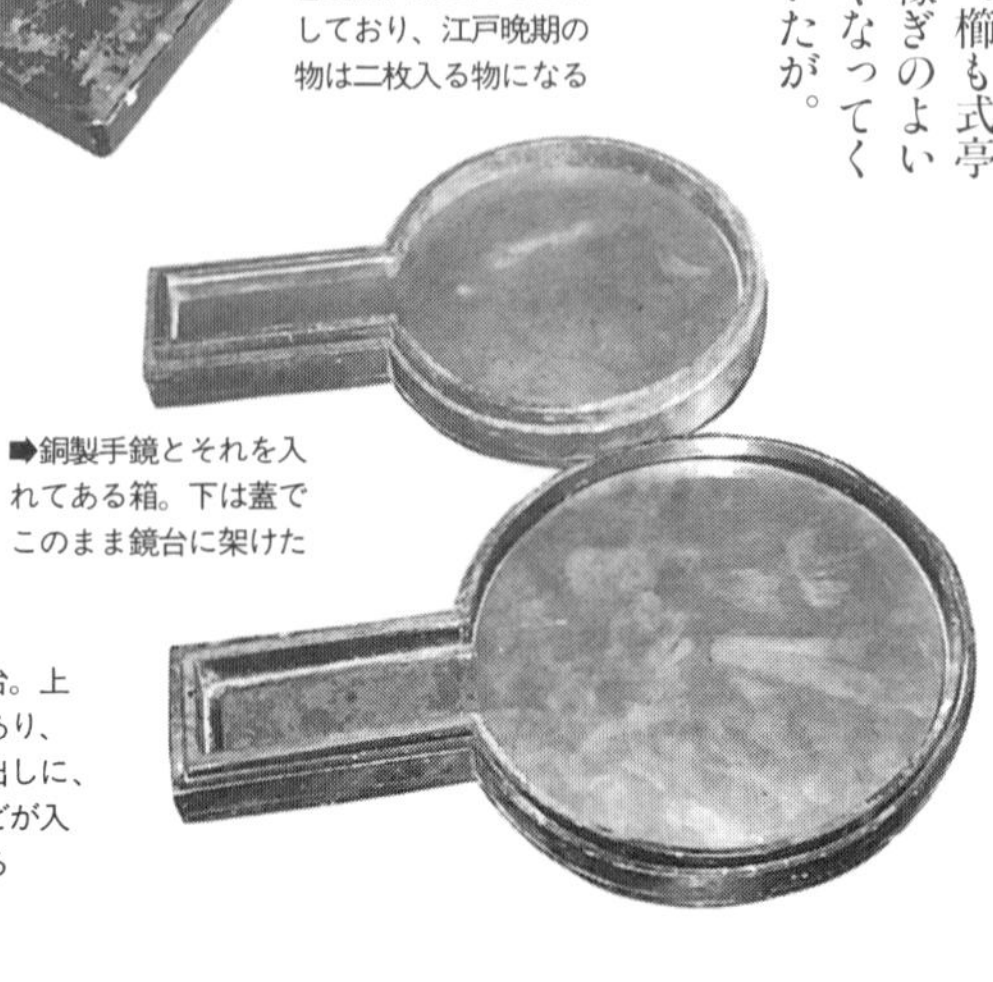

➡銅製手鏡とそれを入れてある箱。下は蓋でこのまま鏡台に架けた

⬅化粧台。上に櫛があり、下の引出しに、白粉などが入れてある

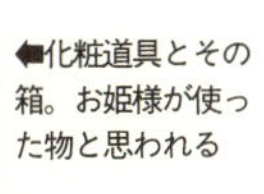

⬅化粧道具とその箱。お姫様が使った物と思われる

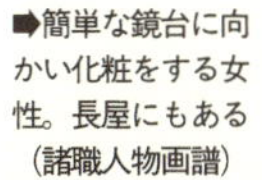

➡簡単な鏡台に向かい化粧をする女性。長屋にもある（諸職人物画譜）

⬇女性が合せ鏡をしている図。髷が大きく鏡も大きい（狂歌やまと人物）

⬆鼻紙台。殿様道具で鼻紙だけではなく日用小物入れ

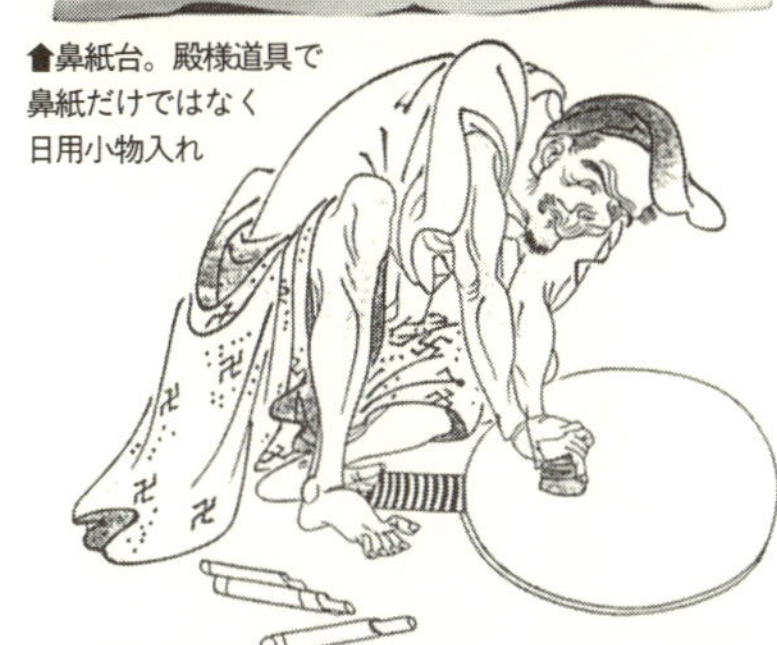

⬆鏡磨き。朴の炭で汚れを取り水銀と純錫の練った物を塗り朴葉で磨き仕上げた（彩画職人部類）

鏡と化粧台（かがみとけしょうだい）

江戸時代になると、鏡の生産量は断然増える。もともと錫と銅の合金を土台にして、その上に錫と水銀で映りやすくなるように上塗りを施していた。年がたつと曇ってくるので、これを磨いてもう一度錫と水銀を塗ってもらう鏡磨きが冬の間来た。鏡は、現在残っているような超豪華な物は少なく、長屋のかみさんでも使っていたかんたんな物がほとんどだった。幕末には大坂を中心にしてガラスの鏡も作られている。鏡台も、金蒔絵の豪華な物もあるが、ただ檜などに黒漆を塗った簡便な物が登場する。組立式の鏡掛といったような物もある。江戸の花魁は帯に鏡袋というもともとは手鏡を入れた袋を差していた。京坂で、位の落ちる遊女は、鏡袋の中に一切の化粧品を入れて茶屋へ向かった。合せ鏡といって、二枚の鏡で髪の結い具合を看ることもするようになり、鏡は大小二枚一組になる。鏡型の収納具は、この二枚の鏡が一緒に入るように作られていた。

➡耳盥。洗顔や口すすぎに使った大名道具。これに水を張り、使う道具

⬇手水桶。室内で洗顔などに使った桶で、黒漆塗、漆絵模様がある

⬅足付き洗面桶。白木の単純な物だが、金持ちでないと使えない品

⬇洗顔、洗髪。化粧の女性三態。耳盥もある図（諸職人物画譜）

⬇越前焼お歯黒壺。歯に墨を付ける習慣は江戸後期に全国的になる

洗面桶（せんめんおけ）

顔を洗い、髪を洗うのはお姫様でも、長屋の御婦人たちでも変わりはない。男衆は井戸端で簡単に済ますが、いくら長屋住いでも多少知恵のあった女性は、水を汲んできて簡単な桶で洗顔をした。絵手本や人情本に出てくる図は、様々な洗顔、洗髪図を見せているが、あたりまえだがお姫様のそうした姿は残されていない。そうなると使った道具で想像するしかない。

お歯黒壺（おはぐろつぼ）

鉄片を茶や酢に漬け、酸化をよくするために飴なども入れ、付きをよくするために五倍子粉、ふしのきの粉も入れた溶液を入れた壺。これで既婚の女性は歯を染めたが日本人は美しいが、口を開けると気味が悪いとまで、外国の人をこわがらせたほどぞっとしない風習。昔は公家の男性もしていたが、江戸も終りの頃は上下関係なく、有夫の証拠として歯を黒くしていた。

➡お歯黒の道具と耳盥。朝の女性の必要道具と思われる品々

⬇丸髷の型。しゃぐまの代りに使われた物と笄と櫛

➡お歯黒壺。土をこねて作ったような地方の素朴な物

⬇やって来た髪結の職人までまき込んで遊ぶ将棋の図。通いの髪結姿（神事行燈）

➡髪結の道具。紋が入っているので、あるいは、殿中で使われたか

髪結道具（かみゆいどうぐ）

髪結床、女髪結、どちらもそれ相当な道具は持っていたが、専門的な物はそうたくさんはなかったようだ。ざっと挙げると、毛受板、鬢盥（びんだらい）、梳櫛、唐櫛、刷毛こき、鬢かき、歯の緻密度が異なる櫛、元結に髷棒、剃刀などだったろう。女性は自分で結ったというが、何回か禁令が出ているので、女髪結はいつの時代にもいたようだ。こちらは得意先へ出向く髪結。

⬆簪の豪華さ、花魁と呼ばれた女性の艶姿。男が迷ったのも無理はないと思わせる（春色恋廼染分解）

➡櫛、笄、簪。櫛は利休型、簪は銀、笄は鼈甲という豪華な頭飾り

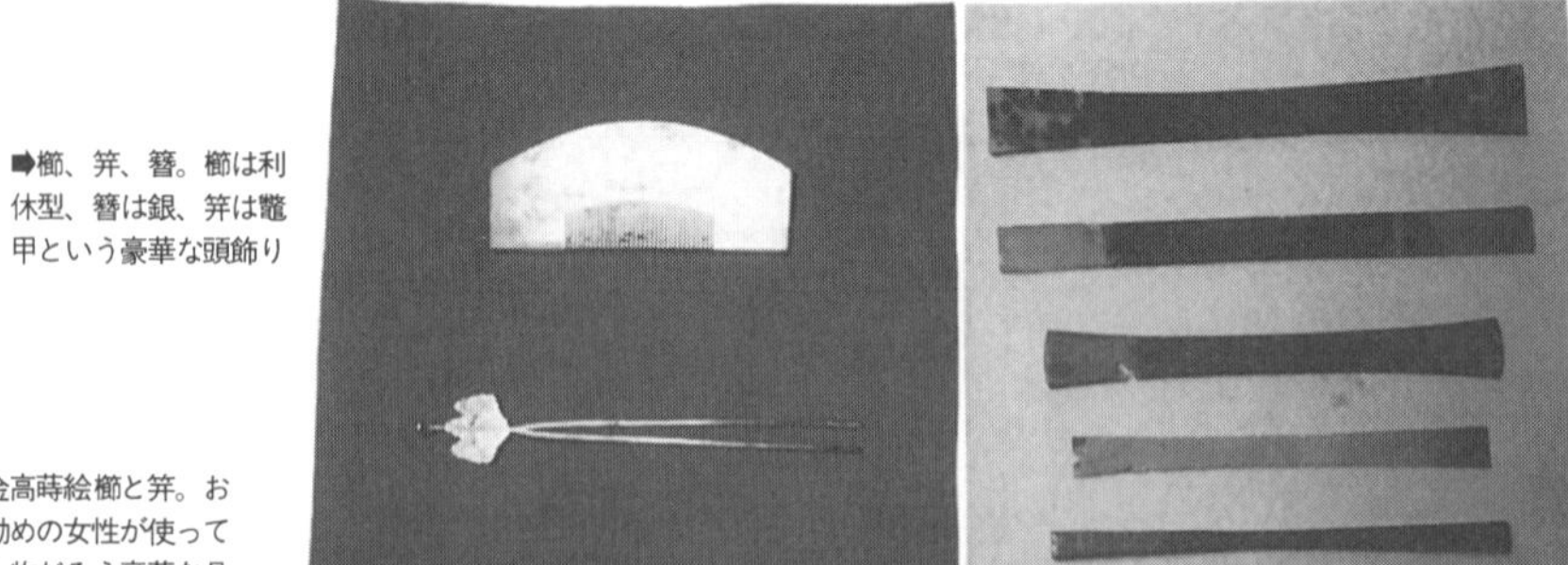

⬇金高蒔絵櫛と笄。お城勤めの女性が使っていた物だろう豪華な品

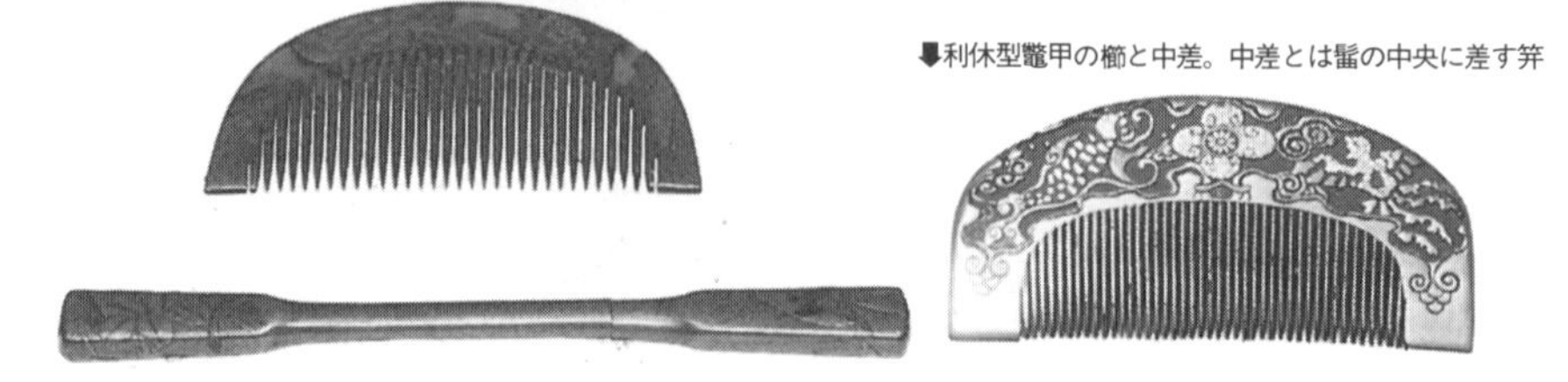

⬇利休型鼈甲の櫛と中差。中差とは髷の中央に差す笄

⬆お姫様と付添うお女中。お姫様の頭の飾りがかわいらしい（人情腹之巻）

⬅蒔絵の櫛。三日月型といい、素材は色色あった櫛の形

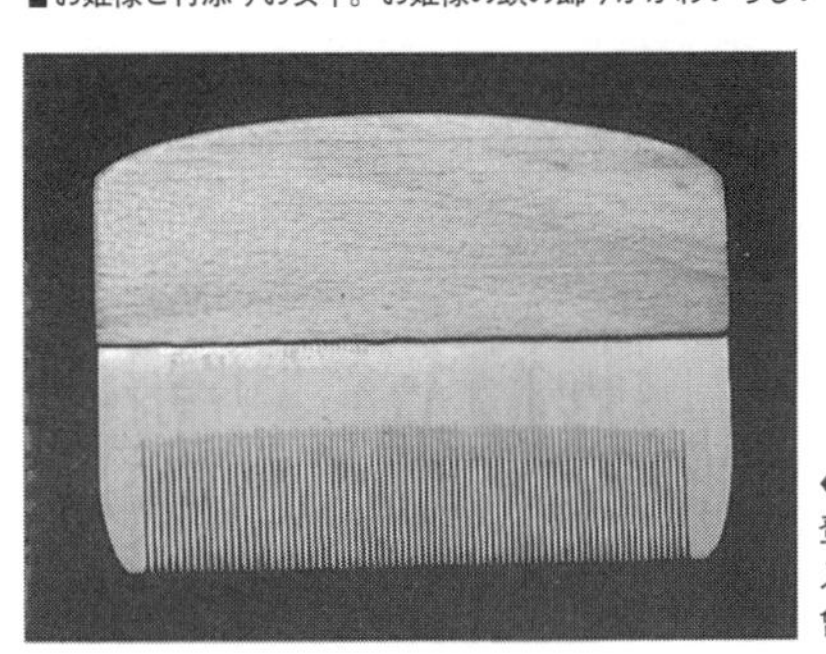

⬅木曾塗櫛。能登から漆の技が入り誕生した木曽漆塗美しい櫛

櫛・笄・簪

くし・こうがい・かんざし

櫛は最初は髪を梳き、髪を整えるのが主な役割だったが、江戸も中期から晩期になると髪飾りとして使われる。素材も黄楊（つげ）から、唐木象牙、玳瑁（たいまい）などで作るようになり蒔絵などを施すようになる。

笄は、幕末になると正式の席に出る時は櫛笄簪すべて鼈甲製を使い大変大きな物を使うようになる。笄のごく上等なのは全体が白い物だが、これは稀で、真ん中に黒いふがあるのでも高級品と見なされた。ちなみに笄は髷部分に差した髪飾り。簪は、髪飾り。上から下まで種々あり、宝永頃（一七〇四〜一一年）から、上が耳かきで、下が髪かきの物が出だしたという説がある。幕末には、花簪など、子供の髪を飾った物まで出てくる。芝居の舞台で使われる、女形の娘役の簪や、お姫様などが使った簪、あるいは、町娘の裕福な家の子が使った物などが今に残されているが、銀細工に精を込めた物や、珊瑚玉の大きい物など、飾ろうという意志を如実に表している。

⬅鼈甲に漆絵を施した櫛の集まり。豪華絢爛といえる頭飾りだ

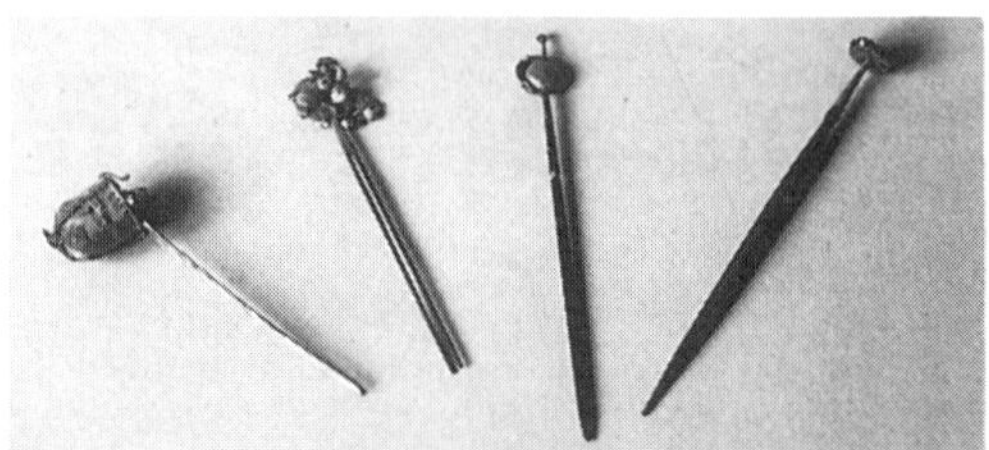

➡銀の簪。職人の技が女性の髪を見事に飾ったであろう、見事な簪

⬇江戸時代の嫁入り道具の一つ櫛揃い。その頃、女性の髪を結うには十種以上の櫛が必要だった

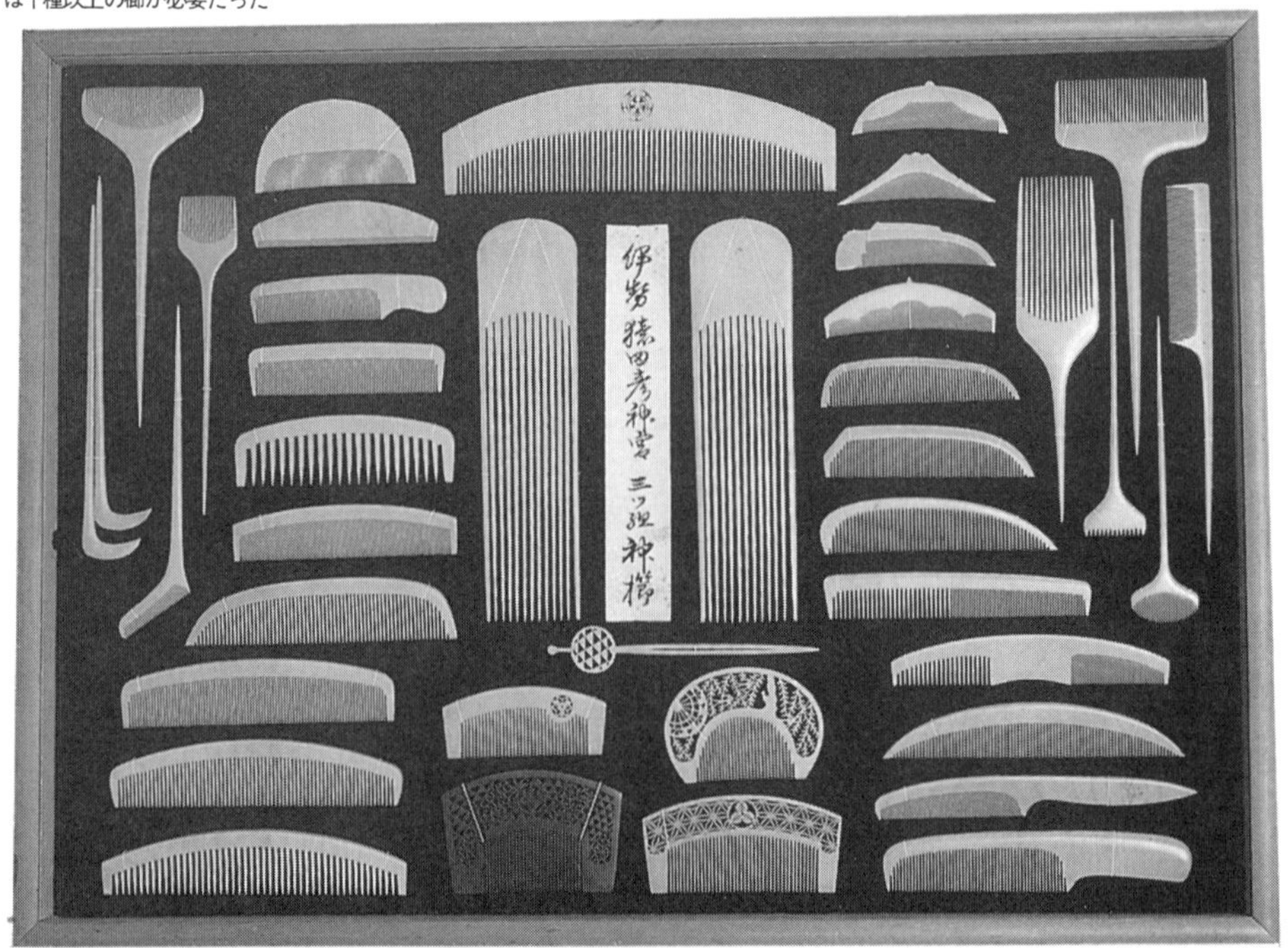

装いの小物

他出する時ばかりではない。江戸時代人は、身の回りの物を自分の好みで装った。家にいても、さすがこの人だ、といわせたい心意気。貧しければ貧しいなりにそこへ心をおいた。だから今に残されている物に美しい物が意外に多い。粋という言葉が、いかにも似つかわしい物、これは江戸っ子文化が主流を占めていたと思って差支えない事柄。

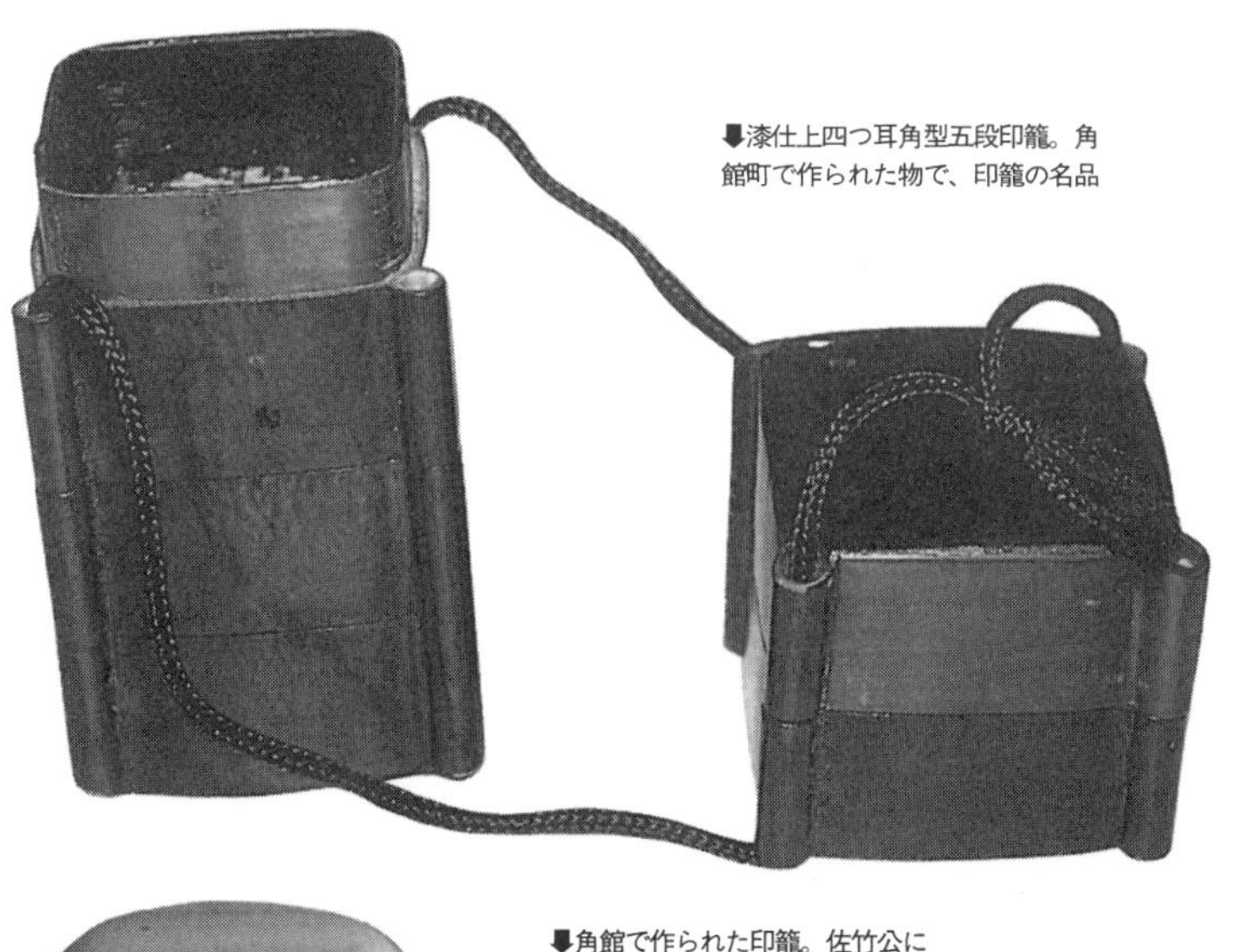

⬇漆仕上四つ耳角型五段印籠。角館町で作られた物で、印籠の名品

⬇角館で作られた印籠。佐竹公に文化年間に、献上した樺細工の品

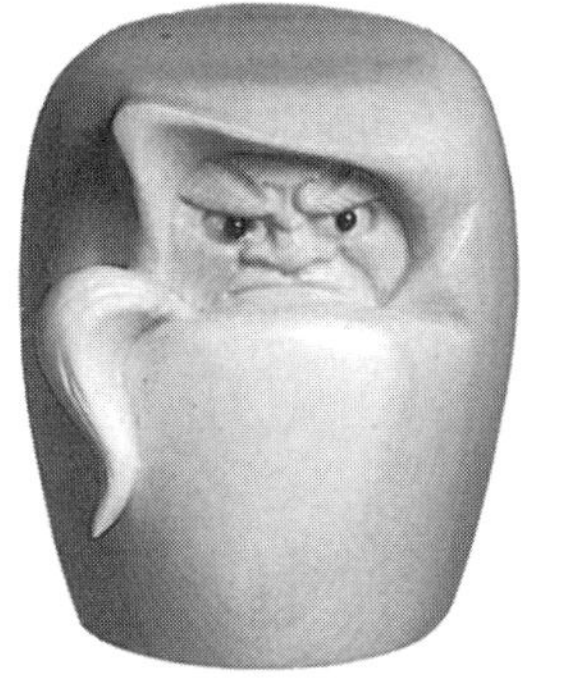

⬆⬅一位一刀彫の根付。だるまや聖人を彫った物。一位とは木の名

印籠と根付（いんろうとねつけ）

江戸の工芸品の中から、際立って江戸の粋を感じさせてくれるのが印籠と根付。印籠とは中国から来た物で、文字通り印と朱肉を入れていた。それが薬籠（やくろう）となり、町人の正装に必要な物になる。工芸の技がもっとも光る身の周りの小物だ。根付とは、この印籠を腰に結びつけるための物。これがまた粋を凝らしている。山へ出かける樵（きこり）も自作で自分用を作っている。

⬅女性の手に持つのが鼻紙入れ。色恋の道具か（春色恋廼染分解）

➡鹿皮で作った印伝の信玄袋。信玄袋の名は明治中期からの物だが実物は江戸からあった

⬅目絞り様の手提籠。京鹿の子絞りの伝統的逸品

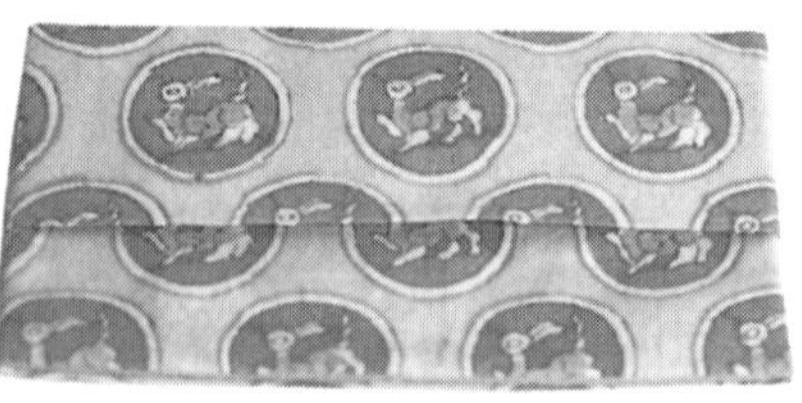
⬇鼻紙入れ。町人が使用した物で、形から幕末の物

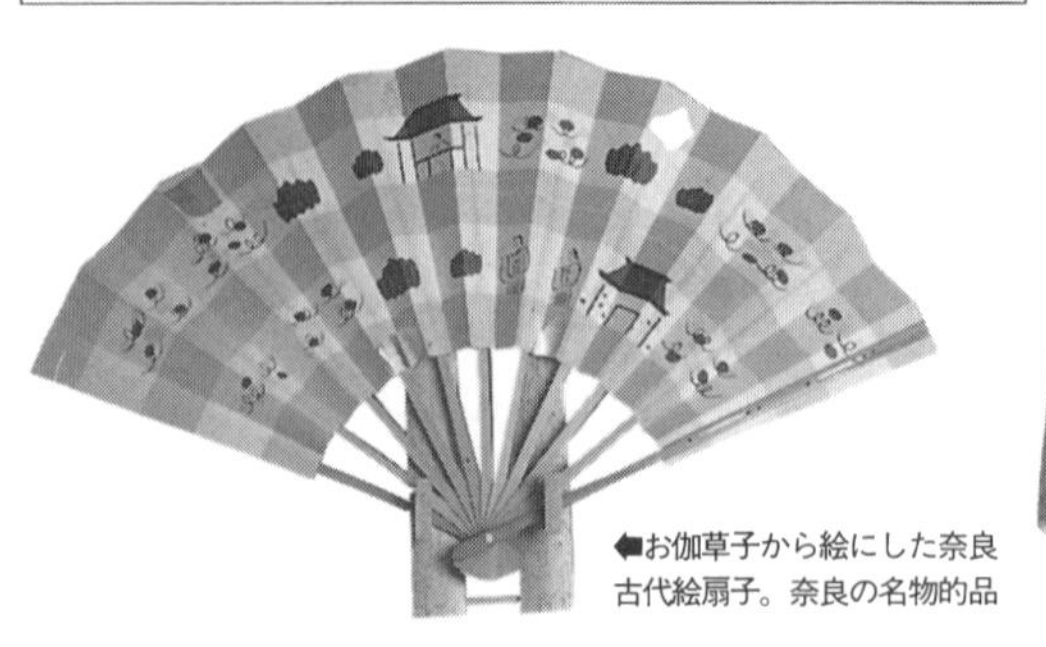
⬅お伽草子から絵にした奈良古代絵扇子。奈良の名物的品

巾着と袋（きんちゃくとふくろ）

巾着は、もとはお守りを入れた袋からおこった物のようだ。これが腰下げ袋という火打袋に縁のある袋と合わさってでき上がっていく。袋というのは、これとあまり変わりはないが、同じように火打袋から端を発して、銭入れに変化し、腰に下げた物が最後には小物入れとして独立したようだ。口が一つで底が二つというのもある。

鼻紙入れ（はながみいれ）

鼻紙を入れた嚢（ふくろ）。脇から紙を入れそれを三つ折りにして持ったようだ。これは女性の持物だったようで、武士は懐紙を懐にし、町人も、鼻紙などはじかに折って懐にしていたようだ。この鼻紙入れが進んで、小物まで入れるようになると、二つ折り、三つ折りになり、物を縦長の袋の口から入れるようになる。これも鼻紙入れ。明治の紙入れは、札入。

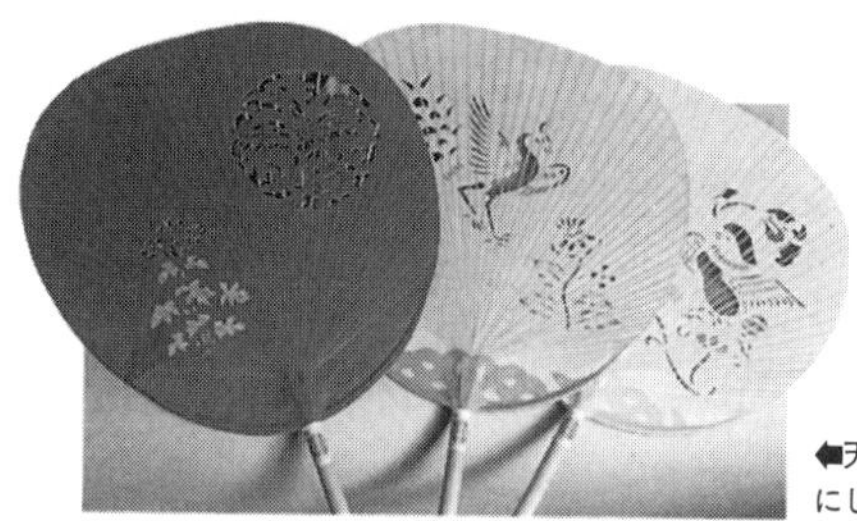

⬅天平時代の模様を透かし彫りにした奈良扇。江戸時代の名物

⬆宮中で使われた江戸時代の夏扇

⬆観世流のシテが使った舞扇

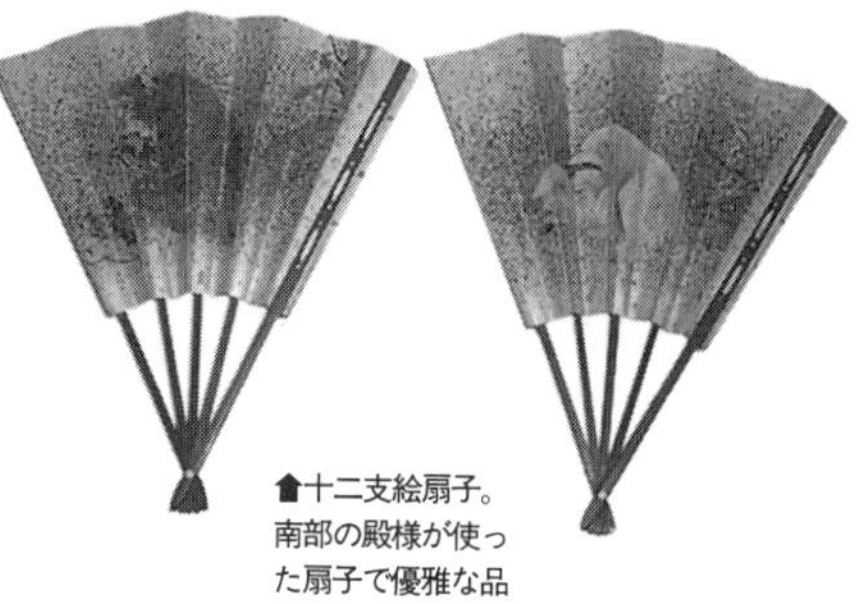

⬆十二支絵扇子。南部の殿様が使った扇子で優雅な品

⬆扇と傘を色々に使って見せる滑稽図（狂言画譜）

⬆観桜のお大尽図。舞を見ながら扇を使う（近世奇跡考）

扇子と団扇（せんすとうちわ）

団扇の方が古い物のようだ。扇は、訓蒙図彙によれば、摺り扇と書いてあり、昔の作りは団扇だとしてある。扇はそのせいか京都の名産で、そのほかでは奈良に古くからあると書かれている。団扇も奈良が古いとあるから、中国から入ったのは、奈良朝の時代のようだ。ともあれ、どちらも風を送る物で江戸時代には、扇や団扇の形を使った図絵が多くある。

喫煙具

江戸時代に、男が最も気にした持物の中に喫煙の諸道具がある。煙管(きせる)をはじめ、煙草入れ、火打袋と凝りに凝った物をあつらえて持っていた。遊民のたわむれとばかりいえない。そこに粋があれば、彼らの暮らしは豊かな思いで貫かれる。金持ちにできない、遊びともいえる。ある種の無駄遣いなのだが、だからこそ彼らは凝ったともいえる。

⬅松平慶永、春嶽公遺愛の蒔絵のパイプ。意外に新しい物を好んだ

⬆雁首の型には色々あり、好みに合わせて、作るのには半日かかる

⬆雁首は扇状に仕込んだ地金をたたいて円筒にする

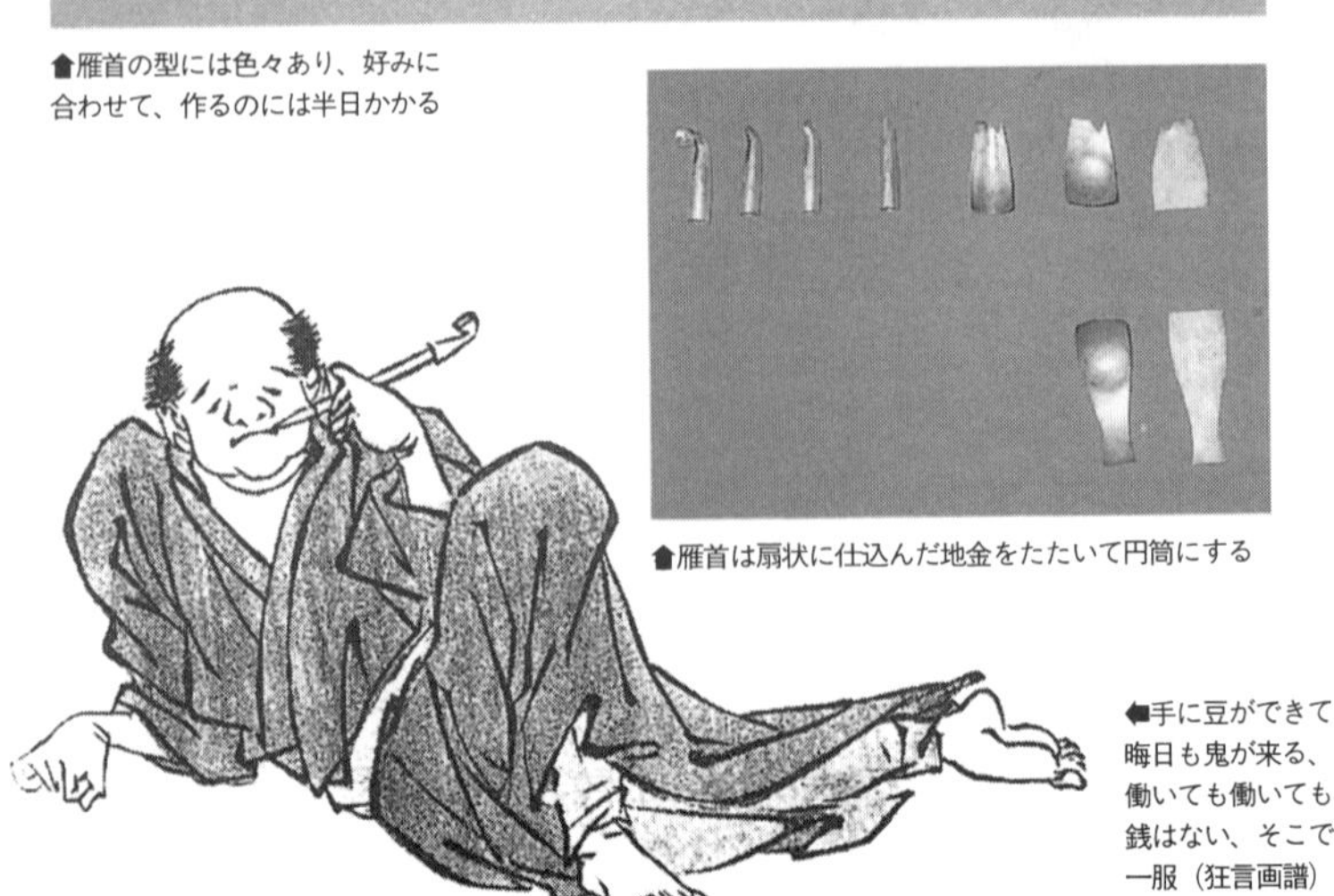

⬅手に豆ができて晦日も鬼が来る、働いても働いても銭はない、そこで一服（狂言画譜）

☗三人、ではない、四人よって煙草にしょ、よい思案はないものかと煙草を吸うが（民家育草）

☗鎖紐、根付銀細工

☗提煙草入れ両口

☗提煙草入れ

☗毛皮の煙草入れ

☗火の用心の煙草入れ

煙管（きせる）

煙管が何故粋の印だったか。彼らの頭の中に、日常誰でもが使う物だからこそ、自分の好みをあらわにしたい、といった気分があった。羅宇とはラオスのこと。ラオスから来た竹で煙管の管を作ったことから、煙管の管を羅宇という。斑竹の好みの物に、気に入った吸口と火袋、雁首を据える。落語の巌流島は、こうした情景を笑い話に仕立てたもの。

☗桐の木を彫った煙草入れ

☗琉球製トンコツ煙草入れ

☗表に桜の皮を張った煙草入れ

➡煙管と煙草入れを投出して渋面作るのにはわけがある花魁にいいわけをする男は若くはない（人情腹之巻）

➡甲州印伝の煙草入れ。煙管筒も同製の、凝った粋人向き作り

➡山仕事の人の胴乱。木製で煙草を入れ雨に濡れても湿けない工夫の物

⬅伊達家の紋が付く胴乱。鉄砲の火薬を入れた、漆塗の綺麗な胴乱

⬅本体は樺細工で、御所野九八郎が作った胴乱

煙草入れと胴乱

たばこいれとどうらん

煙草入れは身に着ける小物だけに、洒落者を自認する江戸時代人には欠かせないものだった。何度か奢侈禁止令が出るが、煙草入れの金具に至るまでうるさく規定した時代もある。逆にいうと、それほど誰でもが、煙草入れの材質や留金、あるいは根付に凝った証拠だろう。詰める煙草も職人の刻み方と産地で好みが分かれ、結構な葉でげすな、といった言葉が飛びかうわけだが、その入れ物は、自慢したい物、だが人がおやと思う物を持つ人は、決してその物を見せびらかさない。

胴乱の方は諸物を入れる物で、粋とは関係なく、実用をむねとした。最初は鉄砲の玉を入れたものが、日常に使われだし、煙草や印形、薬、あるいはその他の小物を入れて携帯する袋となった。大坂落語の『胴乱の幸助』はいかにも大坂らしい噺で、遊びを知らない人のおかしみが筋になっているが、大坂人は、粋という江戸的感覚よりも実用を愛したのだろう。

第四章・遊
遊びと玩具

◆江戸の道具考◆遊

遊びの原点は子供にある。子供が求めたか、親が与えたかの区別はする必要がない。子供というのは自分の楽しみの中に埋没できる時代を生きる。それを通過して必死に働き、余生といわれるのは現代ではとても想像できないが、五十の坂を越えた時。その頃までには一応財もあり地位もできようというのが江戸時代の生活感覚だったろう。しかしそうともいい切れない。卍老人を名乗った葛飾北斎は七十八で大工のための雛形を出している。なおかつ、百まで生きられれば、私も絵がかけるようになるだろうといっている。江戸時代でも傑出した人物には年齢に関係なく常住坐臥遊びの世界に没頭していたのだろう。

子供の世界に話を戻そう。江戸時代にろくろで引いたこけしが東北に残っている。これには目鼻口は描かれていない。おしゃぶりという、口中に入れた玩具ではないかという人もいるが、ともかく手でもって玩ぶ道具であったことには違いはない。それが彩色されて現在のようなこけしになる。

雛人形にしても、三月三日に限って飾ったわけではないようだ。江戸も初期の頃は九月にも、正月にも、子供は雛と遊んでいる。文化文政（一八〇四〜三〇）頃から節句の人形は飾りだされる。御雛様といわれるものばかりではなく、武者人形もこの頃から五月五日に飾るようになる。幟を飾る、幟を出すというのは、子供の世界だけではなく、祭りには欠かせないものだったが、子供の成長を願うのは、いついかなる時でも親心で、幟を出し、吹き流しを飾り、強い武者人形を飾った。

旅に出て一番に気にかかるのが子供のことだから、江戸時代の人は旅の終りに子供の土産を買って帰る。がさばる物では荷になっていけなかろうと、土で焼いた小さな人形がお土産として出回ることになる。その元祖といわれるのが伏見の土人形で、各地に残る土人形の原形だといわれている。こうして持ち帰った人形が子供たちの興味を引いたのか親たちの興味を引いたのか、確たることはわからないが、土人形は江戸時代を通じて各地に作り出されていく。

男の子が生まれた家に天神様をお祝いとして贈る習慣も、文化文政といった時代以降のことと思われる。同じ

遊

系統で、瓦を作った職人の遊びが人形を作ったという土地もある。これは作品の質が高いもので、一説には自分たちの技を競うために作りあったのだといわれている。

独楽(こま)も凧(たこ)も古い遊びだとされるが、独楽はその時代によって各地とも同じような形のものを使って遊び方もそう変わっていないが、凧は地域差がある。沖縄から東北までの間に数え切れない種類があり、その技を現在に受け継いでいる所もある。女の子の羽子板にしても、江戸が本場だといいたいところだが、実際は秋田、山形といった地域に、高級玩具として残されている。参勤交代で武士が移動するにつけて、江戸から子供の土産に持って帰ったとも思えるが。

こうした子供の遊びは江戸時代人の暮らしでは九歳か十歳で終わりを迎える。その後は農民は農耕に精を出し、職人は十一年の年季を終えて一人前になり、仕事に精を出す。女の子は都会に住んでいれば家事の一通りを覚える時間があり、嫁ぐことになる。また、まず芸事に精を出し、お屋敷奉公に上がることになる子もある。そのために三味線や琴、踊りを幼くして習い出し、その出来の良し悪しでお屋敷勤めができたりできなかったりする。御奉公ができて、お嫁さんの口がかかると結婚という段取りになる。

女性の場合は、固い家に嫁いだ女性は以後遊びの世界には踏込まないだろうが、三十一文字や俳句くらいは上流といわれた家庭では楽しめただろう。男性は功成り名遂げたところで、何かをやりだす。落語でおなじみの蔵前の隠居さんが根岸の里へ引込んで茶の湯をやりだす噺。そこまで風流ではなくとも、碁や将棋は隠居さんの遊びだった。上方では大名双六(だいみょうすごろく)が江戸の初期には流行った。女性の遊びは貝合わせや百人一首。幕末の頃には、長屋住まいの女の子でも百人一首は知っていたようだ。

少し金があれば本格的な遊びをやった。茶の湯もそうだが、香道というものは、地方の地主もやったようだが、単なる土地持ちではなく、十数代にわたる家で領主の勘定奉行役をするといった財力を持った家では、香を聞きあって遊んだという。最初は六種の香の聞き分けだったが、年が下ると数種の香をを合わせて、どちらの香の香りが良いかを競い合うようになる。こうなるといささか風雅ともいえないが、金ができるとこうしたことになるのだろう。

人形

⬅立ち雛。御雛様は、もともとは人がたで、川に流して厄除けとした

⬇六枚重ね享保雛。この頃から大きな内裏雛が作られだしたという

雛人形の歴史は古い。紫式部日記以前にすでにあったとされるが、今のように整ったのは江戸期と思われる。相模国というから現在の神奈川県で、女の子が河原で白酒を飲んで、古い壊れた雛人形を川に流すことが江戸時代の随筆に書かれている。各地に残る土人形も幕末に盛んになった。土人形と同形の瓦人形、押絵も江戸時代末期に盛んになる。

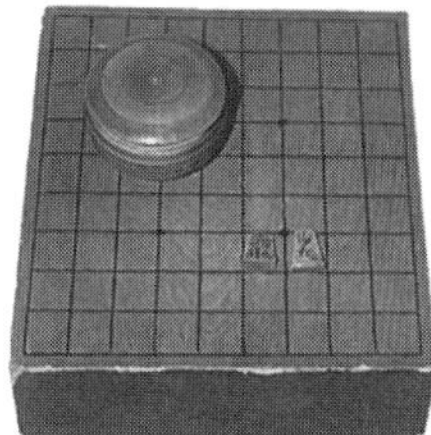

⬅姫将棋盤。実物同様の四分の一の大きさで雛飾りの道具

⬇七夕人形。人がた形式で毎年紙を新規に張り重ねていく

⬅姫碁盤。雛飾りの道具の一つだが実際に使える碁盤と石

⬆七夕人形。男女の組みで、御雛様と変わりはないが板で作った物

⬆京雛。江戸時代を通じて幕府は何度も雛人形の華美を禁止している。そうした時代の雛人形と思われる。目立たないが金はかかっている

節句人形

訓蒙図彙を見ると、木偶として出し、公家と武家の人形の絵を入れて俗にいう人形だとしている。人形には土の人形と紙の人形があるとも説明してある。

天保元（一八三〇）年に成立した『嬉遊笑覧』には、享保十五（一七三〇）年頃定着したのだろうと書かれている。今残っている雛人形の中で、別して優れているのが享保雛といわれることから、少なくとも雄雛雌雛の組合せで飾りだしたのは、享保頃とも考えられる。それ以前にも雛人形という遊びはあった。元日に遊んだり重陽の節に遊んだりしていて、幕末になるまでは、三月三日と特定していなかったようだ。三月三日は上巳といって五節供の一つ。古くはこの日、貴族は川原に出て祓をしたという。その頃、女性はこの日を女性の祭りの日として、桃酒や白酒を飲んだともいう。江戸時代になってこうした歴史が集成され、雛人形を飾り、草餅を上げ、白酒を飲んだのだろう。

⬅京人形の武者人形。凛々しい顔。江戸時代には京の人形は江戸へ船で運ばれた

⬅五月人形武内宿弥。神功皇后と対で飾った

⬉手遊び豆人形。久保田藩（秋田藩）の家臣の当主が遣った人形。当主は小さかったか

⬅花巻人形の型。型の裏面に一揆の内容が書いてある珍しい人形型

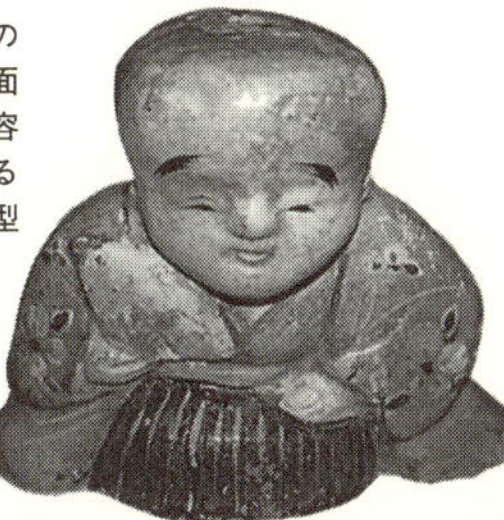

⬆花巻（宮城）福助人形

⬇近江国、滋賀の福助羽織人形

➡伏見人形の福助

⬆佐渡八幡人形福助

福助●寛政年間（ 1789 〜 1801 ）に福助は誕生した。福をもたらすので店に飾った

土人形（つちにんぎょう）

土人形の始まりは伏見人形だという。この伏見人形の制作にあたったのは、関ケ原の戦いで敗れた侍が、内職として土人形を作ったから。これが全国に伝播して各地各様の人形を作っていく。全国的に見れば、紙を使う人形より土の人形の方が多い。紙は反故紙（ほごがみ）でも貴重品だったのだから、手近にある土を使って子供のおもちゃの人形を作った。こうした傾向は、関ケ原の戦い後に山間の田舎まで広がっていく。中でも、戦後すぐにできた伏見人形は、大坂と京都を結ぶ三十石船の出発地、伏見の土産物として、旅人の懐や、土産の荷物に入れられて全国に伝わっていく。これを見よう見まねで瓦を作る職人が作る。中には、伏見人形そのものを原形にして土地の型を起し、これで量産して売出した所もある。現在各地に残っている土人形の中には、伏見人形と瓜二つといった物があるが、これは伏見人形を原形とした物といえる。もっとも、藩の窯の職人が手の合間に土人形を焼いた土地もある。

天神●菅原道真を神格化した神。学業書道上達の神として誕生祝として贈られた

⬅胸に印を付けた伏見人形天神

⬆小幡人形御雛様。天神の一種

⬅三次（広島）すわり天神

⬅富山土天神正月の祝い

⬅三次松負天神

➡八橋人形（秋田）天神

⬆久米（岡山）土天神

源頼光四天王の一人坂田金時の人形●顔が赤いのが特徴で、赤顔を金時という

⬇三次人形恵比寿

⬆信州中野土人形鯛引子供

⬆帖佐（鹿児島）人形熊乗り金太郎

⬆久米土人形熊金

⬆伏見人形俵の中の大黒

⬅信州中野土人形河豚乗り大黒

➡信州中野土人形鼠大黒

➡信州中野土人形鯛乗り恵比寿

恵比寿大黒●恵比寿は商売屋の福の神。大黒は福徳神。どちらも縁起の神様

➡小幡でこ、加藤清正

⬇帖佐人形曾我五郎

⬆帖佐人形の神宮皇后と武内宿弥

武将●強い子に育つように贈られる人形。歌舞伎の登場人物や有名な武人像がある

➡三次人形馬上加藤清正

⬆伏見人形武人

⬆帖佐人形武人

⬇博多人形歌舞伎十八番矢ノ根

⬅伏見人形ちょろけん

➡倉吉（鳥取）武将人形

⬇帖佐人形角力取り

⬇ちょろけん。江戸時代京坂地方で流行った正月芸。福禄寿の仮装からおこったもので、長老君の転化言葉

⬆小幡でこ秀吉

⬆久米人形俵かたぎ

⬅大和出雲人形左前

➡大和出雲人形三番叟

⬆伏見人形饅頭食い

⬅岡山県吉備津神社の狛犬。これを授ると、火難水難が避けられる

⬇久米人形いぬ

⬇帖佐人形いぬ

⬅伏見人形俵牛

⬇伏見人形飾り馬

➡大和出雲人形
俵ねずみ

➡松茸持ちお福人形。裏は陰茎の見事な彫り

➡伏見人形土蔵家屋

➡下田（静岡）首振人形。伊豆江戸時代人形

⬅九谷焼下脱ぎ人形。剝ぐと女性の裸体が出る

⬆芝原（千葉）人形招き猫

⬆⬇瓦を築城のために焼いた正木宗七を元祖とする、博多人形の原形。禅師と地蔵菩薩

⬅近江八幡相撲図人形型

⬆鶴岡（山形）瓦人形型。子供の誕生祝

⬇近江八幡瓦人形、煙管吸い図か

⬅近江八幡瓦人形原形布袋弟子

➡近江八幡瓦人形、秀吉か

⬆近江八幡（滋賀）瓦人形

⬇近江八幡瓦人形

瓦人形

かわらにんぎょう

滋賀県近江八幡の瓦師の家には瓦人形の名品が残されている。城や、邸宅に欠かせなかった瓦を焼く職人が、技を磨くために瓦を作るのと同じ手法で人形を作り競いあった。その遺品が現在ある瓦人形。江戸の今戸焼も瓦の制作から始まった焼き物で、ここでも土の人形が作られた。これは、江戸という大消費地をすぐ近くに持ったので、職人の手間仕事だった。

➡押絵奴図（秋田）

⬅魚乗り人形押絵（秋田）

⬇押絵。歌舞伎の所作を図形化

⬅串刺し押絵（秋田）

⬇倉吉押絵天神（鳥取）

押絵（おしえ）

押絵の古い物は、正倉院御物の中にあるという。現在に伝えられているのは、江戸初期から始まった手法で、朝廷の女性が作りだしたのだという。残っている物には、江戸末期の技が磨かれた作品が多い。独立した人形としては江戸の風俗をそのまま写したような木曽の押絵がある。現在浅草の浅草寺で行われる羽子板市に出てくる物も江戸からの技。

⬇➡木曾押絵。雛人形だとされるが、江戸の風俗

⬆押絵桃太郎誕生

⬇駕籠かきと乗手押絵

⬆松江姉様人形

姉様人形

縮緬紙といわれるしわの多い紙を頭に使い、ほかの部分は千代紙などで作った人形。京都で江戸の初期に作りだされたという。名称は「おかあさま」。江戸では同じ物を「あねさま」といって手遊びに作るようになる。江戸のいせ辰の千代紙人形もこうした紙人形の一つ。これが松江まで伝わり、姉様人形として技が残されていて、現在も作られている。

玩具

手で遊べる物を中心に江戸の子供の遊びを集めてみた。子供の遊びの中ですでになくなっているのが凧揚げと独楽回しだろう。羽子板で羽根をつく、といったこともなくなりつつある。犬張子は子供の成長を願うもの。江戸時代のめんこはいわばおはじき。当時あった物で残しておきたい物の数々を拾ってみたので、遊び心を復活させて欲しい。

☗幕末に出た版本に描かれた巨大凧。子供の背丈と比べると、その大きさがわかる（狂言画譜）

☗米沢独楽凧。上杉謙信などの武者絵が多い

☗津軽凧。北斎の絵に影響されているという絵凧

☗能代のべらぼう凧。空から大人をあざけるか

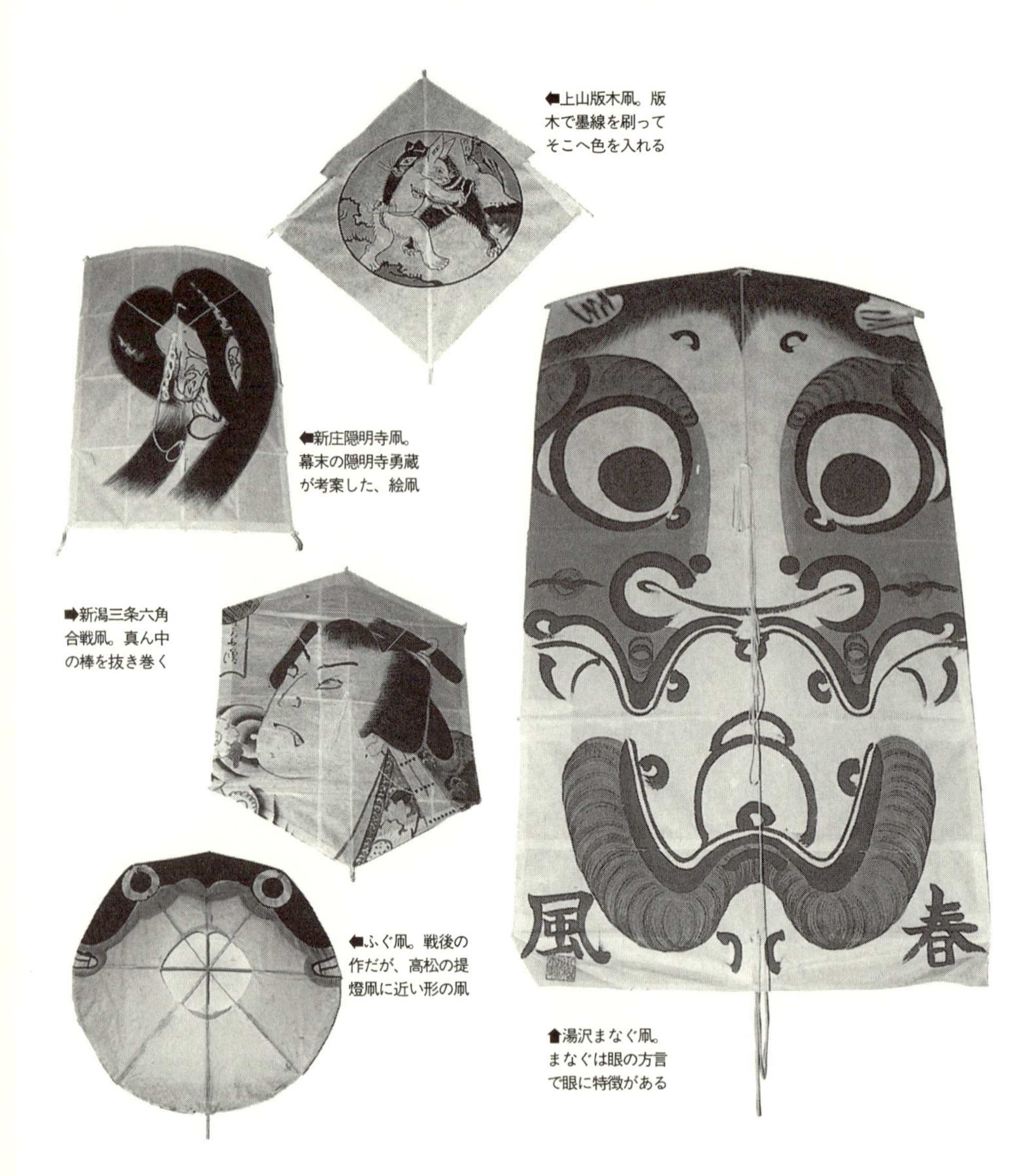

⬅上山版木凧。版木で墨線を刷ってそこへ色を入れる

⬅新庄隠明寺凧。幕末の隠明寺勇蔵が考案した、絵凧

➡新潟三条六角合戦凧。真ん中の棒を抜き巻く

⬅ふぐ凧。戦後の作だが、高松の提燈凧に近い形の凧

⬆湯沢まなぐ凧。まなぐは眼の方言で眼に特徴がある

凧

たこ

幕末の記録を読むと、江戸ではこれを凧と呼び、京坂ではいかのぼりといって、下を略していかというとある。遊び方についても、江戸では揚げるといい、京坂では上すというとある。凧いかともにその型からきているのだろうか。尾を付けるので、その形から呼ばれたとも思われる。揚げる頃も、江戸では正月十五、十六日の早春頃、現在の季節でいえば、十二月の初旬にあたる頃一番凧揚げの姿が多く見えるともある。京坂では正月末から初午頃が盛んだともある。現在の暦にすると、一月の始め頃になる。どちらにしても江戸時代の凧揚げは、北風の吹く時を見計らって遊んだようだ。凧と呼び、いかといっても定型は文字凧。四角い形の凧が主流だった。これに江戸の奴凧のような変形凧が種々各地域にある。現在でも子供の誕生を祝して凧を揚げる習慣が残っている地域もある。江戸の凧屋の看板は蛸をかたどった物だから嬉しくなる。凧揚げという江戸の遊びを復活させたいものだ。

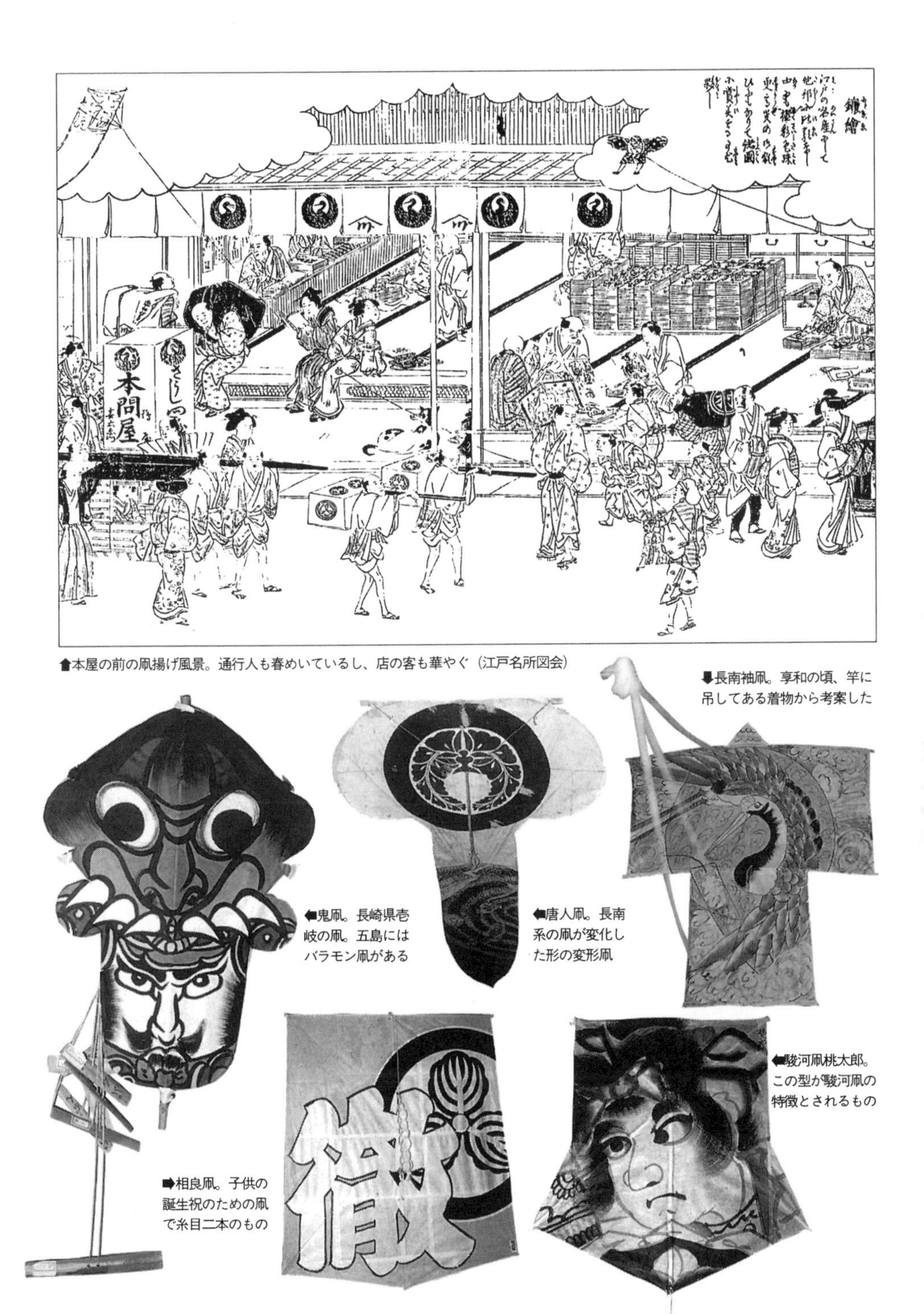

⬆本屋の前の凧揚げ風景。通行人も春めいているし、店の客も華やぐ（江戸名所図会）

⬇長南袖凧。享和の頃、竿に吊してある着物から考案した

⬅鬼凧。長崎県壱岐の凧。五島にはバラモン凧がある

⬅唐人凧。長南系の凧が変化した形の変形凧

⬅駿河凧桃太郎。この型が駿河凧の特徴とされるもの

➡相良凧。子供の誕生祝のための凧で糸目二本のもの

⬅浜松凧。強風にも耐えるように骨を密に組んである

➡⬆大社祝凧。元禄頃から始まった凧で文字の図案凧

➡相良凧、お多福。これも相良凧の特徴的な絵柄という

⬅角凧。助六で役者絵凧は江戸時代に確立したという

⬆「いたずら」とあるが、元気の良い子がこれから凧を揚げに行こうとしている図（画本冠附）

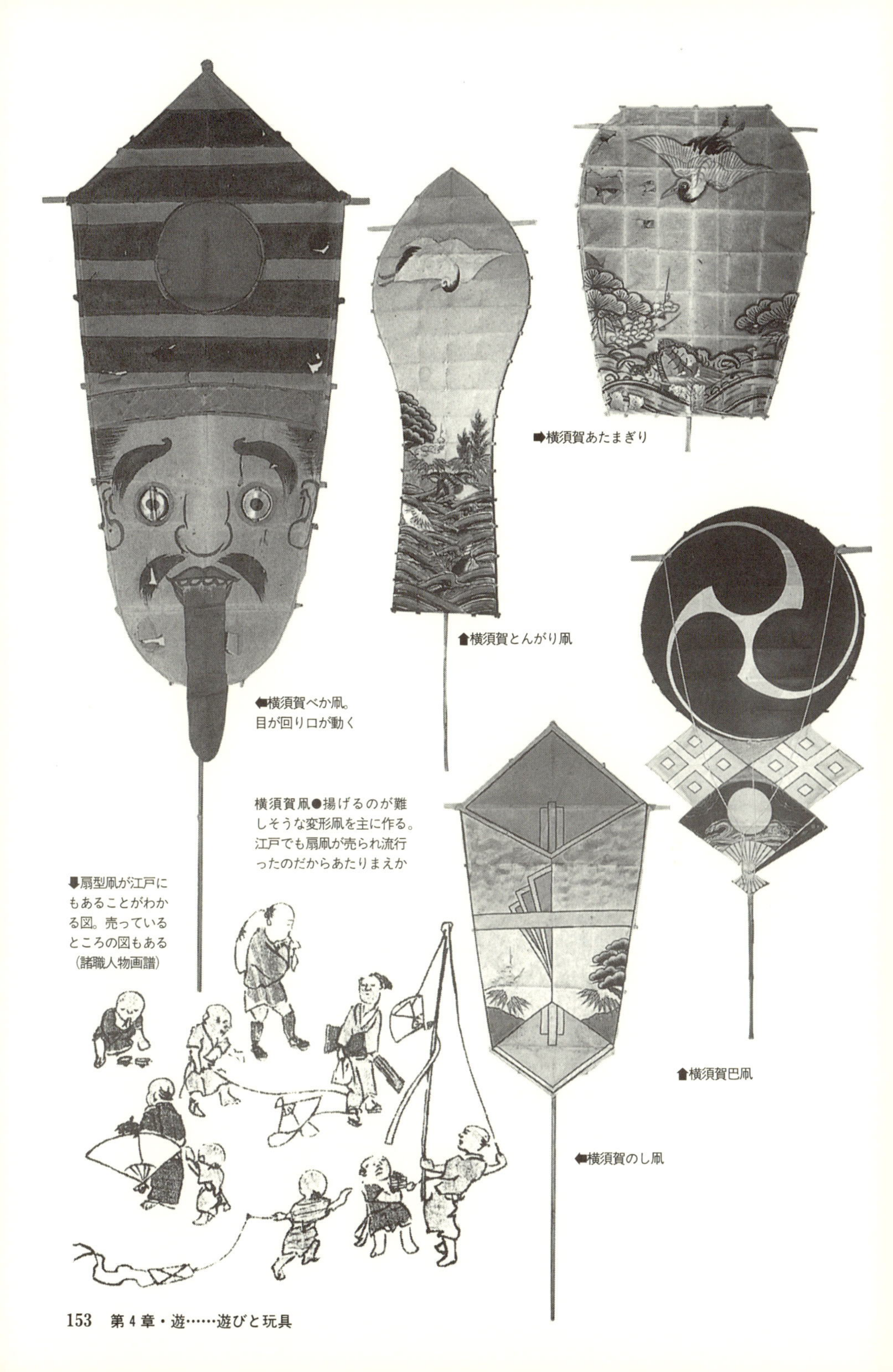

➡横須賀あたまぎり

⬆横須賀とんがり凧

⬅横須賀べか凧。
目が回り口が動く

横須賀凧●揚げるのが難
しそうな変形凧を主に作る。
江戸でも扇凧が売られ流行
ったのだからあたりまえか

⬇扇型凧が江戸に
もあることがわか
る図。売っている
ところの図もある
（諸職人物画譜）

⬆横須賀巴凧

⬅横須賀のし凧

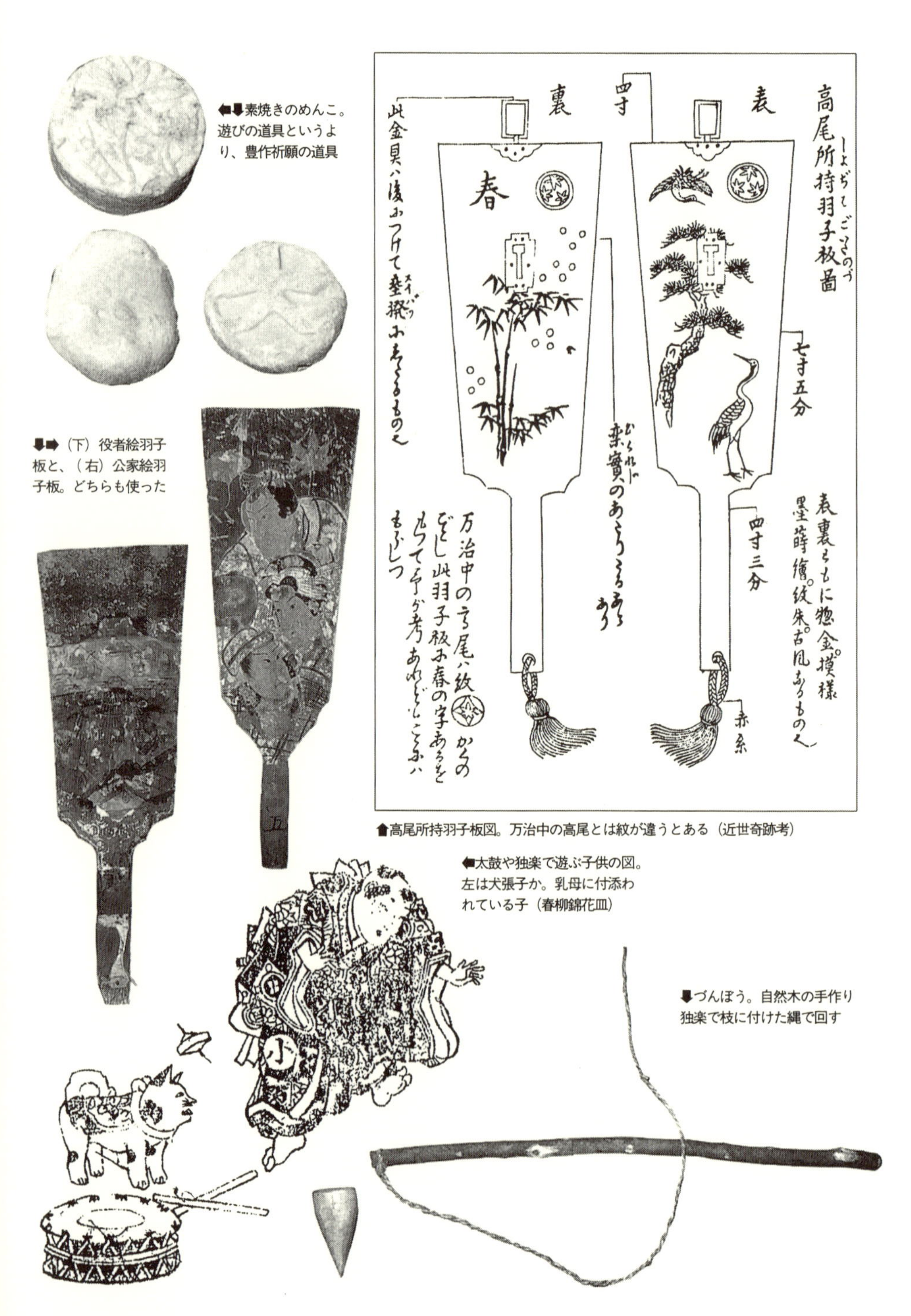

⬅⬇素焼きのめんこ。遊びの道具というより、豊作祈願の道具

⬇➡（下）役者絵羽子板と、（右）公家絵羽子板。どちらも使った

⬆高尾所持羽子板図。万治中の高尾とは紋が違うとある（近世奇跡考）

⬅太鼓や独楽で遊ぶ子供の図。左は犬張子か。乳母に付添われている子（春柳錦花皿）

⬇づんぼう。自然木の手作り独楽で枝に付けた縄で回す

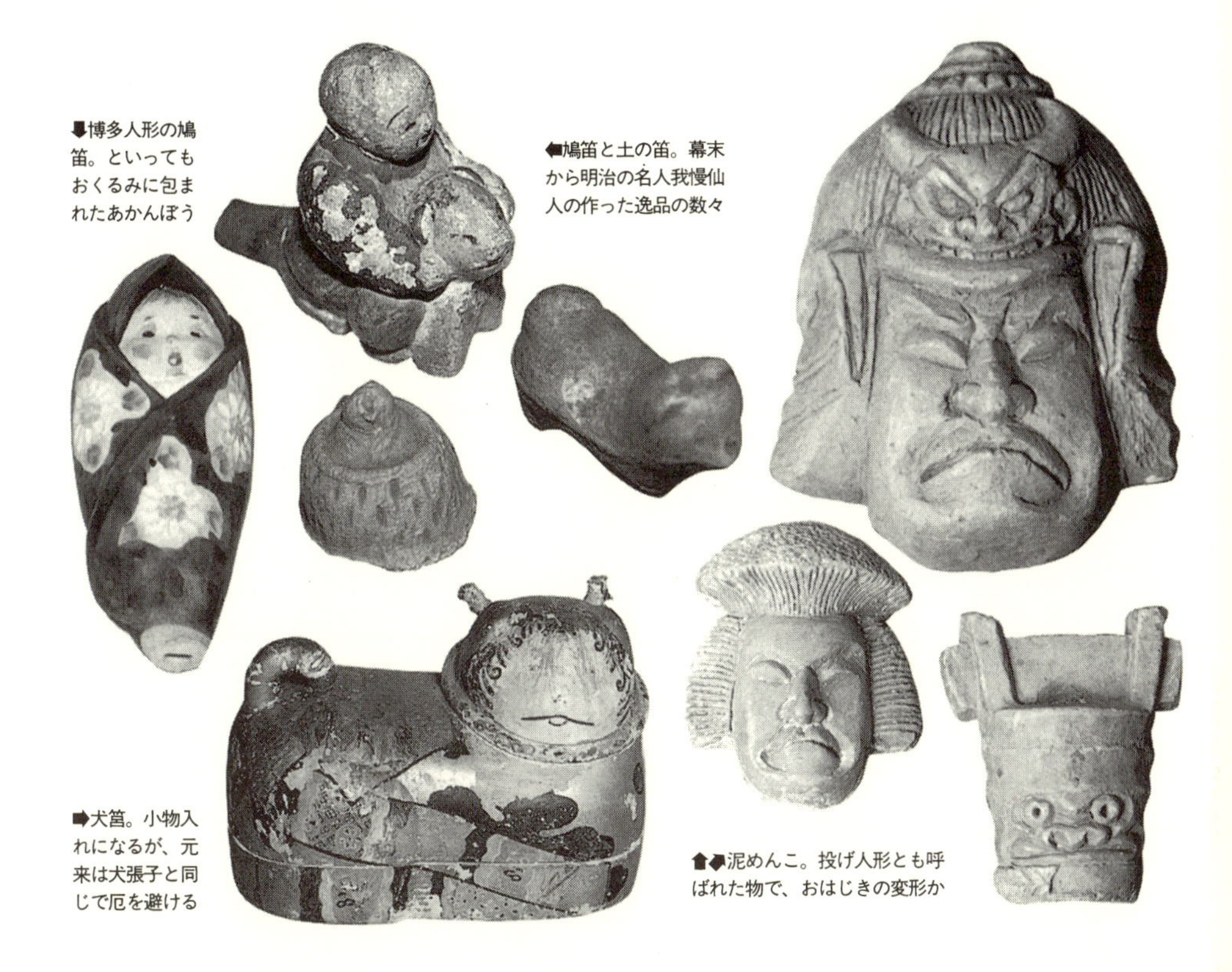

↓博多人形の鳩笛。といってもおくるみに包まれたあかんぼう

←鳩笛と土の笛。幕末から明治の名人我慢仙人の作った逸品の数々

→犬笛。小物入れになるが、元来は犬張子と同じで厄を避ける

↑←泥めんこ。投げ人形とも呼ばれた物で、おはじきの変形か

独楽（こま）

江戸時代の季節の遊びが凧揚げと羽根つきだとしたら、独楽を回す遊びはどの地域でも不断の遊びといえるだろう。木を独楽の形に作り、鉄の輪をはめ、これを専用の縄で巻きあげて回す。ぶつけて相手の回転を止めるなどかなり激しい遊びだったようだ。もともとは中国から来た遊びだとして、原形は円錐形の貝を回したのだともいう。現在のべいごまの原形か。

羽子板（はごいた）

京伝の書いた物に、高尾が持っていた羽子板の図がある。これは他の本でも書かれているので、羽子板と羽根つきは古くからあった遊びと思える。京伝は文中で、これは紋から見て、万治（一六五八～六一年）中の高尾ではないとしている。こうした物からも、江戸初期からの女性の遊びだったことが推測できる。幕末には押絵の役者羽子板が完成し、これで羽根をついたといわれている。

めんこと鳩笛（めんことはとぶえ）

面子と書く。泥めんことも呼ばれ、片側は平らで、片方に人の顔などが作ってある遊び道具。紙のめんこのような遊び方ではなく、おはじきのような遊びだった。

鳩笛は、猟師が鳥を呼ぶのに使った物から玩具になったともいわれるが、笛は古くからある玩具なので、そうした物と混ざりあって完成されたと思われる。同じような形に鳩車がある。

張子（はりこ）

『貞丈雑記』によれば、宮廷で翠簾や門の開いた状態の時狛犬を風の予防に使うのは、重しの役目だけではなく、邪気を払うためだとある。犬張子も同じことで、子供が生まれるとすぐにその傍らに置いて子供に悪いものが来ないように守らせるとも書かれている。また、子供が寝ながら泣くと、「いんのこいんのこ」というのも同じ意味だとも書かれている。

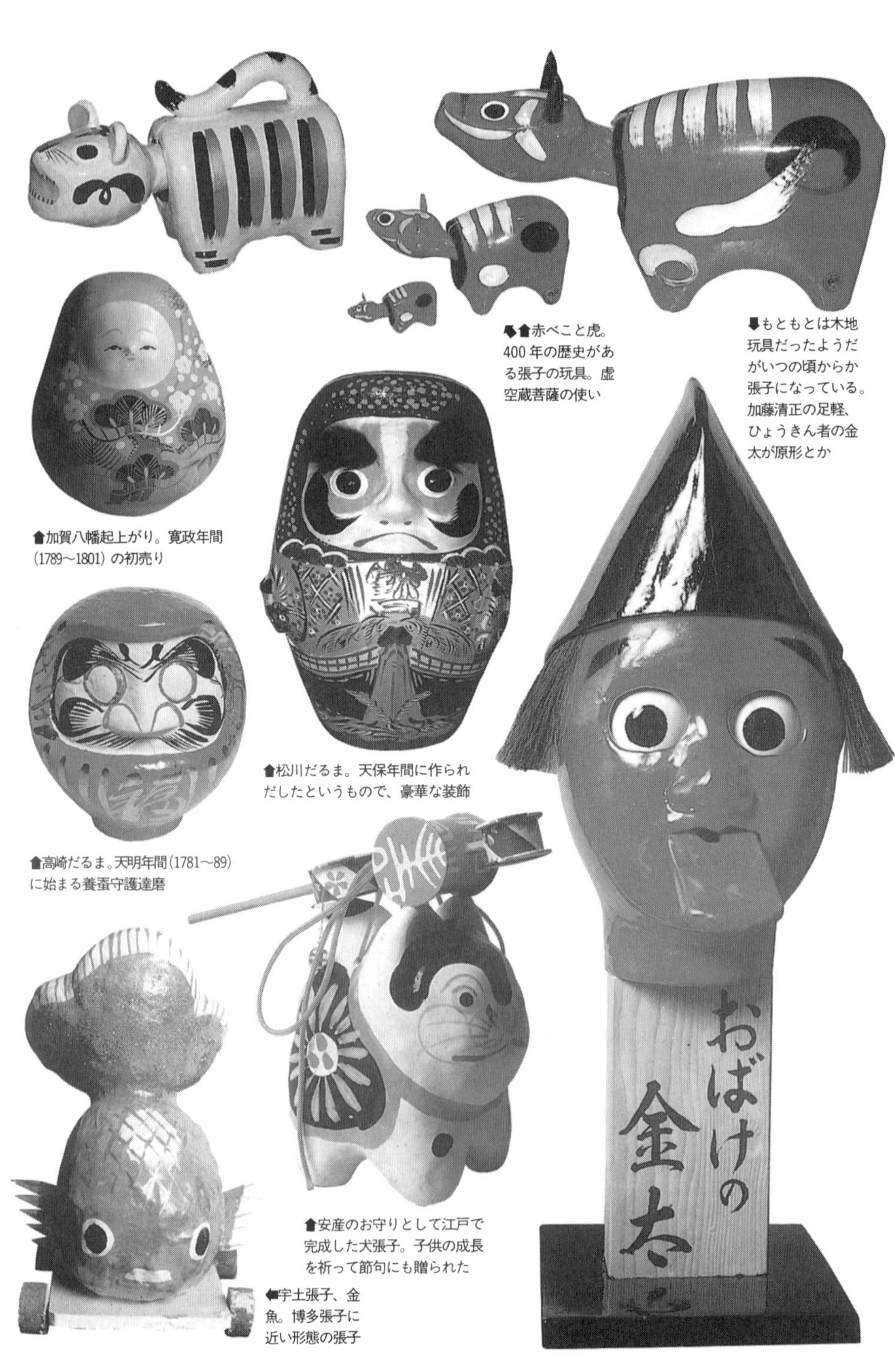

⬉⬆赤べこと虎。400年の歴史がある張子の玩具。虚空蔵菩薩の使い

⬇もともとは木地玩具だったようだがいつの頃からか張子になっている。加藤清正の足軽、ひょうきん者の金太が原形とか

⬆加賀八幡起上がり。寛政年間(1789〜1801)の初売り

⬆松川だるま。天保年間に作られだしたというもので、豪華な装飾

⬆高崎だるま。天明年間(1781〜89)に始まる養蚕守護達磨

⬆安産のお守りとして江戸で完成した犬張子。子供の成長を祈って節句にも贈られた

⬅宇土張子、金魚。博多張子に近い形態の張子

➡宇土達磨。張子の仲間で、江戸最晩期に始まった

⬅会津の起き姫。家族の数に１足して飾る、縁起物

⬇➡櫛引八幡馬。幕末に泥中から馬のようなものを掘りだし、作りだす

⬅⬆もちつき兎と米くいねずみ。どちらも引いて遊ぶ

⬇➡米沢「お鷹ぽっぽ」。削りかけからの人形作りか

木地玩具（きじがんぐ）

平野部では土を使った人形が作られるが、山間部では木地の玩具が作られた。こけしの最初は江戸以前だと説く人もいるほどで、木地玩具の原形ともいえるのがこけし。口へ入れてもさわりがないように木地のままで子に与えたとも伝えている所もある。このほか、削りかけの習慣から生まれたと思われるものや、単純な動きを見せる人形など種類は多い。

遊び

ここでは子供よりも大人が江戸時代に楽しんで、現在にも伝わっているものを集めた。もちろん中には双六(すごろく)のように、子供の遊びに変化したものでさえなくなっているものも多い。ところが、人形芝居は各地に残っているし、茶道や香道など、今の方が盛んだというものもある。江戸時代にちょっと風流を解した人たちの遊びを、ここでは紹介する。

⬅⬆小貝合せ桶。同じ意味の絵貝を合せて遊ぶ貝合せの小品

⬅古代インドの遊びで、中国の唐の時代に日本に伝えられた、大名双六

⬅悪土焼の香炉。香は競争もしたが、香りを楽しんだりもした遊び

⬆うんすんかるたの版木。ポルトガルのカルタを日本風に作り替えたものを刷る木で、さらに江戸初期に変えた物の版木だと思われる

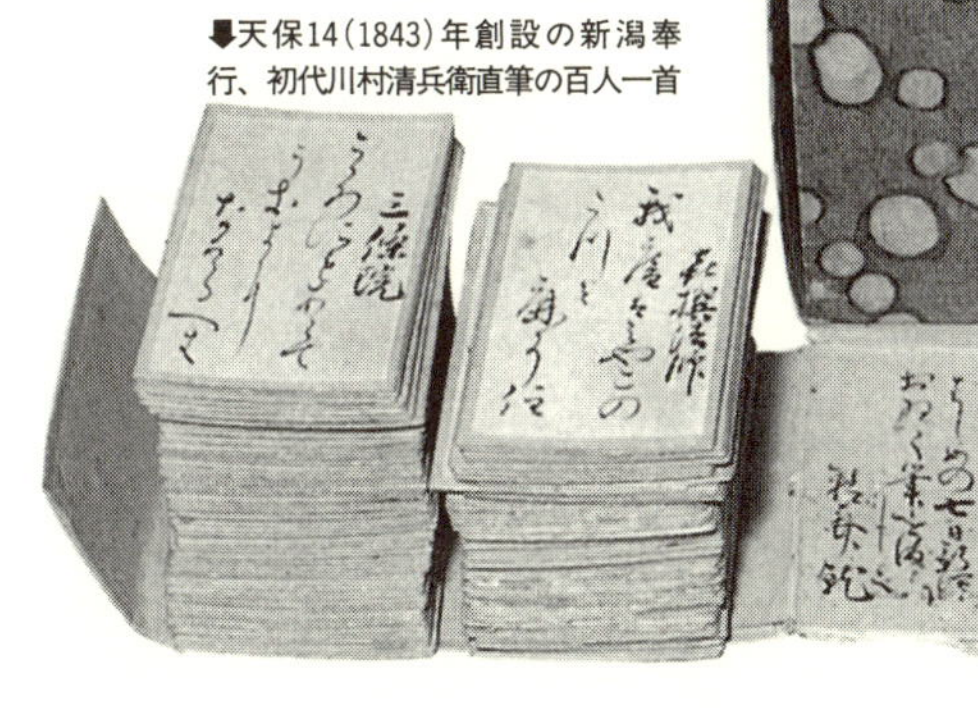

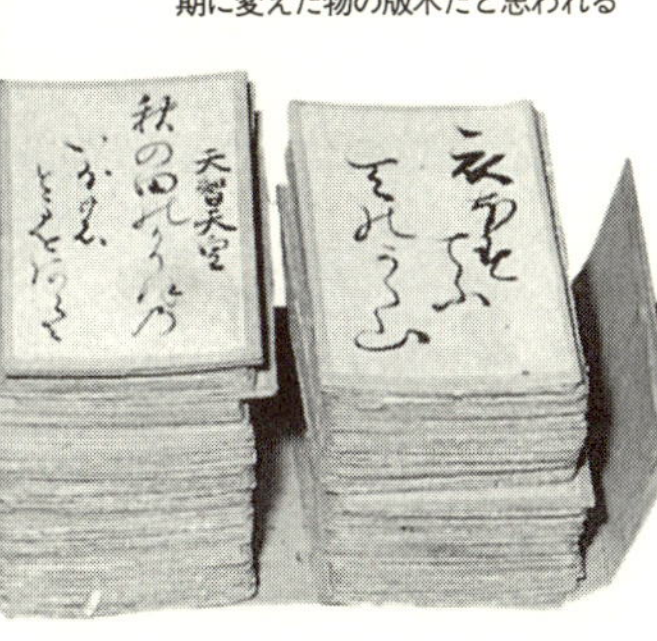

⬇天保14(1843)年創設の新潟奉行、初代川村清兵衛直筆の百人一首

大名双六（だいみょうすごろく）

インドに興った遊びで、唐の時代に日本に入ったというのだから歴史は深い。室町時代の本に、正月の遊びの一つとして出てくる。これは賽（さい）を二つ使うのは明治以後の双六と同じだが、相手の駒が取れたり敵陣に早く入った方が勝ちといったところから、現代の将棋のようでもある。どちらにしても大奥で行った遊び。そんなところから大名の名が付いたのだろう。

貝合せ（かいあわせ）

貝覆ともいったようで、始めは珍しい貝を合せた遊びだった。『貞丈雑記』によれば、平安後期には完成していて、その後わかりやすいように名所図を一対の貝に描いたり、和歌の上の句と下の句を同じに対の貝に書いたりして合せて遊んだ。江戸時代には大奥の遊びとなり、輿入れの時の花嫁の道具の一つとして扱われるようになる。町人でも真似た者がいる。

かるた

『貞丈雑記』には、かるたというのは外国からもたらされた博打の道具だとして、歌かるたはその形に似ているところからこう呼ばれるようになったとある。貝合せから興ったのはわかる。貝合せは高級で手が出なかったが、江戸時代も後期になると、上の句と下の句を分けた歌かるたが完成していて犬棒かるたや、賭事用のかるたまで存在している。

香道具（こうどうぐ）

『貞丈雑記』を見ると、香道の事として、必要な道具八点を図示している。もともとは香を聞いて、つまり匂いをかいでその香が何と言う香であるかを当てたもので、香合せともいう。基本になる香は伽羅（きゃら）など六種だが、江戸も後期になると純粋な銘木香だけでなく、自分で調合した香の優劣を争ったりもした。香炉の灰を四合五合六合というのは升で量ることではなく灰の押し方だともある。

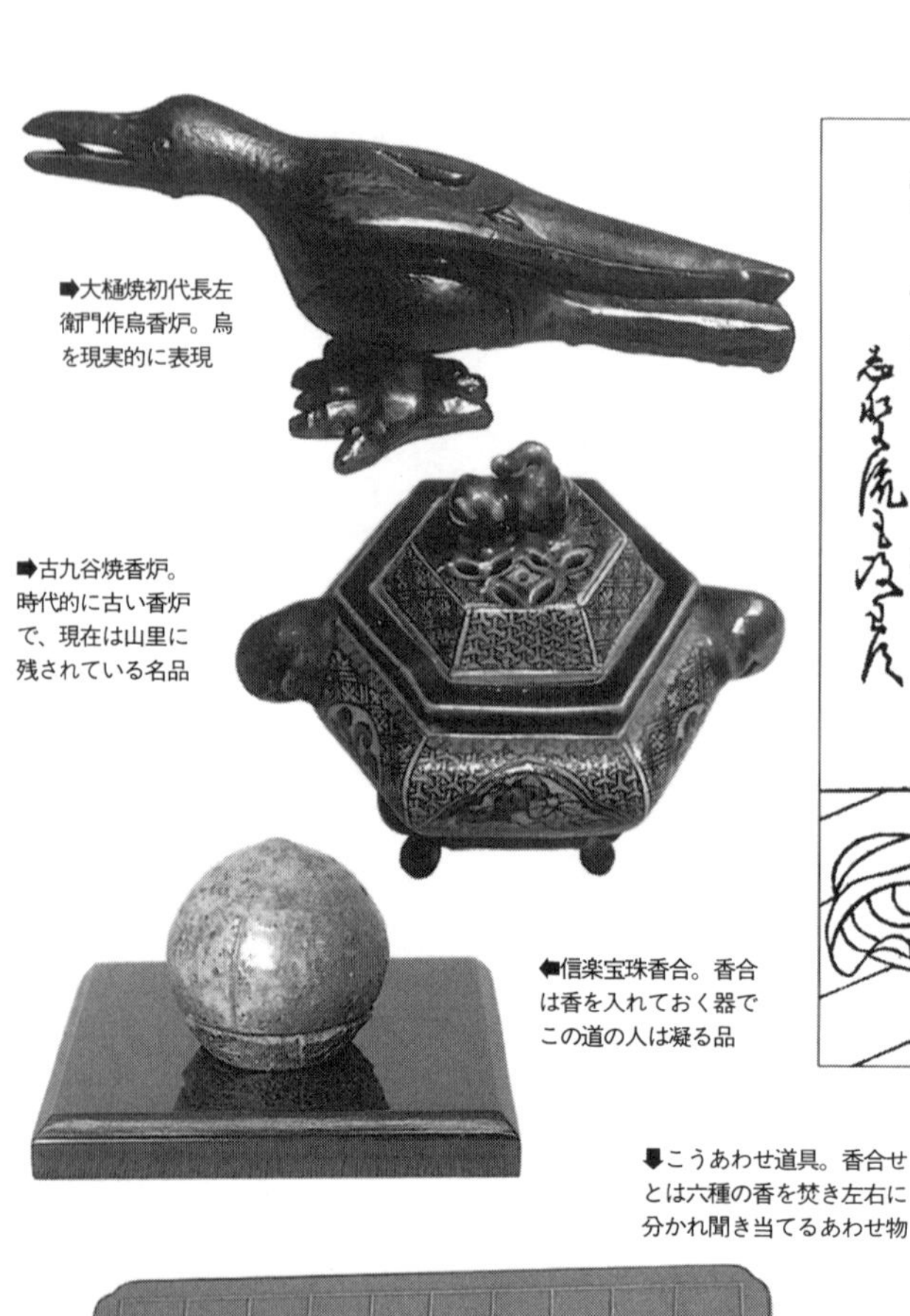

➡大樋焼初代長左衛門作烏香炉。烏を現実的に表現

➡古九谷焼香炉。時代的に古い香炉で、現在は山里に残されている名品

⬅信楽宝珠香合。香合は香を入れておく器でこの道の人は凝る品

⬆歌舞伎の役柄で香を聞くこともあるというのを例に、香の聞き様を説明している図（戯場節用集）

⬇こうあわせ道具。香合せとは六種の香を焚き左右に分かれ聞き当てるあわせ物

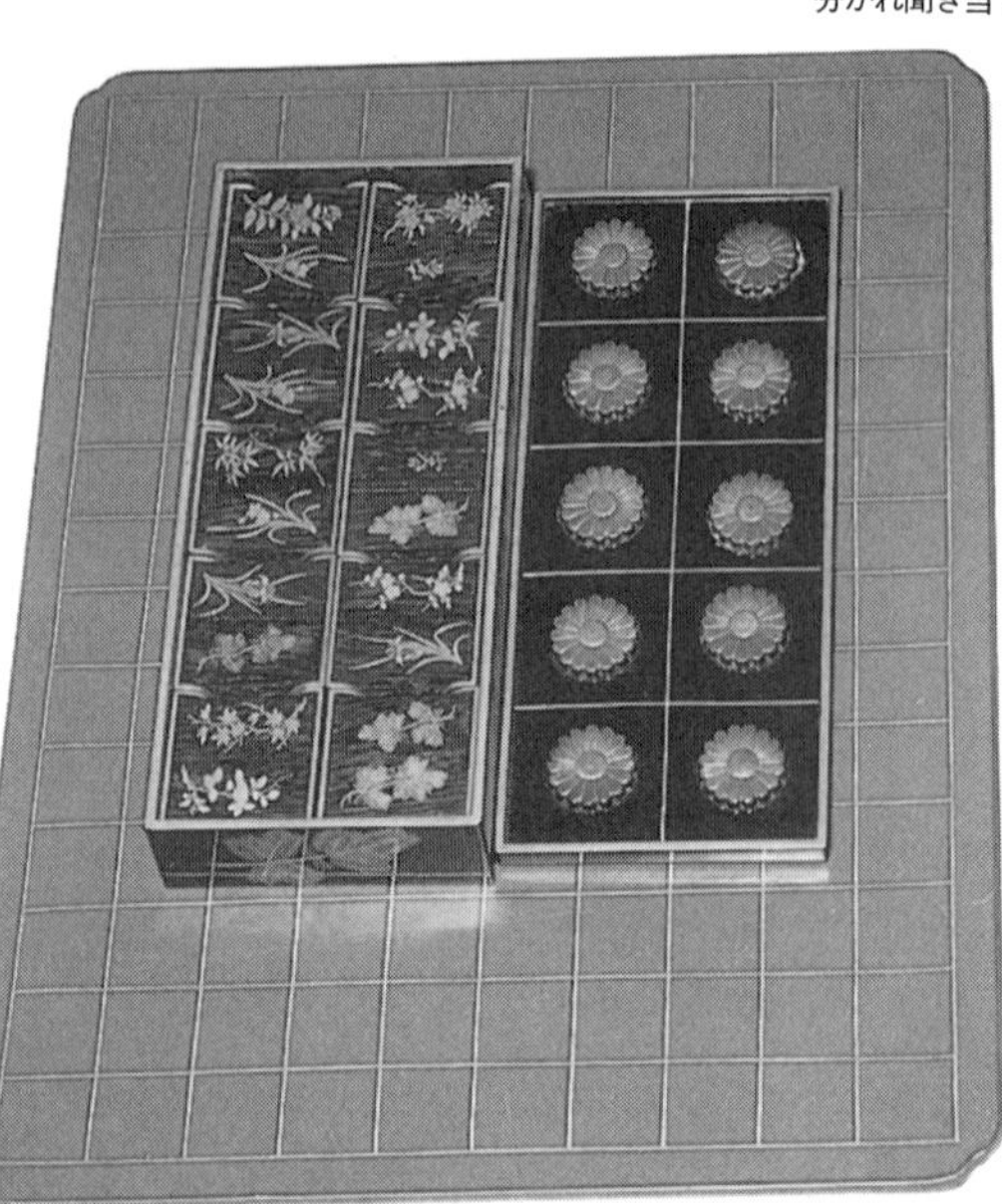

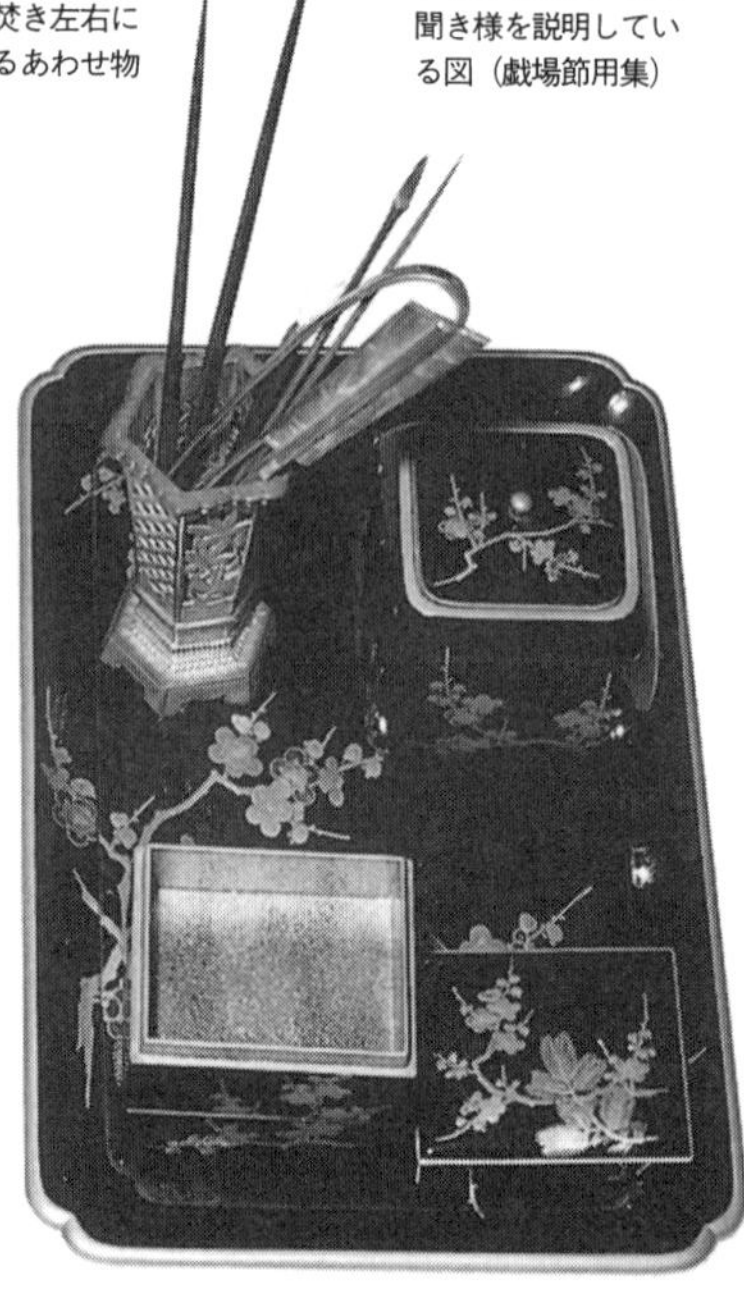

☗相馬駒焼第三代作丁字風炉。風を入れる切込と駒の絵が見どころ

☗松平綱隆公愛用の、伊賀焼菱水差。藩祖は家康公の孫という名家

➡茶の遊び心は周囲に合ったと思わせる破笠の「鳴子」風炉先屏風

茶の湯（ちゃのゆ）

『貞丈雑記』に興味深い文がある。東山殿の礼法の家だからさぞかし茶の道の口伝（くでん）があるだろうというが、ただあるのは将軍自らがたてた茶なので、皆で回して飲んだことくらいで、千利休やその弟子が色々付加えてめんどうくさくした、数寄屋と呼んであばら屋風を好み、欠け茶わんの汚れたのをありがたがり、種々の古道具を喜ぶとは、笑うべしとある。

☗かまをかけてきたない茶わんでちやをのんでいる、らくだらくだ。皮肉な狂歌風（一口笑）

☗天保5（1834）年刊の『江戸名所図会』にお玉が池の故事として出してある野点図

☗芝居で江戸時代は茶の湯をやったと見え、その心得を絵にしたものか（戯場節用集）

➡須恵焼（福岡）染付菊華紋水差。優雅な茶の道具

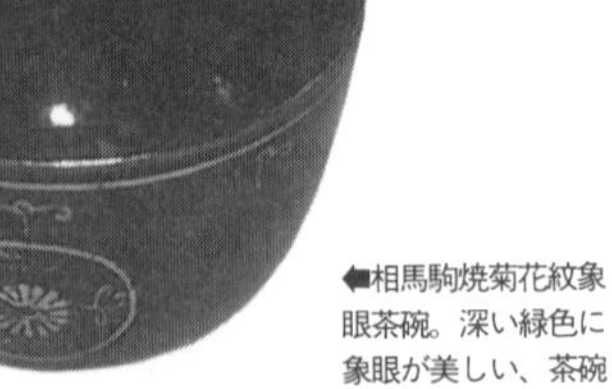

⬅相馬駒焼菊花紋象眼茶碗。深い緑色に象眼が美しい、茶碗

➡黒織部茶碗。茶人の要求通りに焼きあげた陶工の作か。碗内黒色

⬆江戸時代初期には、浪速の芝居といえば人形を遣うもののことをいったが、後期には歌舞伎も盛んになった（劇場節用集）➡人形芝居には佐渡に伝わる文弥人形もある（人倫訓蒙図彙）

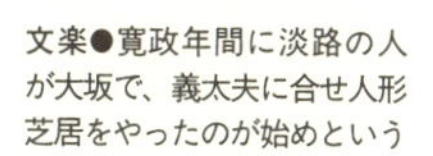

文楽●寛政年間に淡路の人が大坂で、義太夫に合せ人形芝居をやったのが始めという

⬅にんぎやう、とある図で、一人で人形を操っている（画本冠附）

人形芝居（にんぎょうしばい）

幕末の記録では、寛政年間（一七八九～一八〇一）に大坂で始まったのが文楽座で、義太夫節に合せて人形を遣ったとある。文楽以外でも、江戸では説経節に合せて人形を遣った時代もあり、大坂で誕生した文弥節（ぶんやぶし）で人形を操る芝居も生まれている。現在も残っている文楽座系統が正当視されているが、各地に江戸の人形芝居は残っており、文弥人形もその一つ。

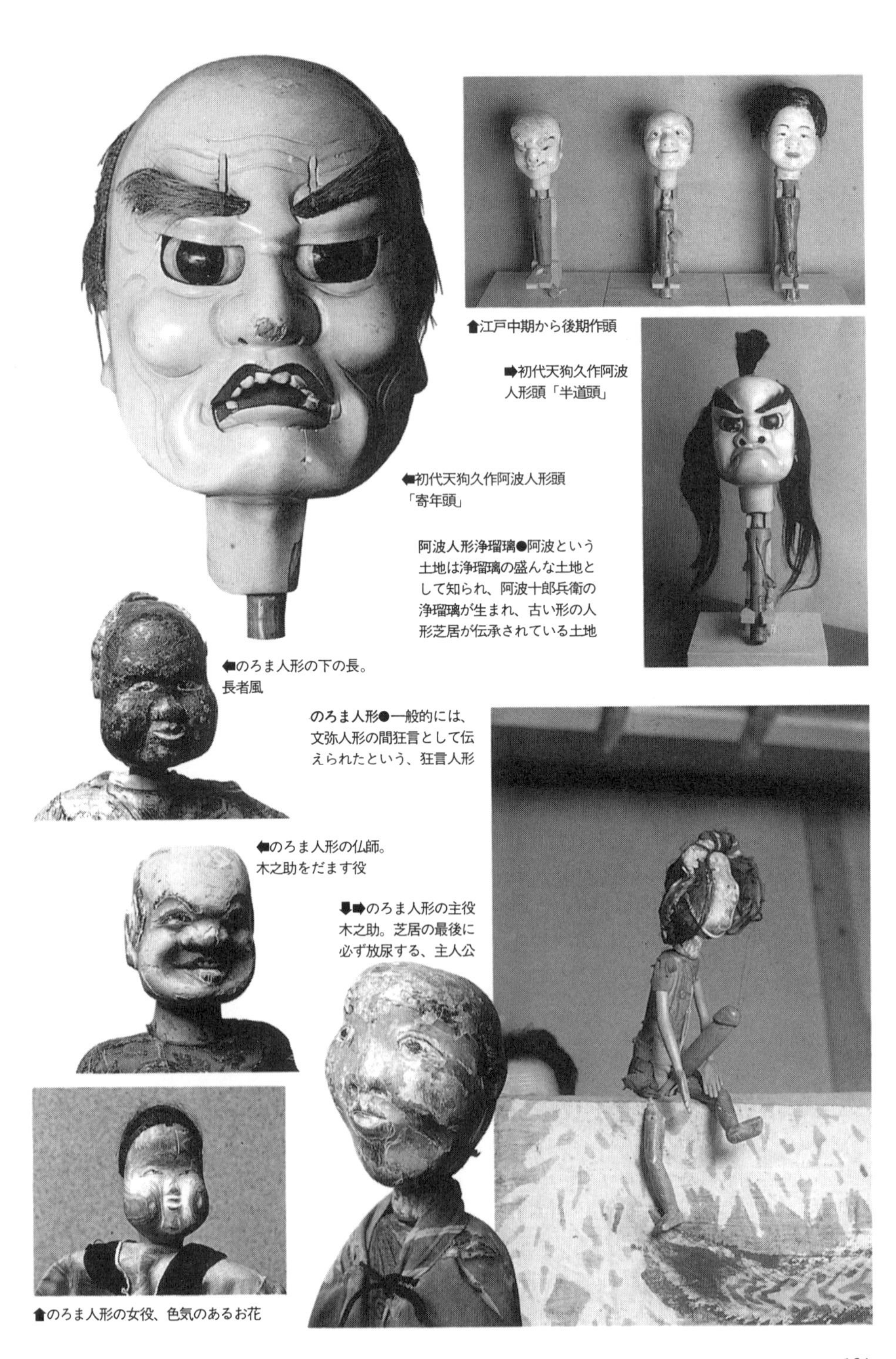

⬆江戸中期から後期作頭

➡初代天狗久作阿波人形頭「半道頭」

⬅初代天狗久作阿波人形頭「寄年頭」

阿波人形浄瑠璃●阿波という土地は浄瑠璃の盛んな土地として知られ、阿波十郎兵衛の浄瑠璃が生まれ、古い形の人形芝居が伝承されている土地

⬅のろま人形の下の長。長者風

のろま人形●一般的には、文弥人形の間狂言として伝えられたという、狂言人形

⬅のろま人形の仏師。木之助をだます役

⬇➡のろま人形の主役木之助。芝居の最後に必ず放尿する、主人公

⬆のろま人形の女役、色気のあるお花

第五章・旅
道中と関所

◆江戸の道具考◆旅

『東海道中膝栗毛』で知られる十返舎一九が膝栗毛を書いた年月は実に二十一年間。書き始めたのが享和二年（一八〇二）だとすると中山道から江戸へ帰ってくるのが文政五（一八二二）年だから、二十五、六で旅に出た弥次さん喜多さんも四十を超える歳ということになる。何故かくも長い間この本は読まれたのか。それはこの頃から道中をしてみたいと思う人間が増えてきたという証だろう。特に江戸に住む人たちは箱根山の向こうなんぞ、化け物がいるくらいに思っていたのだから、山を越えようなどという考えには至らなかった。だからこそ架空の人物の弥次さん喜多さんの旅を面白く読んだのかもしれないが、一方では自分もそうした旅をしてみようという気になりつつあったのだろう。

文化七（一八一〇）年には『旅行用心集』という本が版行されている。これは旅行の時に気を付けなければならない数々を書き記したもので、かなり詳しい内容といえる。この本ばかりではない。大きな町の有名店を書いたものや、各地の名産を紹介したものがこれから七、八十年の間に頻繁に出されている。

御三卿清水家の用人、村尾嘉陵は文化九年（一八一二）から天保二年（一八三一）まで、一日旅行記を書き残している。勤めがあるので遠出は無理だが、非番の日には麹町三番町の屋敷から一日で行って帰れる所を訪ねている。この人が特別に健脚家だったわけではないが、埼玉県蕨市の先まで一日で往復している。歩くことを苦にしなかったからこそ、旅に出ようという気にもなってくるのだろう。

当時の旅の最大の目的地はお伊勢さん。伊勢参りは生涯に一度はするものだと誰もが思い、お伊勢参りの流行現象が何度か起きている。遷宮のあった翌年は神徳が授かるというのでお蔭参りと称して、ひしゃく一本腰に差していればどうやらこうやら旅が続けられた。ひしゃくは伊勢参りの印。行く先々で食べ物や銭を施す奇特な人も少なくなく、勝海舟の父親の小吉も若い時にこの無銭旅行を試みている。

伊勢の近所には餅屋が今も多く残っているが、そうした家の言い伝えでは、餅は歩きながら食べられたので、お伊勢さまの界隈にできたという。また、お蔭参りの人たちには手厚くもてなしをしたとも伝えられている。

膝栗毛ではないが、ついでにというので金比羅様まで行った人たちも多かった。町には佐渡の人が参拝した記念の石塔がある。遠い佐渡から能登半島経由で京に出てお伊勢参りをして、金比羅様にもお参りをしたのだろう。江戸時代人も事前にその道中がどんな様子であるかを聞いたり読んだりして下調べをした。『東海道名所図会』を見ると、所々の見るべき場所や、食べてみたい名物が書かれている。路銀や道中着などの用意をして、さて旅立ち。江戸の住人なら高輪、品川辺りで送りに来た人たちと一杯やり、旅立っていく。品川宿には飯盛女ということになっている女性が大勢いて、これとなじんで道中の金を使い果たし、古巣へ帰るといった話もある。

旅の案内を読むばかりではない。たいがいの道中案内には旅の記録のための手帳を持てと記されている。司馬江漢のような絵師や、川路聖護のような有能な役人までその道中を書き残している。その日の出費、食べたもの、あったことなどを道中の間は欠かさず書いていく。このほか、講に入っていれば、お伊勢参りのための金を予め先に渡してあるので、その証拠を持参する。これは各自が持つというより頭だった者が持参したのだろう。一人旅の参宮なら、そのための証明が要ったのはいうまでもない。証明の中で最も重要だったのが道中手形。関所を通るにはこれは欠かせない。

最後に東海道中最大の難関を紹介しておこう。それは川渡り。江戸時代には大きな川には橋を架けなかった。大河に橋を架けるのは本拠の江戸を危うくするということから、徳川家康の政策として、大井川にも橋はなかった。ではどうして渡ったか。

大井川は船で渡ることもできなかったので、身分のある人は連台という台に乗り物を載せ、これを大勢の人足が担いで渡した。身分も金もない人間は肩車で渡った。しかも増水すると役所が川止めをするので、滞在の費用がかかり、やむなくお参りを諦めて帰る人もいた。水嵩が少なくなって、どうやら肩車でも渡せるとなると、今度は渡し賃が高くなる。大井川には川の両側に役人がいて、毎朝川の水嵩を計り、今日はいかほどで渡せと人足に指示を出す。出された方はそれを実行する。旅人は、予め役所で必要な川札をもらっておき、もちろん金を出してだが、これを人足に渡して渡してもらう。人足は夕刻川札を役所に出し、その日の稼ぎを得た。
たとえ川渡りの難儀があっても伊勢道中は憧れだったようで、幕末にはやたらに伊勢参りが流行った。

道中

東海道中膝栗毛が売られたのが享和二～文化六（一八〇二～〇九）年。この頃旅をすることは道中だったことがわかるが、旅行という言葉も文化七（一八一〇）年に版行された本の題名になっているので、どちらも使われていたことがわかるが、道中という言葉の方が長続きしたようで、天保十三（一八四二）年の刊本『両道中懐宝図鑑』がある。

⬆道中するにも墨硯から算盤までを携帯して旅をした人たちがいる。商人の旅道具か

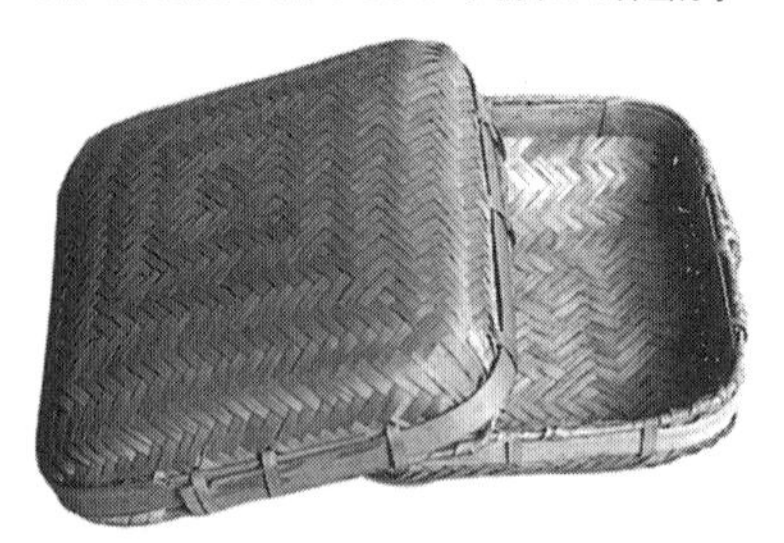

⬇宿で握り飯などを作ってもらい、携帯した弁当行李

⬇定飛脚が使っていた携帯枕。臨機応変に旅をしていたのが飛脚

旅行用心集の最初に載っている毒虫●旅をする時に最も用心を必要とした虫などを集めてある

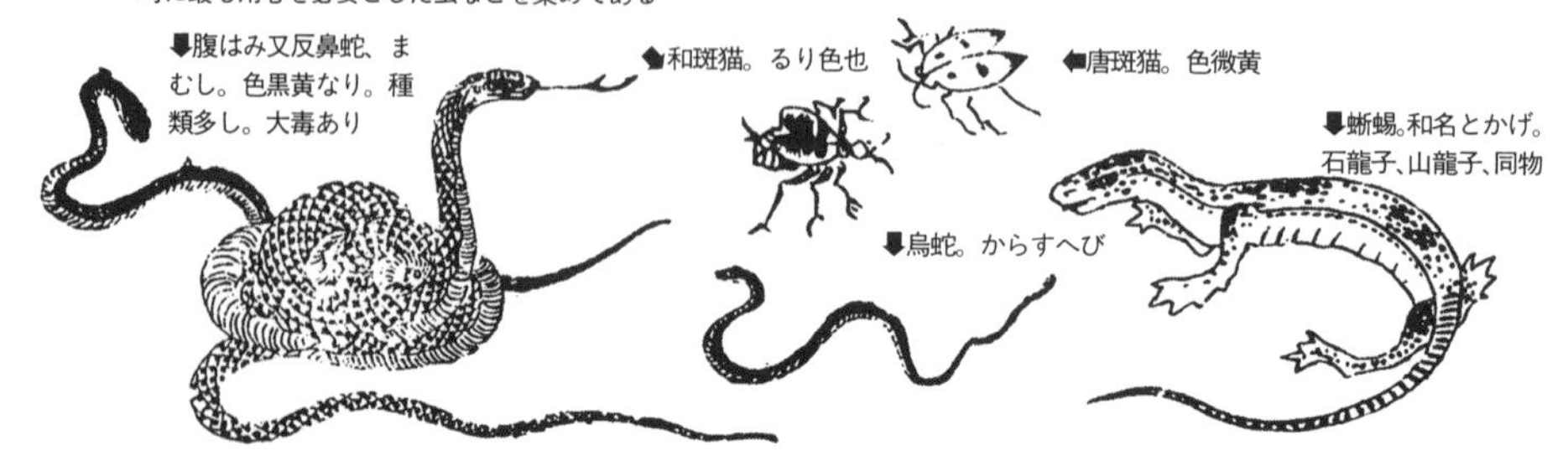

⬇腹はみ又反鼻蛇、まむし。色黒黄なり。種類多し。大毒あり

⬅和斑猫。るり色也

⬅唐斑猫。色微黄

⬇蜥蜴。和名とかげ。石龍子、山龍子、同物

⬇烏蛇。からすへび

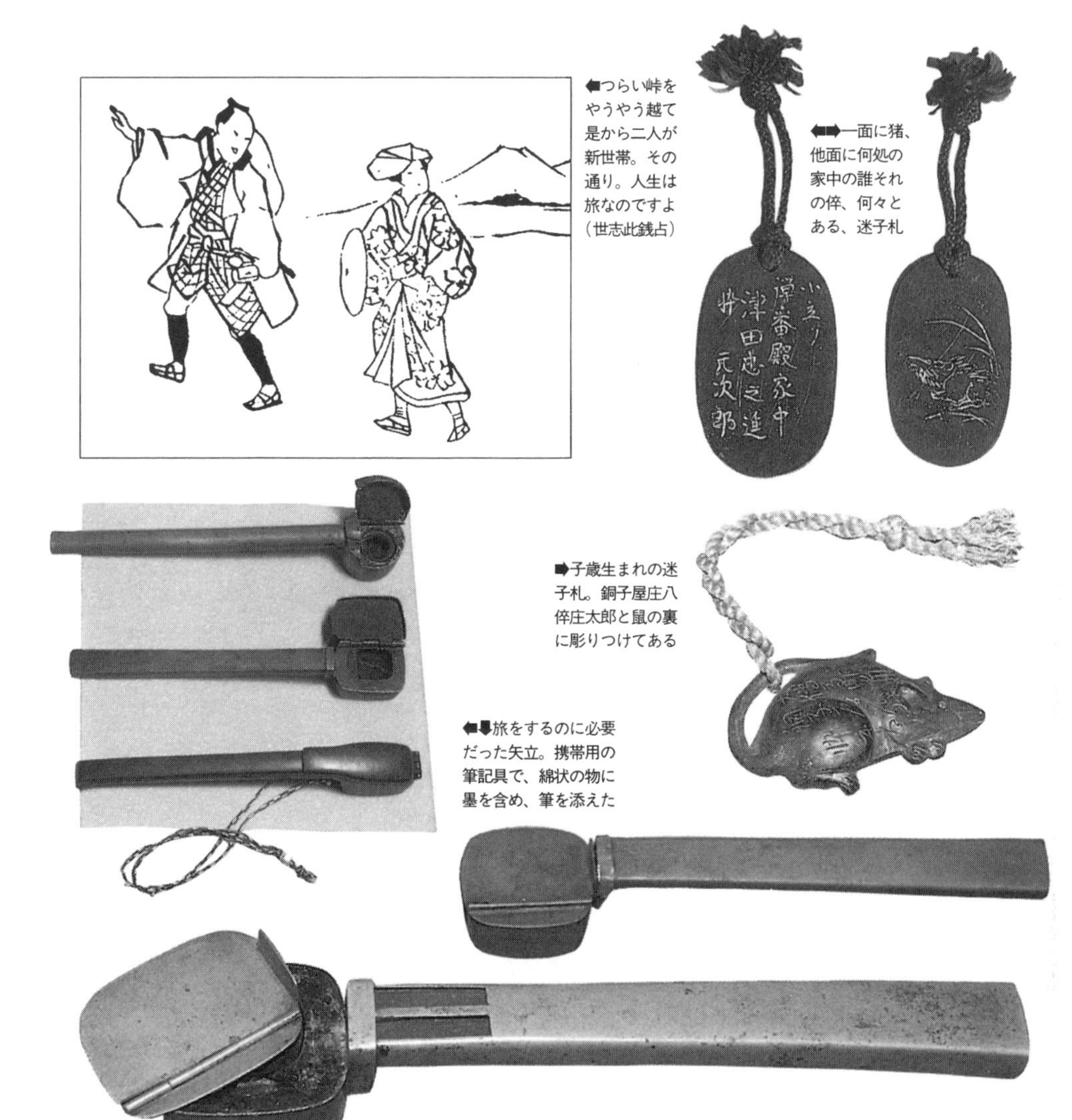

⬅つらい峠をやうやう越て是から二人が新世帯。その通り。人生は旅なのですよ（世志此銭占）

⬅➡一面に猪、他面に何処の家中の誰それの倅、何々とある、迷子札

➡子歳生まれの迷子札。銅子屋庄八倅庄太郎と鼠の裏に彫りつけてある

⬅⬇旅をするのに必要だった矢立。携帯用の筆記具で、綿状の物に墨を含め、筆を添えた

旅の道具

たびのどうぐ

江戸時代人が旅に出かけようとした時に、まず賢い人は道中記などの案内記を買って、これから行くところがどんな道中なのかを知ろうとした。道中には旅そのものの意味と旅の途中経過という意味があり、その前に一般的な旅の入門書もあった。『旅行用心集』がこれで、まず旅で出会う虫に始まり、身支度に必要な物、旅の間の記録を書く帳面、雪中の旅に欠かせない物などが細かに書いてある。こうした旅入門書ばかりではない。各街道の道案内や景色の好いところ、見るべきところを書いた書籍、その町の有名な物までを集めた書籍まである。何しろ商売で歩くならともかく、遊びに行こうという時にはこうした書物を読んで身支度をし、ていねいな人はその必要な事を書いて毎日の道中記の頭におき、用心をしている。何しろ自分の二本の足しか旅をするのに頼れる物はない。書かれている通りの支度をして、熊さんも八つぁんも伊勢から奈良、京都の旅をした。

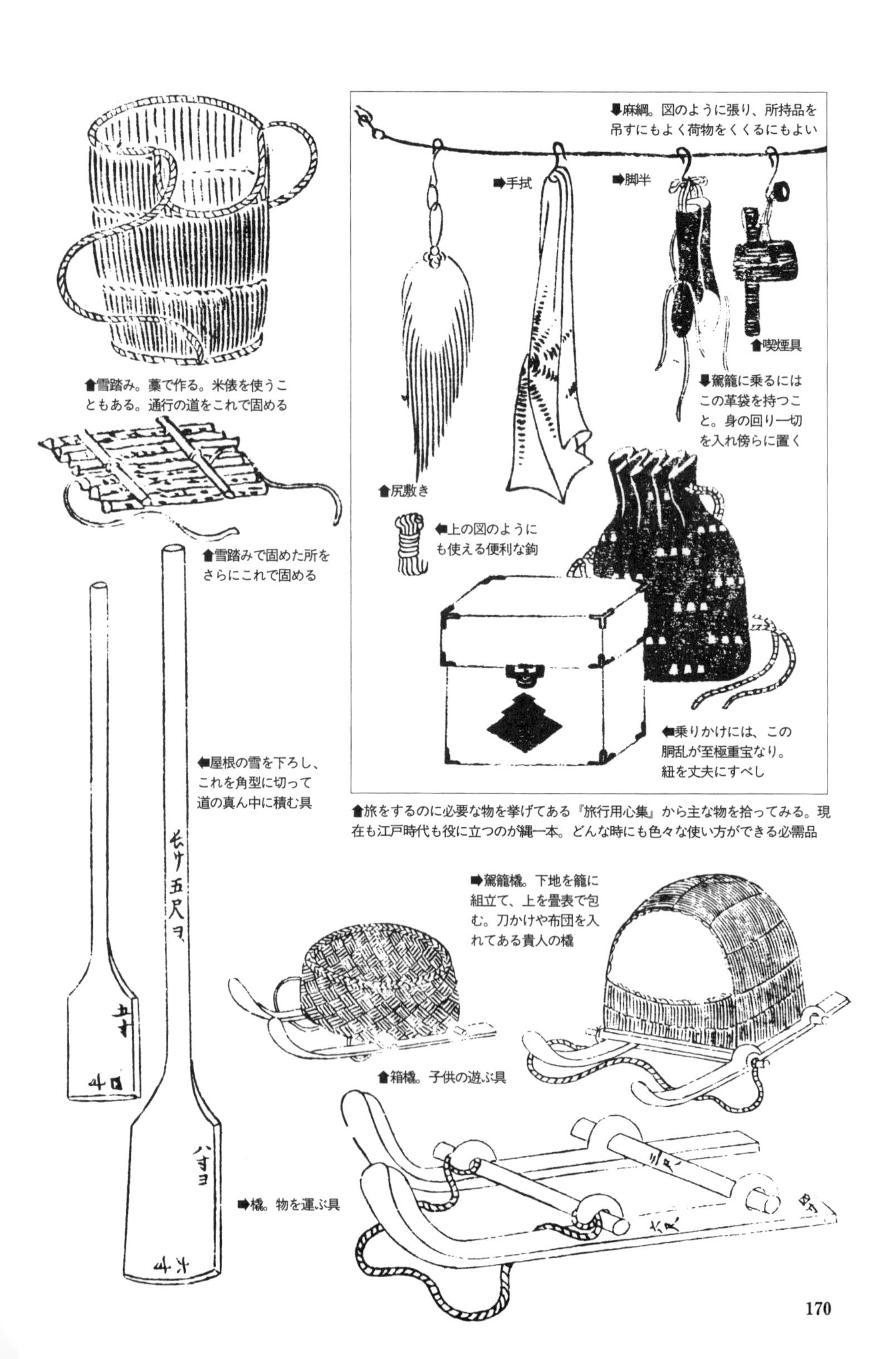

⬇麻綱。図のように張り、所持品を吊すにもよく荷物をくくるにもよい

➡手拭

➡脚半

⬆喫煙具

⬇駕籠に乗るにはこの革袋を持つこと。身の回り一切を入れ傍らに置く

⬆尻敷き

⬅上の図のようにも使える便利な鉤

⬅乗りかけには、この胴乱が至極重宝なり。紐を丈夫にすべし

⬆旅をするのに必要な物を挙げてある『旅行用心集』から主な物を拾ってみる。現在も江戸時代も役に立つのが縄一本。どんな時にも色々な使い方ができる必需品

⬆雪踏み。藁で作る。米俵を使うこともある。通行の道をこれで固める

⬆雪踏みで固めた所をさらにこれで固める

⬅屋根の雪を下ろし、これを角型に切って道の真ん中に積む具

➡駕籠橇。下地を籠に組立て、上を畳表で包む。刀かけや布団を入れてある貴人の橇

⬆箱橇。子供の遊ぶ具

➡橇。物を運ぶ具

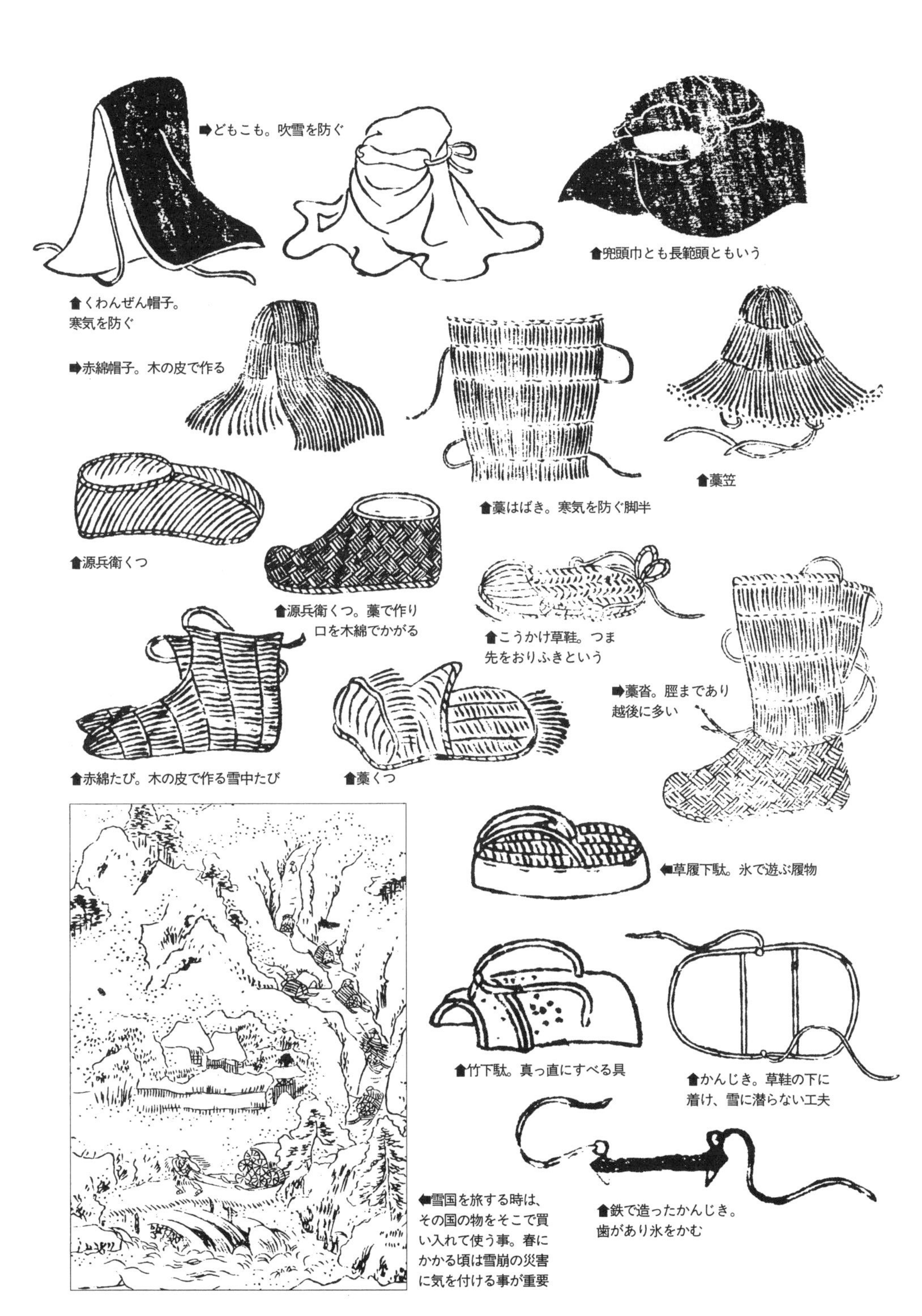

➡どもこも。吹雪を防ぐ

⬆兜頭巾とも長範頭ともいう

⬆くわんぜん帽子。寒気を防ぐ

➡赤綿帽子。木の皮で作る

⬆藁はばき。寒気を防ぐ脚半

⬆藁笠

⬆源兵衛くつ

⬆源兵衛くつ。藁で作り口を木綿でかがる

⬆こうかけ草鞋。つま先をおりふきという

➡藁沓。脛まであり越後に多い

⬆赤綿たび。木の皮で作る雪中たび

⬆藁くつ

⬅草履下駄。氷で遊ぶ履物

⬆竹下駄。真っ直にすべる具

⬆かんじき。草鞋の下に着け、雪に潜らない工夫

⬆鉄で造ったかんじき。歯があり氷をかむ

⬅雪国を旅する時は、その国の物をそこで買い入れて使う事。春にかかる頃は雪崩の災害に気を付ける事が重要

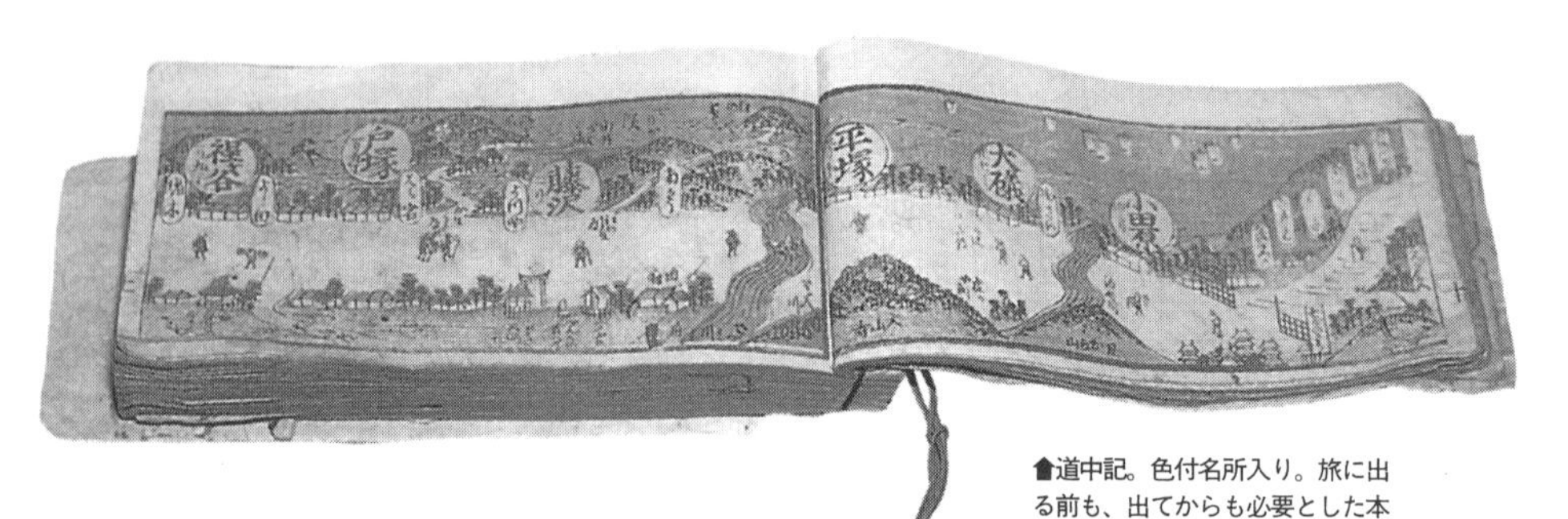

⬆道中記。色付名所入り。旅に出る前も、出てからも必要とした本

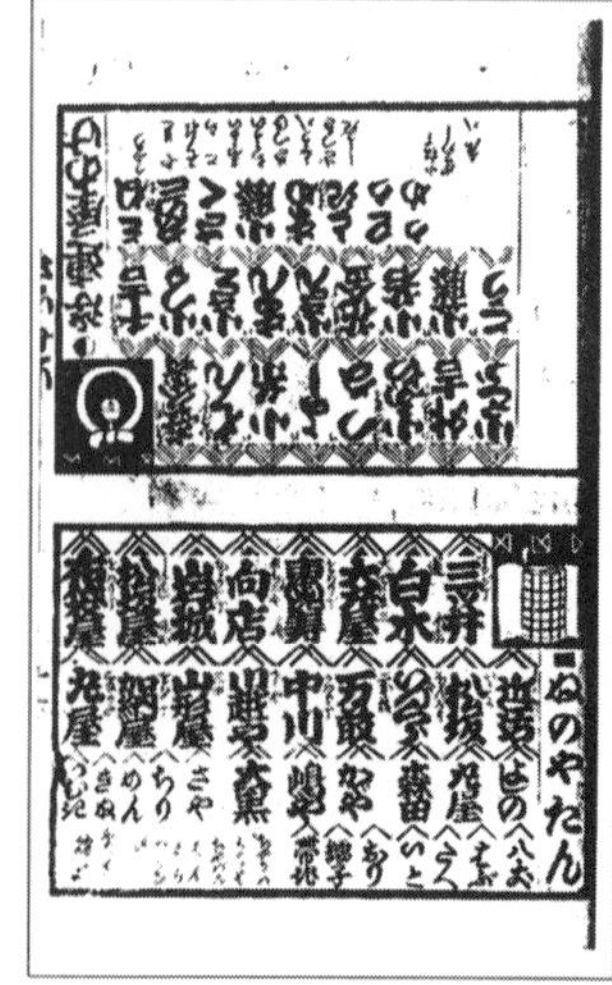
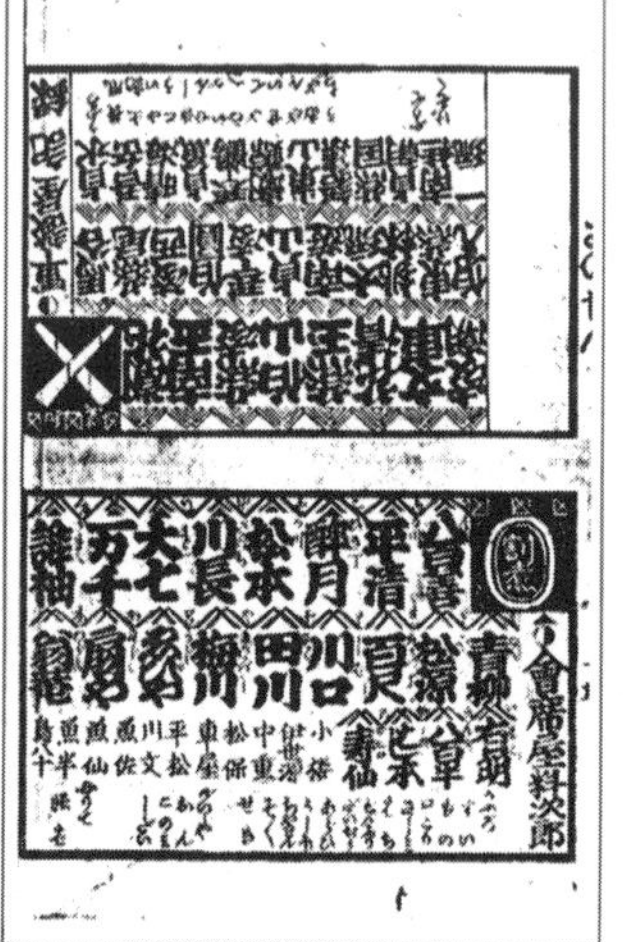

⬇慶應元（1865）年発行の江戸歳盛記。有名店の吉原細見見立

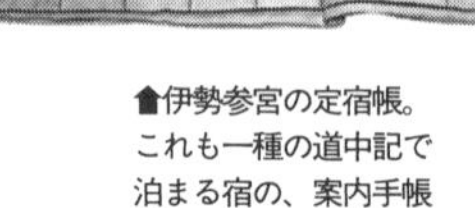

⬆伊勢参宮の定宿帳。これも一種の道中記で泊まる宿の、案内手帳

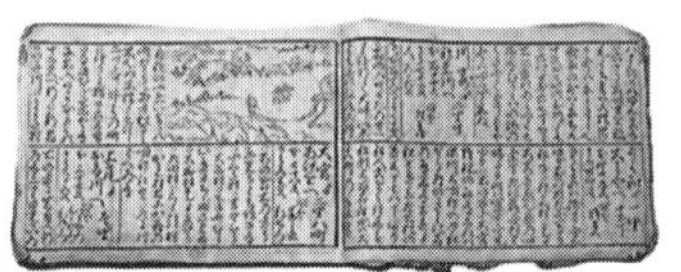

⬆延享4（1747）年刊の諸国海陸道中記。旅に欠かせない案内記

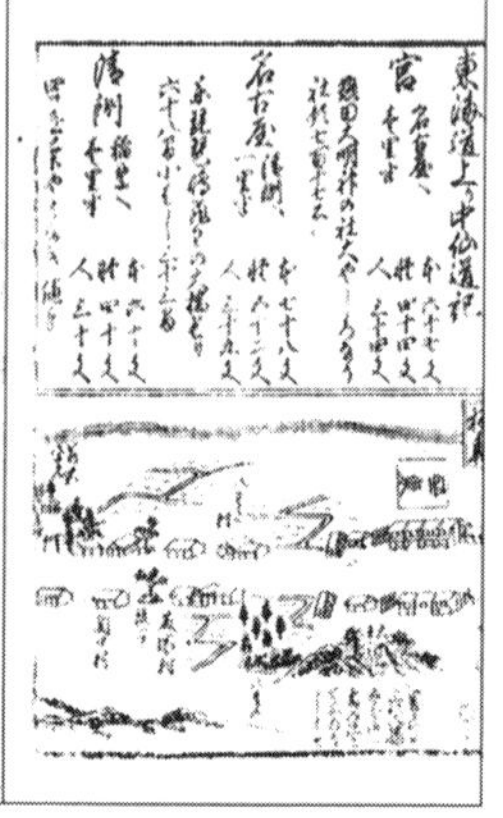
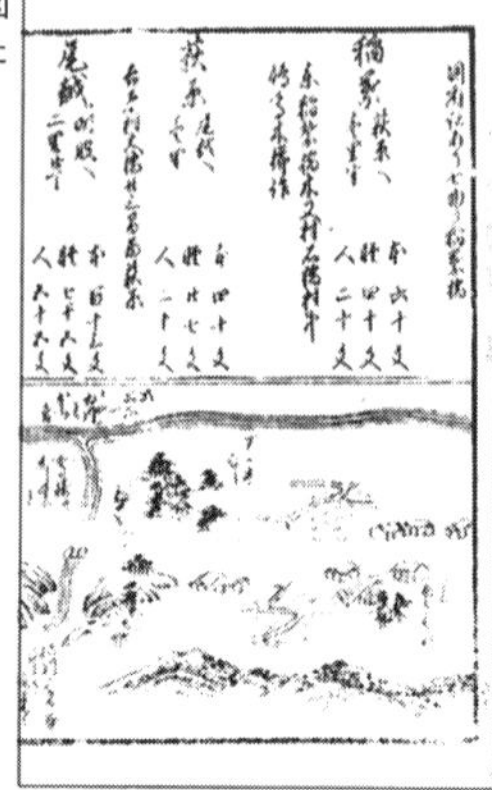

➡道中の間に何があるかを案内した東海木曾両道中懐宝図鑑。道中で広げ予定を立てた

道中記（どうちゅうき）

これも二通りある。一つは旅の案内記、他の一つは自分の旅を書く手帳。江戸時代の人はよほどの無精者か大勢の旅でない限り、毎日その日使った費用と、その日何があったか、何を食べたかまで書き残している。幕末に佐渡の奉行になった川路聖謨はその後長崎奉行になった時の道中記を残している。こんな偉い人でなくとも、歩いた記録は多く残されている。

⬆伊勢参宮道中記、並びに定宿付判取帳。予め宿銭を払ってあるので判が必要だった

⬅徒（かち）の供を連れて駕籠に乗り、旅をする武士（木曾路名所図会）

⬇駕籠に乗る人担ぐ人、芭蕉いわくどちらも旅人（諸職人物画譜）

⬆山駕籠の一種。箱根の険を越えたのもこうした山越え駕籠だった

駕籠（かご）

道中をするのに当人が歩くほかに、駕籠や馬の助けを得た。幕末の記録には箱根を越える駕籠が載っている。底、つまり乗る人の居る場所を円形に作り、乗る人の足を痛めないようにしてある。屋根は網代編みで担ぐ棒は桐の丸材。丸い竹も使ったとある。街道には宿駕籠というのもある。シュクカゴ。これを担ぐ人足を雲助というともある。雲駕籠。

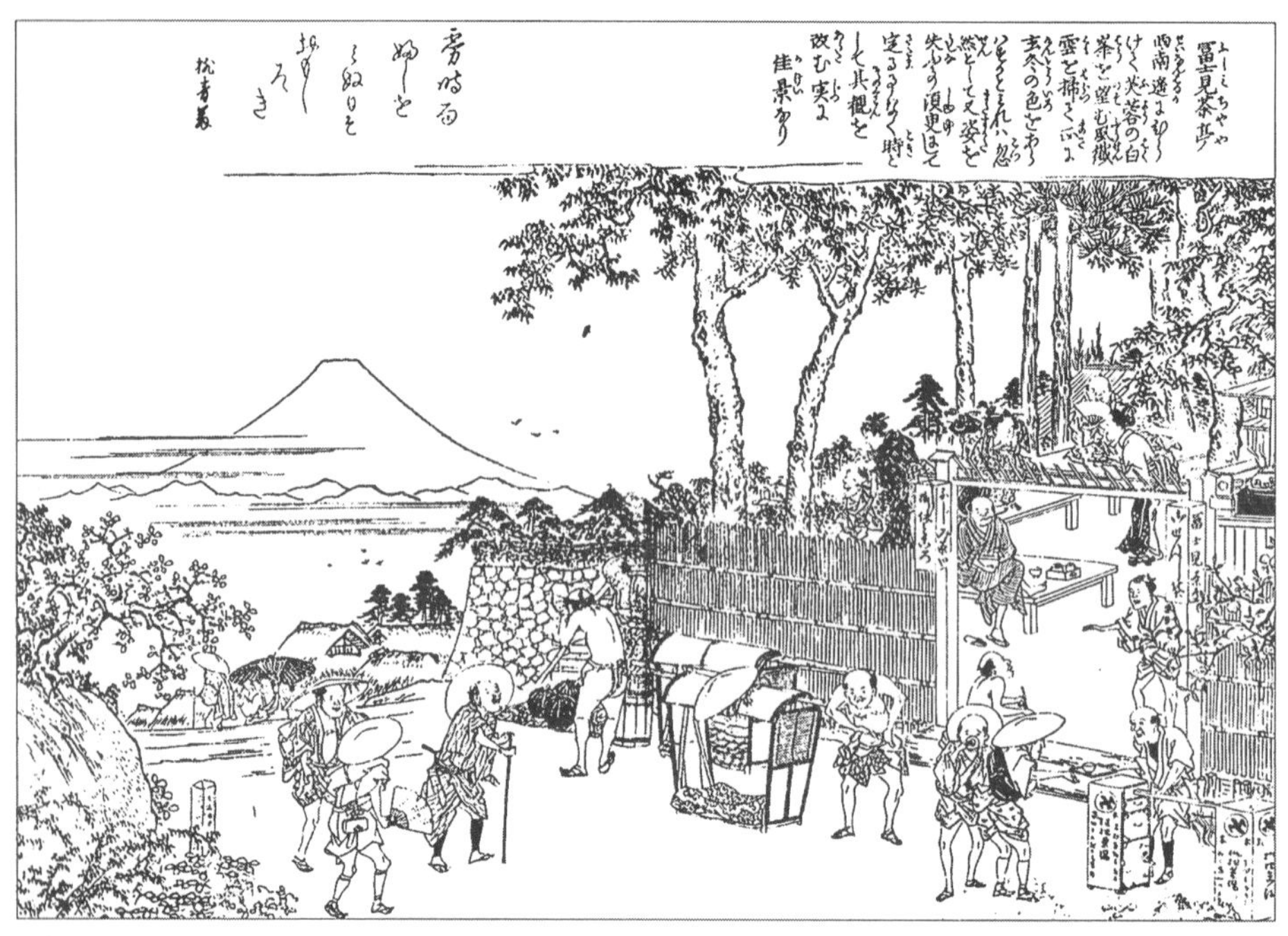

⬆東海道の行人坂からの富士。
駕籠かきもここで一息入れ、
旅人も一服して薬なども買う

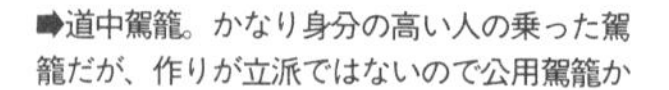
➡道中駕籠。かなり身分の高い人の乗った駕籠だが、作りが立派ではないので公用駕籠か

⬅津軽越中守息女用駕籠。典型的な女駕籠。大名の駕籠でも男女の形式が決まっていた

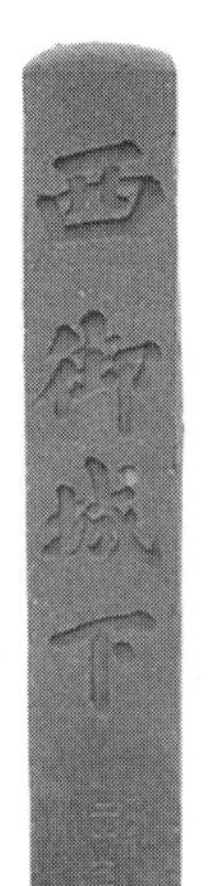

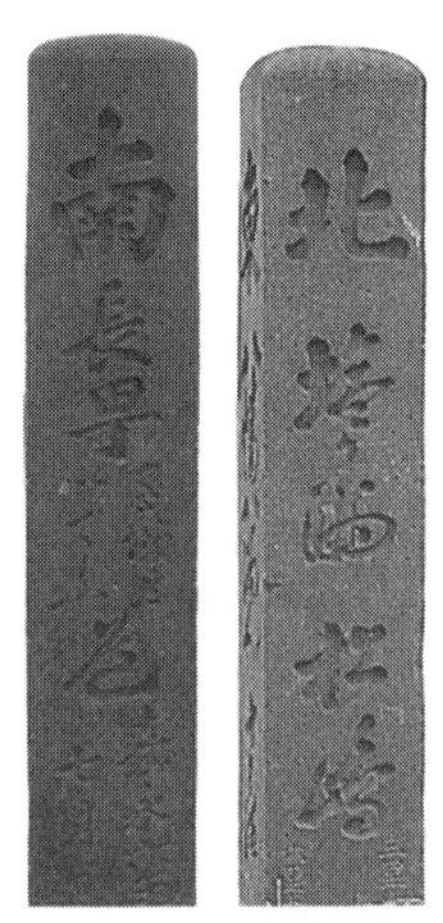

⬆仙台の四つ辻にある道標。東西南北の行く先が示されている

⬆自然石に彫られた道案内。名久井とは隣の村を表示する

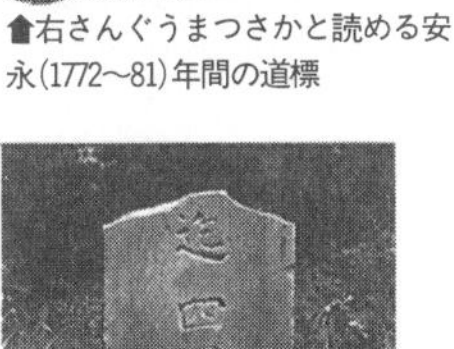

⬆右さんぐうまつさかと読める安永(1772〜81)年間の道標

⬆天保3(1832)年と彫られた行き先案内の碑

⬆西として、桜の銘木を案内している道標。旅人への案内

⬅富士北口登山道の里程表。四里二十三町十間と読める碑

道しるべ(みちしるべ)

江戸を起点とした幕府が管理した五つの主要街道。東海道、中山道、甲州街道、日光街道、奥州街道の出発点には、当然置かれていた。途中の主な場所にもあったようだが、その途中の城下町など現在それが残っている物も多い。代表例が宮城仙台の町中にある四つ辻の四方案内。この道を行くとどこへ行くかが記されている。神社仏閣への案内も多い。

⬆旅ゆく人は、これからの苦難を思い、しばらく茶店で憂さを晴らす（春色恋廼染分解）

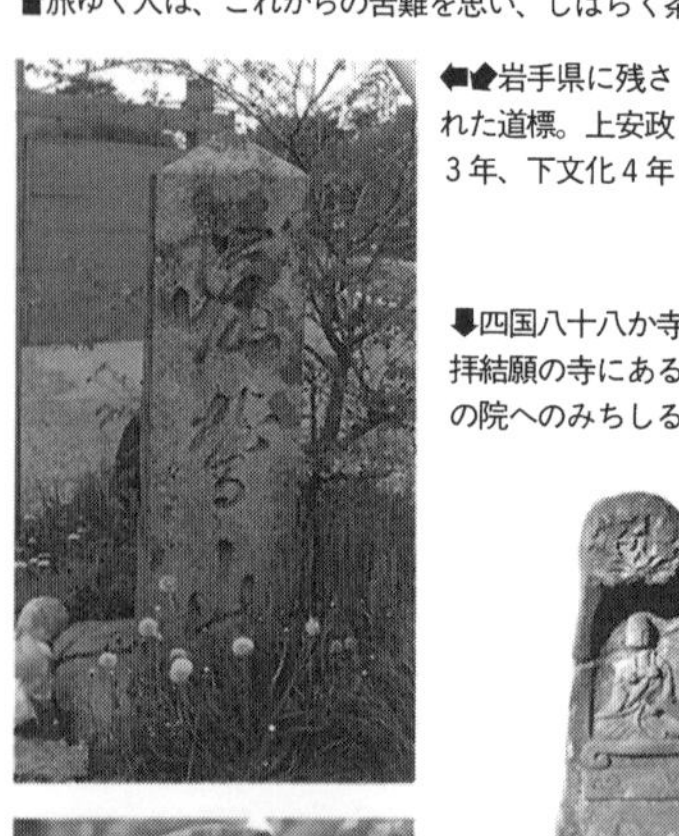

⬅⬆岩手県に残された道標。上安政3年、下文化4年

⬇四国八十八か寺巡拝結願の寺にある奥の院へのみちしるべ

⬅道標は道中の安全を願って立てられている。仏様が守ってくださる

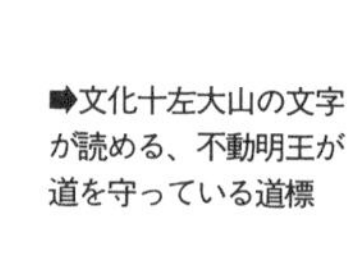
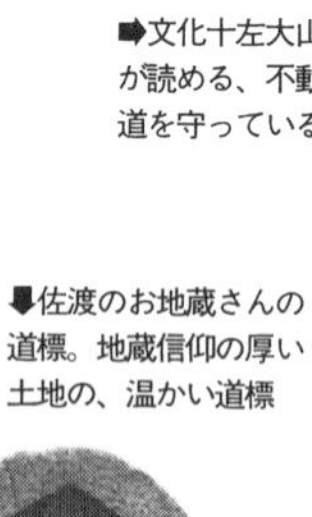

➡文化十左大山の文字が読める、不動明王が道を守っている道標

⬇佐渡のお地蔵さんの道標。地蔵信仰の厚い土地の、温かい道標

関所

江戸時代の関所には二つの性格があった。一つは幕府の全般的な安全確保のためのもの。他は、自国へ他国の者が紛れ込まないためのもの。もちろんこの場合でも安全確保は共通している。東海道の箱根の関所は主要道路にあったことと、江戸から近いこともあって特に厳重だった。自国を守る意味では薩摩への入国が大変だったといわれている。

⬅⬆現存する仙台藩の番所。仙北御境目寒湯番所で、秋田口にあった。左はその通行門

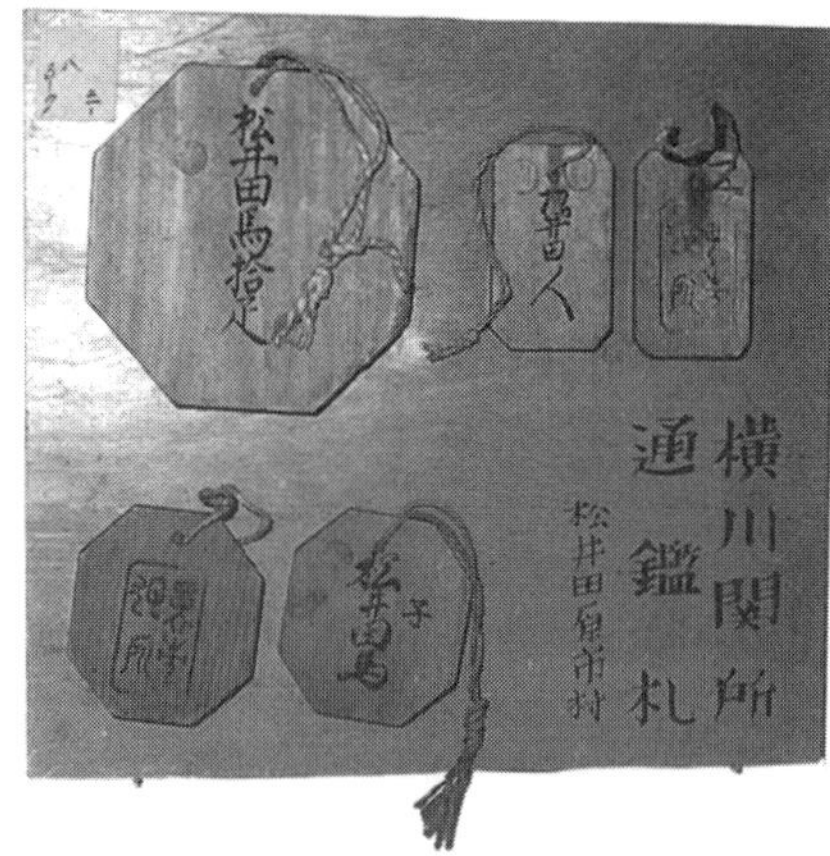

➡元和9（1623）年にできた横川関所通鑑。近在に住む人が日常の通行に使った札

手形（てがた）

道中をするには手形が要った。武士は領主から、農民、町人は名主や五人組、町役から身分証明と道中の目的を書いてもらい携帯した。ところが、伊勢参りは特別視されていたようで、勝海舟の父親小吉は手形なしの抜け参りをしているようだし、元禄時代でも、奥の細道に出てくる遊女は抜け参りのようだ。抜け参りというのは手形なしの伊勢道中ということ。

⬅女手形。入鉄砲に出女といわれ、女の旅は厳重に警戒されたが、これは和歌山から江戸へ向かう女性の物

☗重要な川には番所があったが地方の川は渡しがあっただけ（木曽路名所図会）

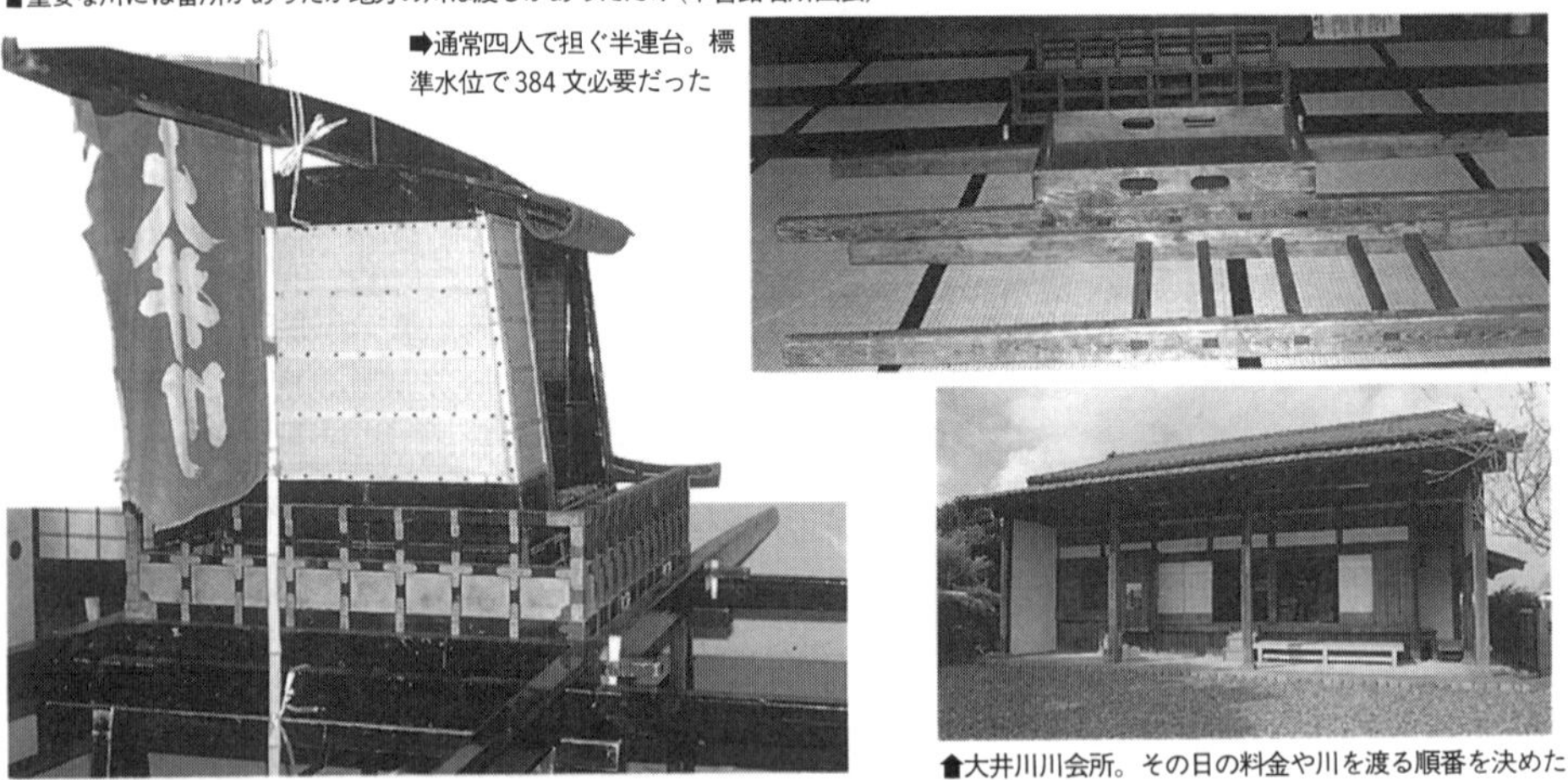

➡通常四人で担ぐ半連台。標準水位で384文必要だった

☗大井川川会所。その日の料金や川を渡る順番を決めた

☗大連台。十人掛かりで渡した物で、渡し料は通常で2496文

➡大井川川札。通常水位で肩を借りて越すのは四十八文の川札

川札と連台（かわふだとれんだい）

道中のうえで関所の通過と川を渡るのは武士も町人も最も大変だった。『旅行用心集』の著者も関所通過の前には予めその用意をしろと書いている。川を渡るのも同じことで、最低でも人の肩にまたがって渡ったが、金があれば連台を使う。この際金で支払うのではなく、川番所で川札を銭を出して受取り、これを川を渡す人足に渡した。川番所は関所でもあった。

第六章・職
生業の道具

◆江戸道具考◆職

ここでは商いの道具と農耕の道具について紹介していく。士農工商の中の「工」の道具は省いてあるが、これは匠の道具は職種が多岐に亘り、専門に偏り過ぎるという事情からで、ご理解いただきたい。

まずは商いの道具だが、基本的に商いに必要だったのは算盤(そろばん)と大福帳といわれる帳面。この二つがあれば、あとは商人の目があれば売れる物を仕入れ、並べるなり担って行って買ってもらえばよい。

幕末から明治五年（一八七二）までに『商売往来絵字引』という本が五冊出ている。これは商いを目指す子供用に、知っておかなければならない品物を並べた本。証書類を始めに挙げ、次に算用帖として、算盤と帳面、それにこの帳面を入れる帳箱(ちょうばこ)の絵を見せている。ここからもわかるように、商人は算盤と帳面をしっかり使えなければ通用しなかった。その上で種々の商品についての知識や周辺の事物についての知識が要った。印鑑は江戸時代の長屋住いの職人でも大家さんでも、地所持ちでも、大きな店の主でも同じように大切な物だった。

他にも、商いをする上ではその稼業が官許のものなら鑑札が要るし、酒造りなら何石作ってよいかといった指図書まで必要だった。

忘れてならないのが、店を構える商いに欠かせない看板だろう。主に槻(けやき)の板に墨で、あるいは漆塗りに金箔を押すなどして屋号を書く。なかには本物そっくりに売物の形を描いたり彫ったりしたものもある。蠟燭(ろうそく)、煙管(きせる)に筆や小間物など、一目で商いの品が分かるし、見て楽しいものだ。

そしてもう一つ重要なものは金。

大坂の両替商の子は小さい頃から銀貨をおもちゃに使ったという。何でそんなことをしたかといえば、親が子に銀貨の色々を与えて慣れさせて、大人になって家業を継いでいく時に偽銀を掴ませないためだったという。これはもちろん例え話だが、商いをする上で銭、銀貨、金貨について敏感に反応できなければ店は傾く。

仮にぼてふりといわれる出商いの人間でも、銭の勘定はもちろん、元値を勘案して毎度買ってもらっているかここまではまけておこうといった取り引きが必要だった。こうしたやり取りができないと商いは大きくなって

いかない。これは同業者に負けない秘訣ともいえる。ただし特殊なもの、自分しか扱わないようなものは頑固に値引きをしないでも商売は成り立つ。これは江戸時代には難しいもので、小商人（こあきんど）というのは誠意で商いをすることが毎日の糧を得る秘訣だった。

農民の道具も、せんじ詰めれば鍬（くわ）に鋤（すき）、それに脱穀のための臼と杵（きね）、殻をのぞく箕（み）、こんなところで仕事はできた。しかし少しでも安定のある暮らしを考える農民は、荒れ地を耕し、少しずつでも自分の土地を持とうとする。働いただけ恵みが受けられるようになれば、大量脱穀のための水車も欲しくなるし、大量ふるい分けの唐箕（とうみ）も欲しくなる。

天保九年（一八三八）に出された『萬徳塵埃記（まんとくじんあいき）』には、農民は田を耕していればよいのだといいながら、築堤するのに何人の人手と、どれほどの土が要るかの計算法を出している。江戸も終わりの頃になると、隷属していた農民が小前（こまえ）百姓といわれながら徐々に土地所有を拡大していく様が記録されている。

彼らの使った道具の中でひときわ目立ったものがある。泥田の深いところで作業する田下駄（たげた）。田下駄は見て頂くと分かるが、見事な美しさを持っている。必要に迫られて作られたものなのだが、その造形の美しさには目を見張ってしまう。田に足を取られない工夫ばかりでなく、土をかき混ぜ、肥料を田にくまなく収めるためにも使ったというが、潜らないための横棒の数にも農民の美の意識が無意識に働いているようだ。

農耕の産物である縄を使った道具類も美しい。草鞋（わらじ）、藁（わら）で編んだ手袋や指はめ、しょいこという担い道具。冬の夜なべ仕事は、こうした藁の仕事が主だったが、藁というものについて熟知している人達が、長年の経験と伝承をもとに作り出した縄の芸術品がこうしたものだ。

日本という島国には稲が伝えられてきた時から、それを使ってほとんどの生活用具の助けを作り出した。稲の茎である藁から自在に物を作れたのが農民だった。それがやがて造形の美を生む。今、日常のこうした藁の仕事の数々は博物館や資料館に展示されている。

昔々こういうものを自分たちのじいちゃんばあちゃんは作っていた、とまるっきり過去の話にしてしまって、果たしてよいものなのだろうか。

商いの道具

江戸時代の文化の中で、町人の作りあげた商いの文化と、農民の作りだした藁の文化は特出してよい物といえる。金を儲けるというのは、武士から見ると汚いことだったが、現在を見ると、であろうかと思うほど美しい文化を江戸町人は生みだしている。その生みだした根源をここで細かく見てみたい。したたかだが美意識を持った商いの種々相。

⬆行徳河岸と名付けられた『木曾路名所図会』中の図。行徳は江戸時代、図にもあるように江戸前だった

⬇嘉永元（1848）年に発行された酒造鑑札。米の石高の記載がある。右は受取帖か

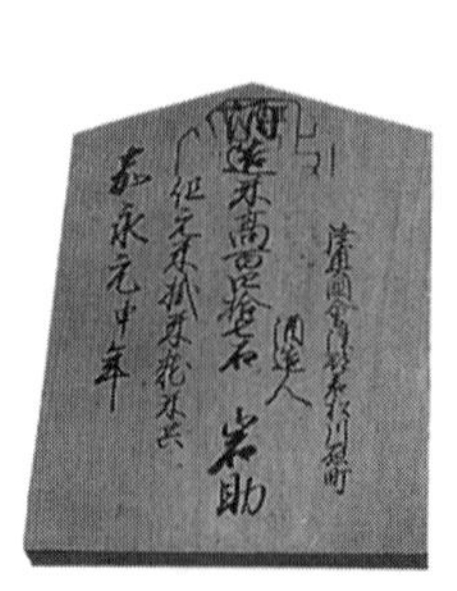

⬆御用、塩問屋と読める塩問屋の鑑札。鑑札は、このようにその商売を保証した

⬅馬借鑑札。公用馬の鑑札で、東海道では1宿100馬の用意が要求されていた

⬆髪結も鑑札がないとできない稼業だった。都会では最初橋番を兼ねていた

⬇出羽国からの年貢廻米の証明鑑札。年号があり、その年限りの札

⬆職種を明示した鑑札。窯業分業化の証明

⬆窯焼名代札。元治元（1864）年発行のもの。窯元締め役か

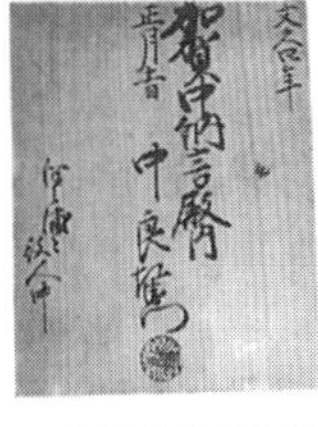

⬆加賀藩内の船が他国に入るための船鑑札。他領通行のための、趣意書き保証書でもある

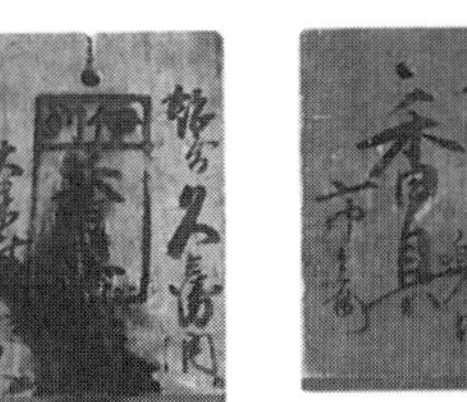

⬆香具師、やしの鑑札。大道商いをするには住んでいる所の香具師の親分の許可が要った

鑑札（かんさつ）

江戸時代の商人は、大方は勝手気ままにはできなかった。幕府や藩の統制のもとに商いをしていた。そこで各種の鑑札が現在に残されている。現在でもこれは引継がれていて、塩や煙草は表面上誰でも売れるが、実は認可されないと勝手には売れない仕組になっている。江戸時代も同じで、酒造業をはじめ、本を売る、つまり出版をするにも鑑札が要った。読売りという報道にも許認可が要ったわけで、決して商いが自由にできたわけではない。ところがこうした鑑札を得て、思い通りの商いをやっていたのが江戸時代人。

何も決まりや規則だけでことを運んでいたわけではない。抜道はすぐ作る、役人を黙らせる、どんな手段を講じても自分の商売は守る。ただし、現在のように、役人を抱込んだ商いは、仲間からも糾弾されたし、お上も黙ってはいなかった。むしろ現在よりも厳しく取締まられていたが、自由に商うことは現在よりもやりやすかった。鑑札はその証拠。

⬆信長のポルトガル人による印刻講習を優秀で終えた細字左平十代の作

⬆藩主が使った花押印。自らが書くべき花押を、木彫りにしてしまい、形だけ整えた好例

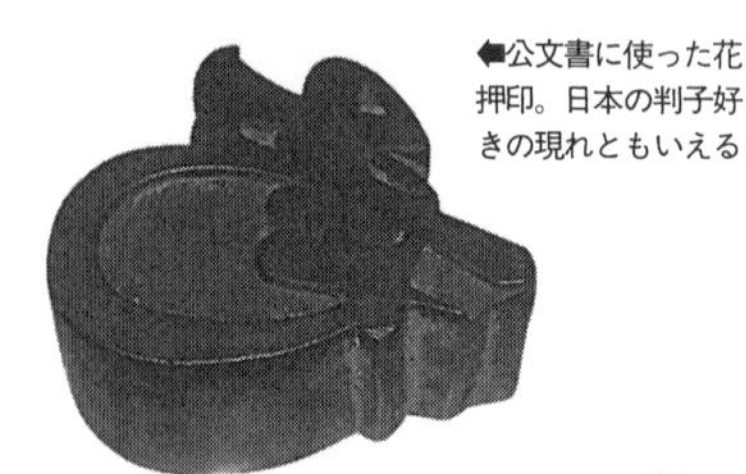

⬅公文書に使った花押印。日本の判子好きの現れともいえる

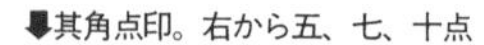

⬇其角点印。右から五、七、十点

⬇宝井其角の印（近世奇跡考）

⬆其角の印

➡其角点印五十点

⬆其角の点印

其角の印●右は、京伝が書いた『近世奇跡考』に出ている宝井其角の印。点者としての印が、興味を引かれるもの

⬆其角の花押印

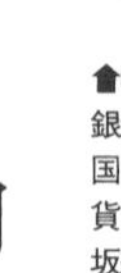

⬆➡加賀藩の丁銀封印鑑。加賀国は藩祖以来銀貨を使用の、大坂経済圏だった

印形
いんぎょう

商いの上で印形は大切な物だった。取引の証文にも、受取にも、送金にも必要な物で、長屋住いの職人でも、書きつけに捺すために印形は必要だった。

変わったところでは、俳諧の師匠が使っていた印形もある。添削してその句がどの程度かを示すための印。大名も、江戸後期になると花押を木に彫って現在の印鑑のような使い方をしている。

元和7（1621）年から佐渡で作られた小判のレプリカ。裏面に「佐」の字がある

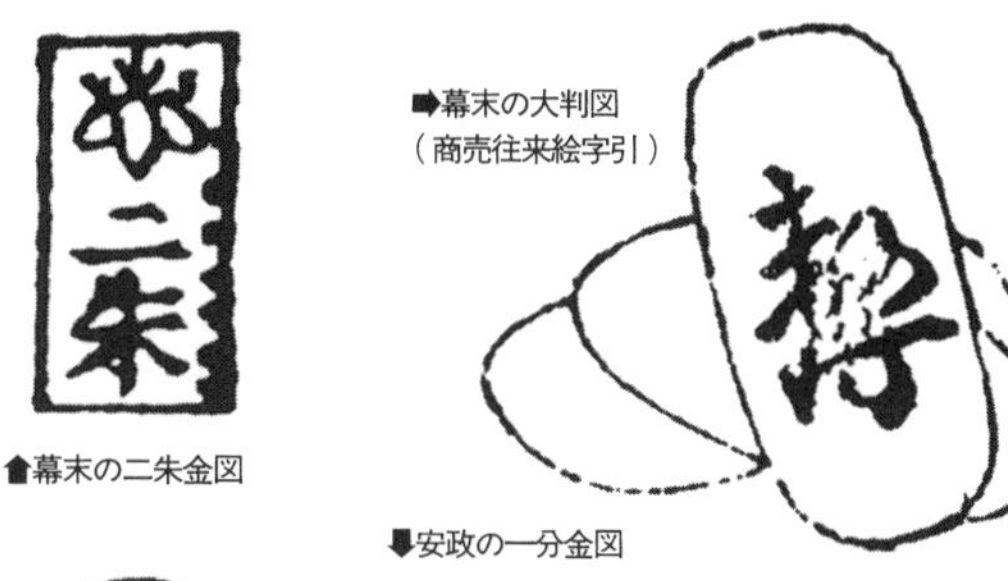

幕末の大判図（商売往来絵字引）

幕末の二朱金図

幕末の小判図

安政の一分金図

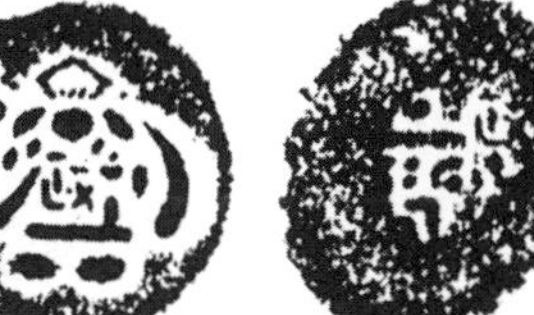

安政の粒銀図

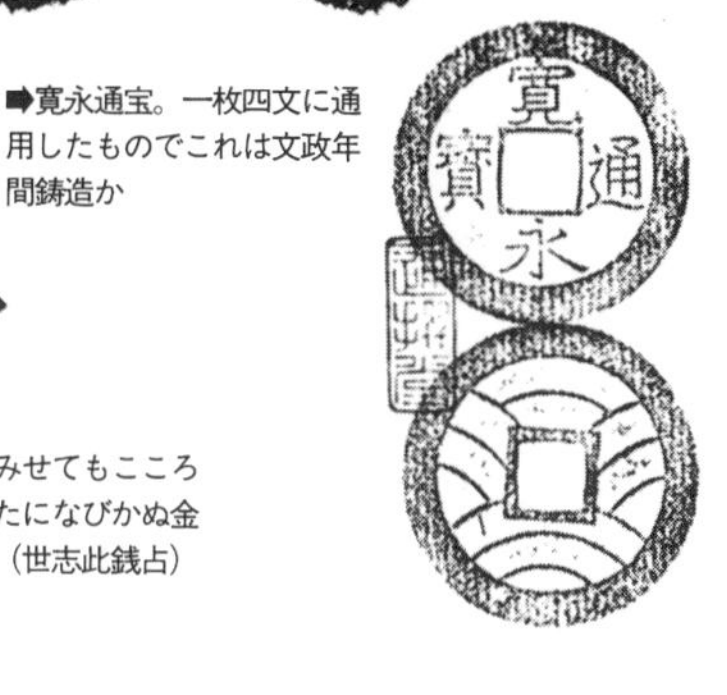

寛永通宝。一枚四文に通用したものでこれは文政年間鋳造か

小判。柳にみせてもこころのうちはめったになびかぬ金次第、なのだ（世志此銭占）

通貨（つうか）

江戸時代には三つの通貨があった。その第一が金貨。小判と小額の金貨があった。小判は一両として使い、これを五十両、百両に紙で包み封印をして使った。金貨はこのほかに、一分判、二分判、一朱判、二朱判とあったが、時代によって使われ方も変わった。ちなみに、金一両は四分、一分は四朱だった。銀貨は、計量通貨ともいわれ、いちいち量って使われた。

幕末になると定量の銀貨もできる。二朱銀や一朱銀などで、これらは金貨の補助貨幣として、金貨と同じ通用をした。ここで、どの地域で金貨と銀貨は使われていたかを説明しておくと、金貨は主に武士階級の通貨で、銀貨は商人のもの。そこで、江戸は金貨が中心に使われ、大坂は銀貨が使われた。では銭はというと、これは庶民の通用銭で、幕府が決めた交換率では金一両が銀六十目、銭四貫文というから四千文。しかしこれは公の交換率で、毎日の相場が出て、銀も銭もその相場で取引された。

➡金銀銭を蓄えた箱。何種かの鍵を掛けた箱

⬅集金用の大型銭袋。佐原（千葉）の蕎麦屋が使った

⬆そろばんをあごに当てて値の相談をする下駄の卸屋（江戸名所図会）

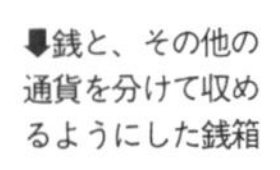

⬇銭と、その他の通貨を分けて収めるようにした銭箱

⬇受取った銭を投げ入れた升付銭箱

銭箱と銭升（ぜにばことぜにます）

大きな商店には、必ず銭箱と銭を量る銭升と呼ばれる物があった。一般の人たちが使うのは銭。これを放り込んでおくのが銭箱。店を閉めてからこの箱を開け、銭勘定をするとき升が必要になる。銭は通常一枚が四文として通用した。幕末には一文通用の銭もできたが、大方は四文通用。そこで、店をしまってから今日の商い高を調べることになる。

⬆越中富山の薬屋が使った薬粒升、算盤付

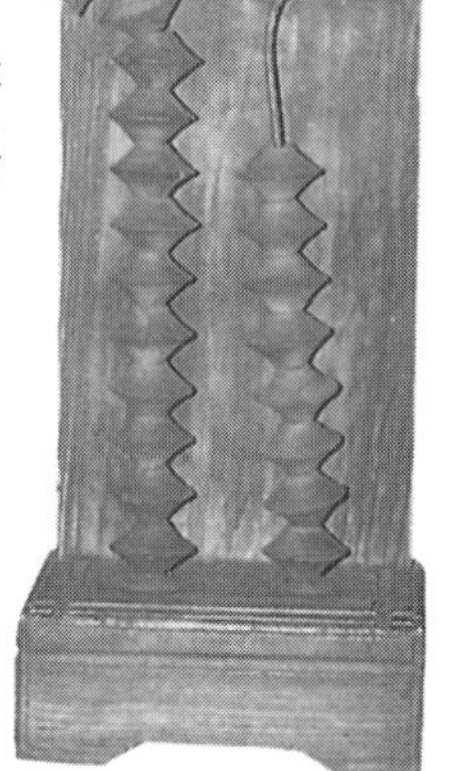

➡江戸の居酒屋で使った算盤。客の飲んだ数を加算していける、便利な計算機だ

⬅算盤箪笥。商いの家では算盤を最も大切にし店を閉めると手入れしてしまった

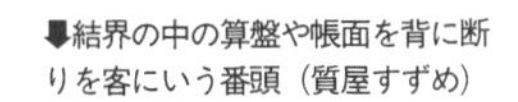

⬇結界の中の算盤や帳面を背に断りを客にいう番頭（質屋すずめ）

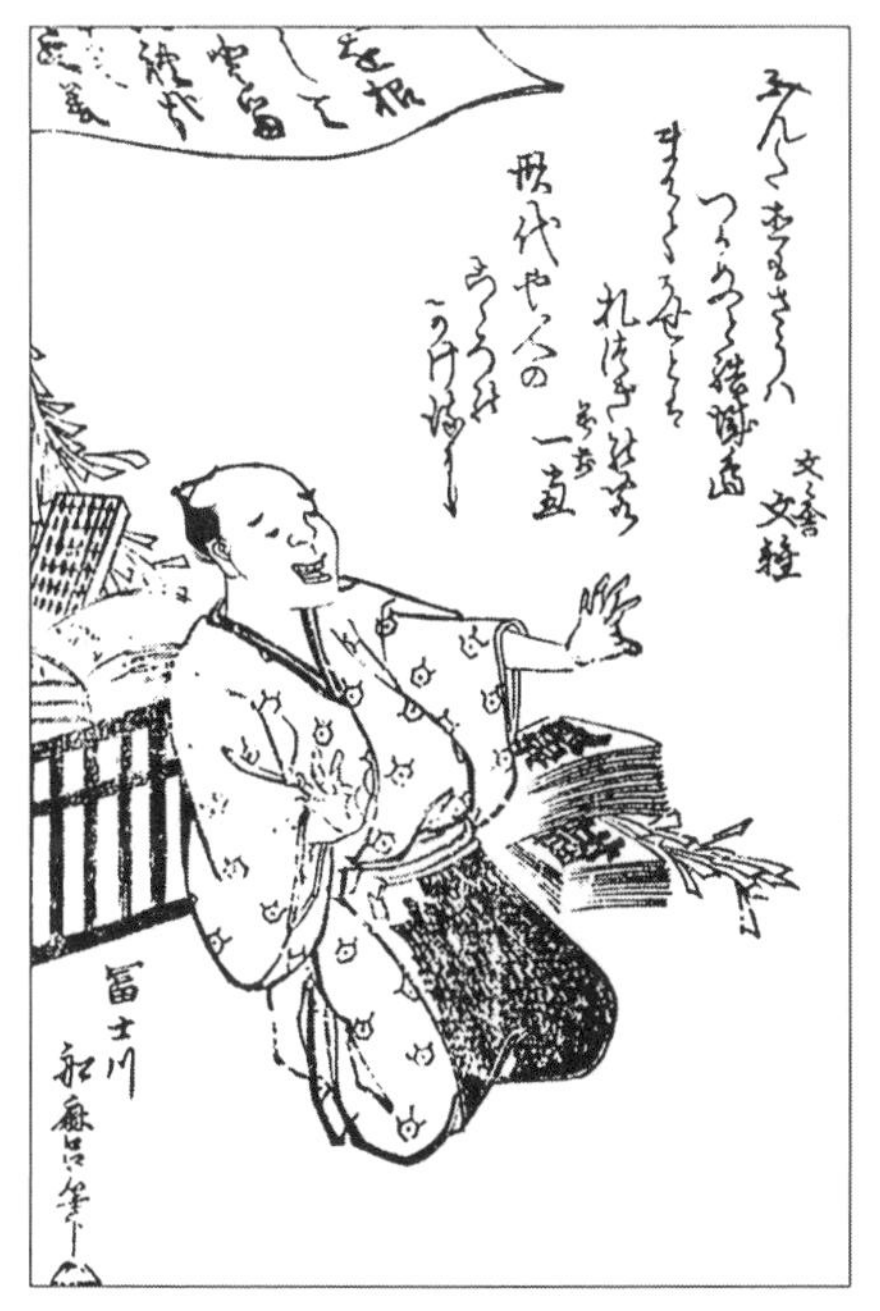

➡⬇文化八年最上流門人が作った算盤。最上流は山形や秋田に多い

算盤

そろばん

江戸時代の商人は、算盤を大変大切にした。子供が店に奉公に出た時に、最初のしつけは算盤をまたがないということだった。商いの基本になる算盤をまたぐのは、商業道徳に反することだった。所によっては、正月に御供えの餅を上げている。子供も読み書き算盤といってごく初期の算法は寺子屋で覚えてから店に奉公するようになり、夜は算盤をさらに学んだ。

⬆商人に欠かせないものは、天秤秤と大福帳（商人軍配記）

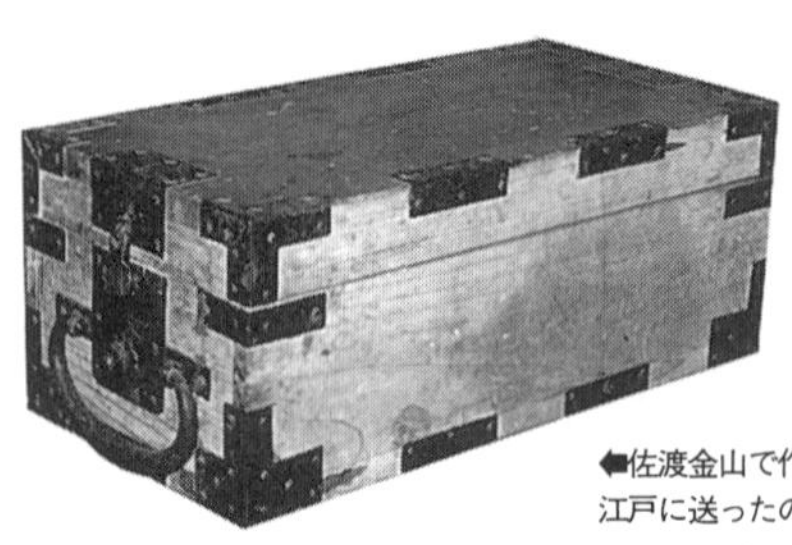

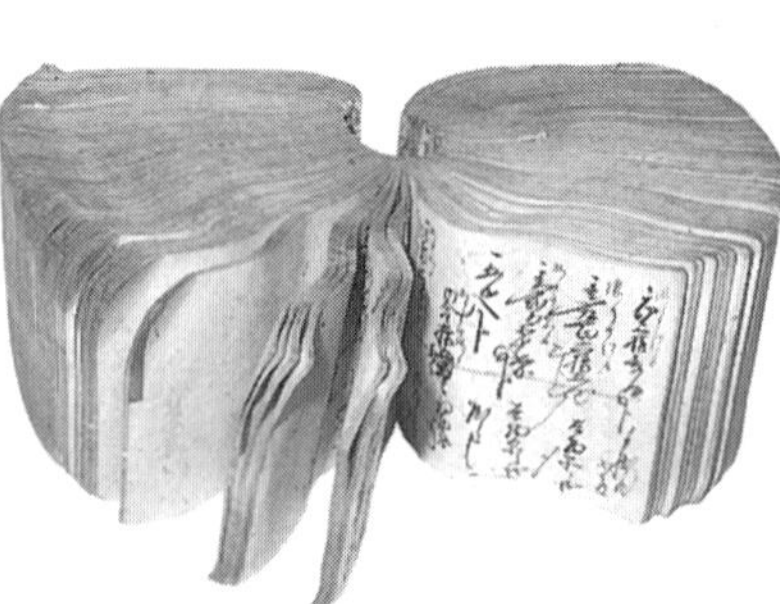

➡毎年継足していったため、輪のようになってしまった大福帳

⬅佐渡金山で作った小判を収めて江戸に送ったのと同じ形の千両箱

大福帳（だいふくちょう）

すべての商いの記録を書きつけておく帳面で、大きな商人になると、主人は人との付合にもっぱら回り、もちろん商い上の情報交換もしていたが、実際の商いは番頭が取りしきっていて、その結果を主に報告するのも大福帳を見てもらうことによって行われた。仮に貸売をするとそれをつけ、入金があると線を引いて決済が済んだことを証明する。

千両箱（せんりょうばこ）

江戸時代初期と中期と後期では中に入っている金貨や銀貨、銭の高や種類がことごとく違っているので、定型がないといっても差支えない。おおよそをいえば千両箱とは小判が千両入った箱で封印がしてある。佐渡金山から出た金を小判にして江戸に送った時には船上で各箱に浮環を付けて、難船した時に回収できる工夫もしている。銭を箱に入れて蓄えることも中期から後期にかけて行われたようだ。

⬆銀十貫目入りの箱が次々に運び込まれる楽しい夢（商人軍配記）

➡頑丈な鉄の帯に覆われた、中程度の千両箱

⬆帳場格子（結界）をめぐらした帳場

⬇二分金などの小額通貨を入れた千両箱

帳場格子（ちょうばごうし）

たいがいは番頭さんが帳面をつける所。番頭さんではなく最高位の手代といわれた人の場合もある。どちらにしても、商店の奥の方や片隅に机を三方で囲った格子で、結界（けっかい）とも呼ばれるように、一般の商いの場所と分けるために置かれた物。背の低い物で、そこから得意や知合にあいさつができるようにしてある。商人もここに座るようになれば一人前。

⬆花の笑がほでみさほの松の色も替らずぬしのそば（世志此銭占）

⬅かまやもくさ釜屋六右衛門

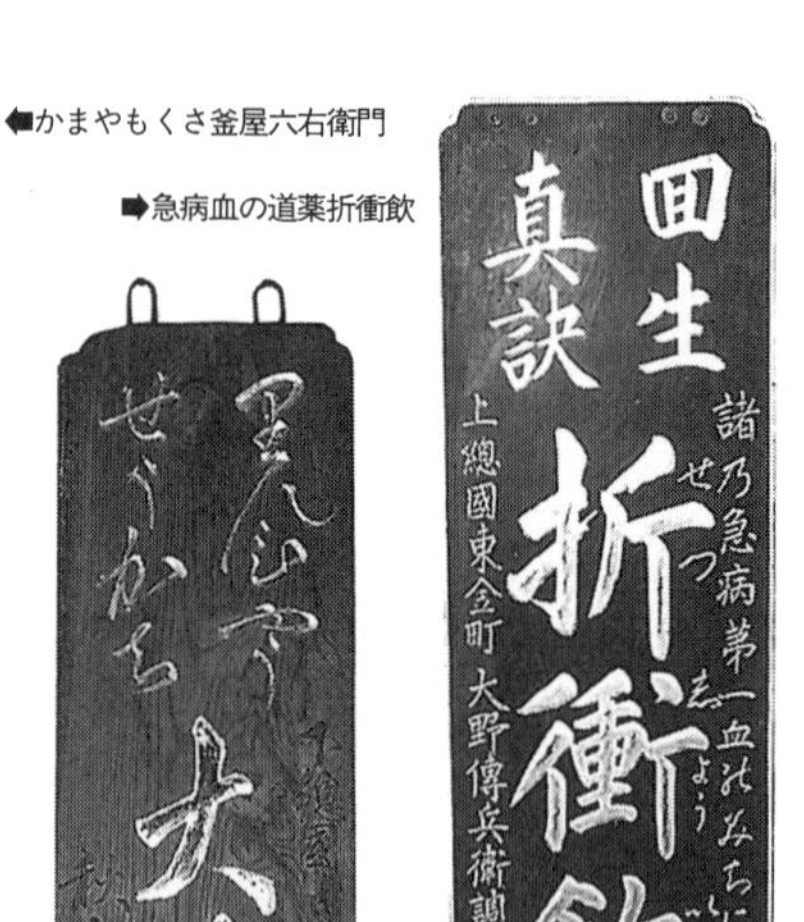

➡急病血の道薬折衝飲

⬅淋病にも効く、大妙薬

➡かぞのかんのくすり金看板

⬅しちやの看板

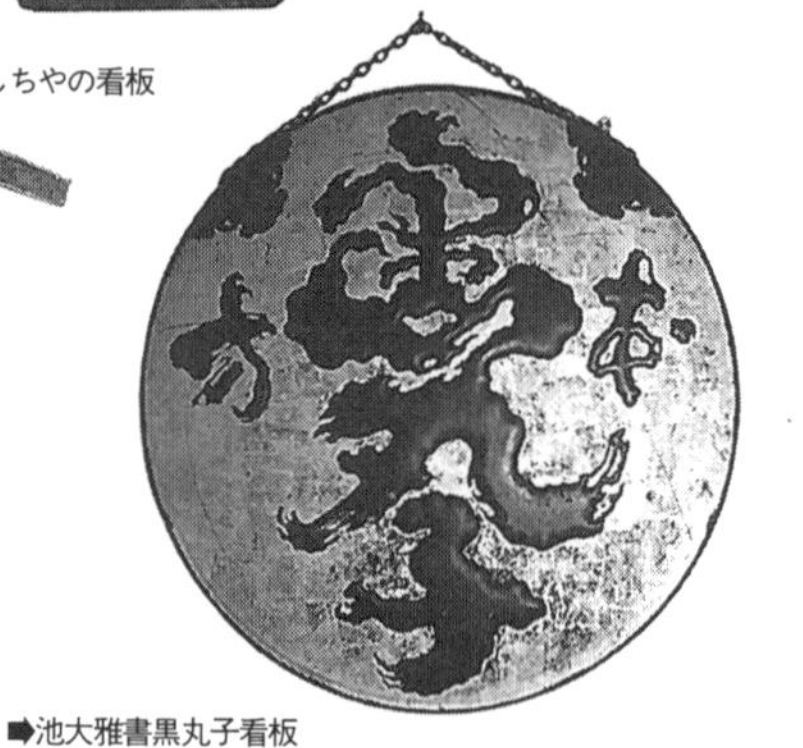

➡池大雅書黒丸子看板

⬅よいほのもり、松坂古看板

板看板（いたかんばん）

看板を中国では招牌（しょうはい）という。江戸期以前に堺の商人がこれを真似て使ったが、江戸が繁盛するようになるとこれを様々な形で使うようになると幕末の記録書『守貞漫稿』には書かれている。中でも一般的だったのが板看板で始めは檜や杉板に墨で屋号や売り物を書いていた。そのうちこれを漆で塗り、金箔を押して権威を持たせた。金看板の始め。さらに看板は発展。

⬆飛騨高山の蠟燭屋絵看板

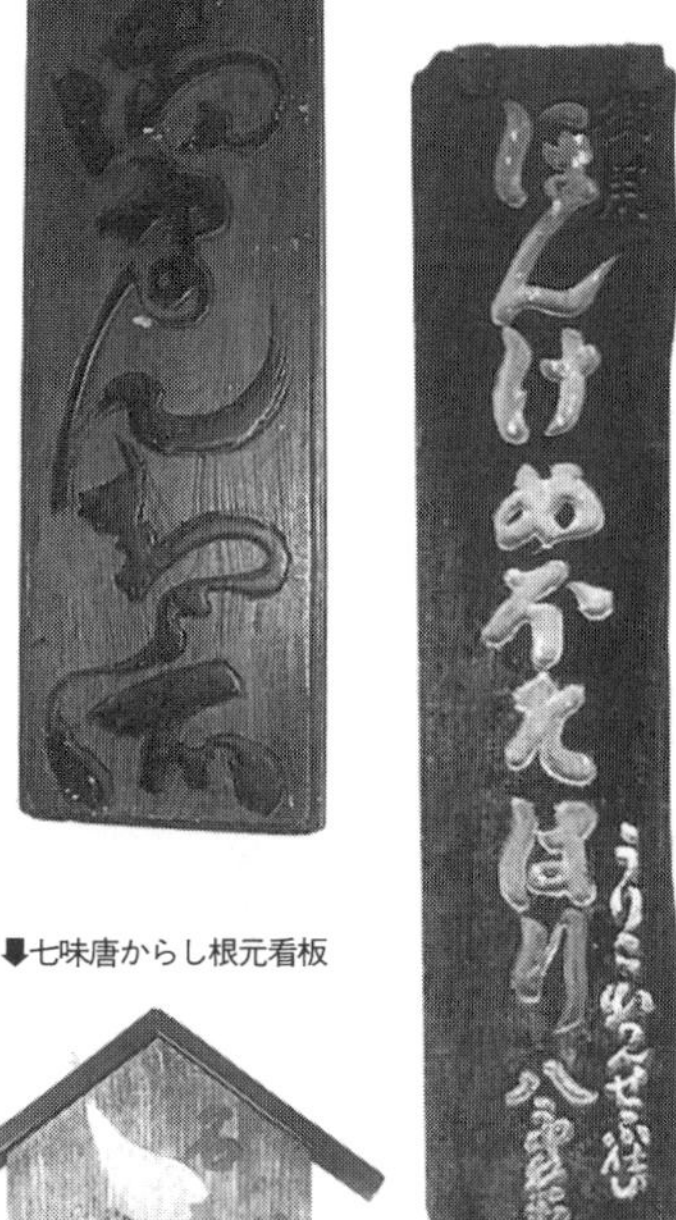

⬅御まんちう所菓子屋看板

⬆ほんけめほそはりうりこ出店不仕候とある

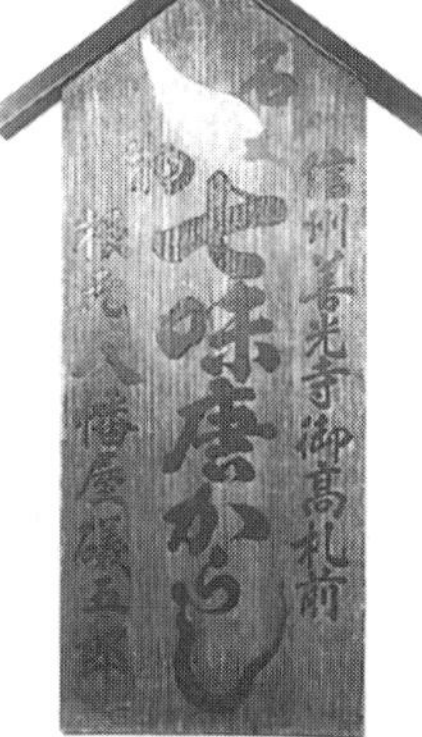

⬇七味唐からし根元看板

⬆御用御麹所看板

⬇ならや呉服店看板

絵看板（えかんばん）

絵看板とは芝居の小屋の上にある物。売っている物や屋号を絵にしたので、芝居の題名や役者名の上の絵姿などと同じようにここでは絵看板としてまとめた。実物看板とか模型看板という言葉もあるが、ここではこうした言葉にふさわしくない興味深い物を紹介したのでこれらを絵看板とした。つまり蠟燭屋が蠟燭の絵を彫り、飴屋が飴の壺を切抜いた類だ。

⬆扇屋の立体看板と暖簾。江戸の扇屋は京都の有名な扇屋御影堂の名を使った（木曾路名所図会）

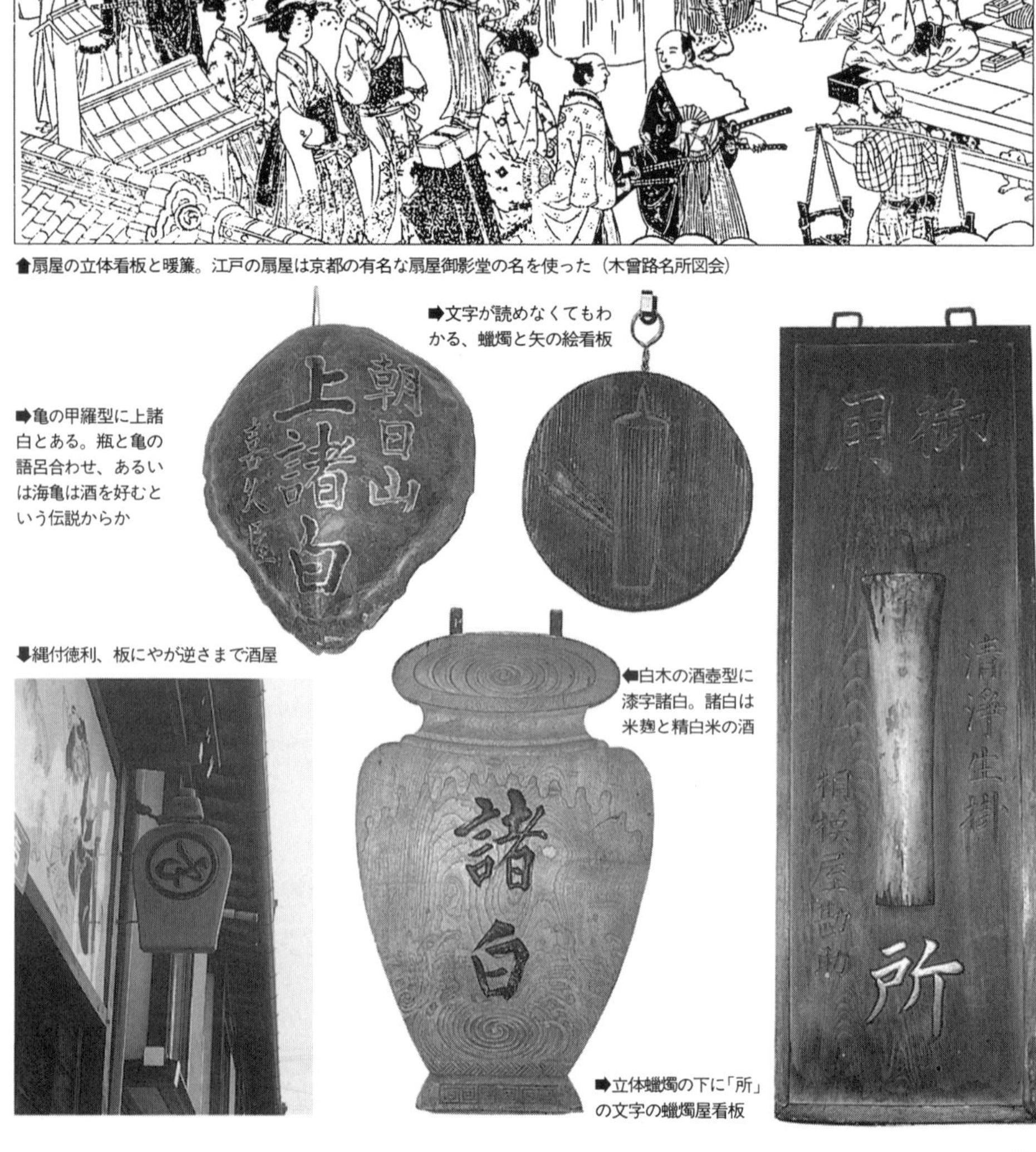

➡文字が読めなくてもわかる、蠟燭と矢の絵看板

➡亀の甲羅型に上諸白とある。瓶と亀の語呂合わせ、あるいは海亀は酒を好むという伝説からか

⬇縄付徳利、板にやが逆さまで酒屋

⬅白木の酒壺型に漆字諸白。諸白は米麹と精白米の酒

➡立体蠟燭の下に「所」の文字の蠟燭屋看板

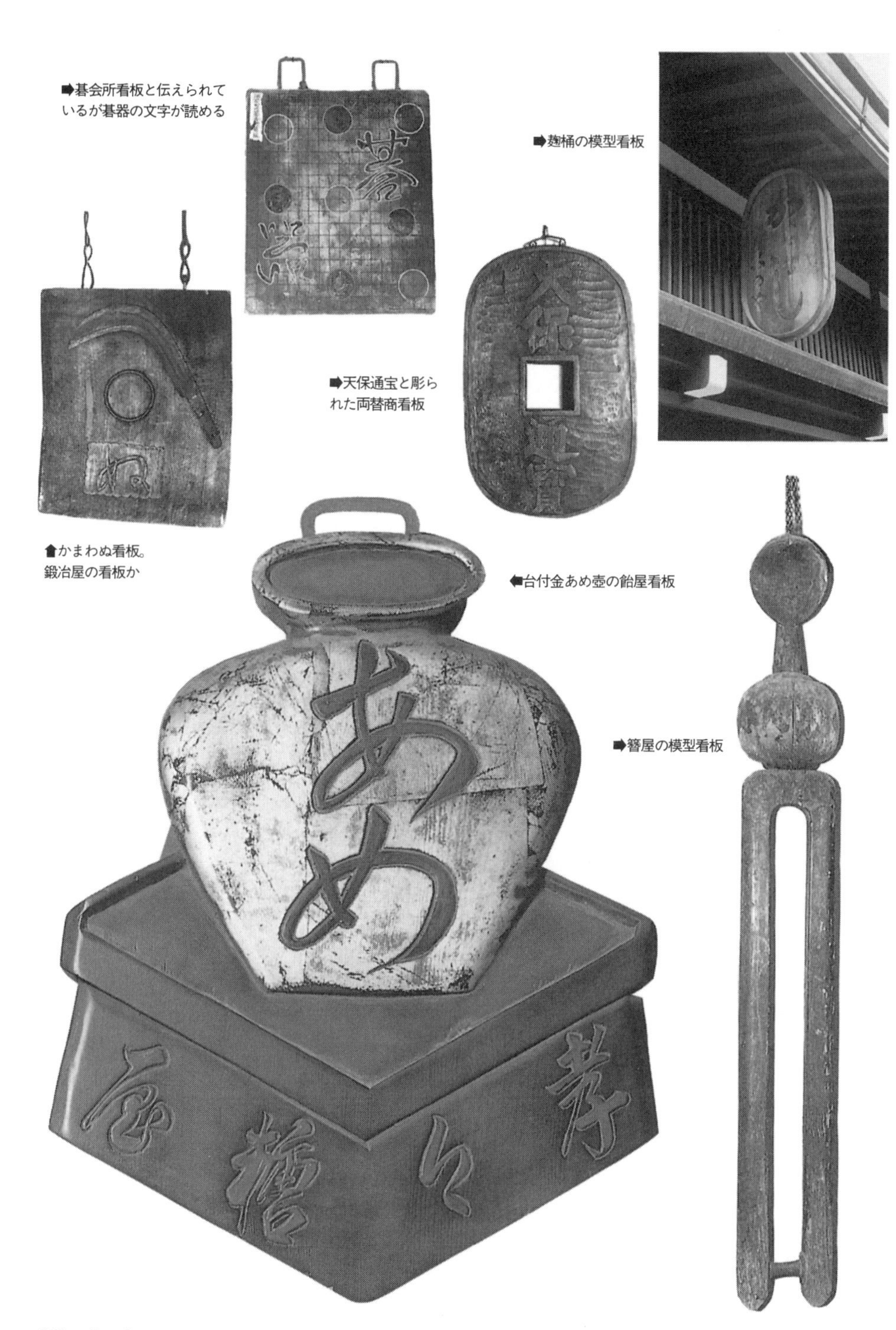

➡碁会所看板と伝えられているが碁器の文字が読める

➡麹桶の模型看板

➡天保通宝と彫られた両替商看板

⬆かまわぬ看板。鍛冶屋の看板か

⬅台付金あめ壺の飴屋看板

➡簪屋の模型看板

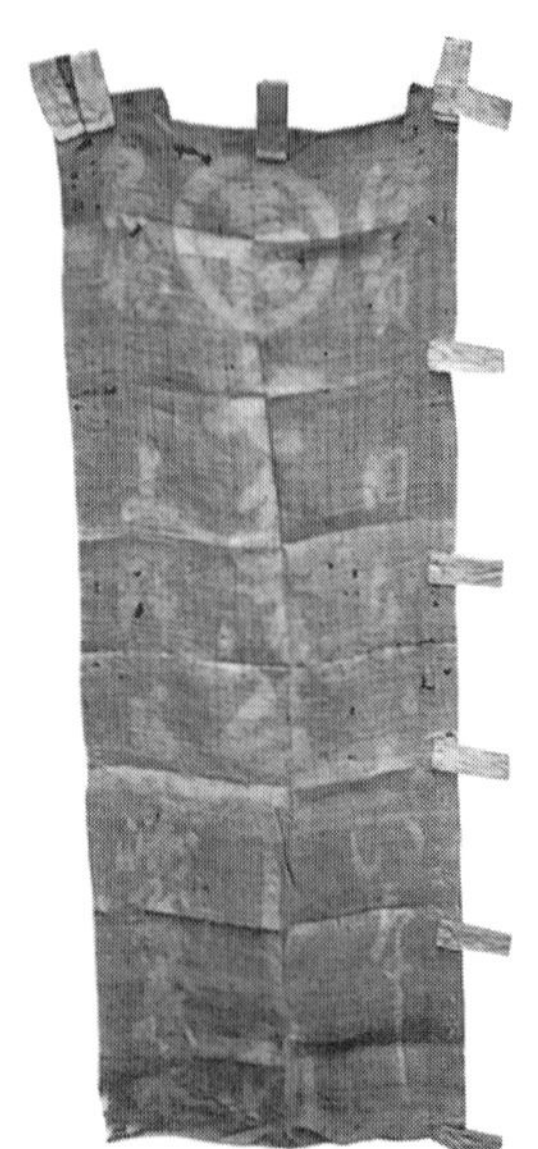

⬆赤玉と呼ばれた神教丸を売る店にある、置看板（木曾路名所図会）

⬆日本にるいなしと書かれた七色菓子幟

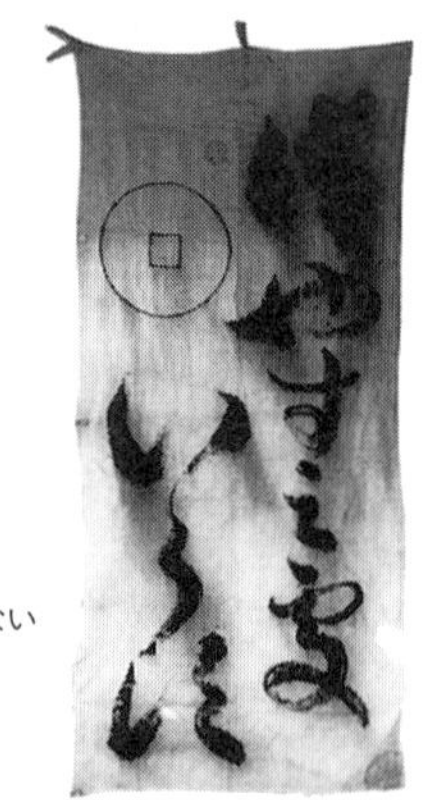

➡銭がいらない赤福の幟

⬅書籍店の箱看板（復元模型）

➡紙糊墨筆など道具一切を持って歩いた看板描き（絵本今様職人畫）

置看板（おきかんばん）

一名衝立看板ともいう。薬を売る店の店内の目立つ所に置いてあり、よく菊の紋が金箔押しになっている。これは幕末の記録では宮家へそっと金を渡して、いかにもその宮家の御用達であるかのように装ったのだそうだ。作りは同じような屋外の看板も薬や葉茶屋の屋根や柱に吊したのが駿府（静岡）などに残っている。江戸には屋根の上に付けてある図が残る。

箱看板（はこかんばん）

裾の広がった部分は木で作り、その上に載せる箱形の部分は障子仕掛になっている。

江戸時代の絵から見ると、白粉、本屋などは皆箱看板を店先か店の脇に置いている。艾屋にも色々口上を書付けた箱看板がある。こうした看板や障子に文字を書く商売も江戸時代にはあり、各商いの店に出向いて紙を新しくして即座に求めの文字や絵を描いた。髪結床の障子も書いた。

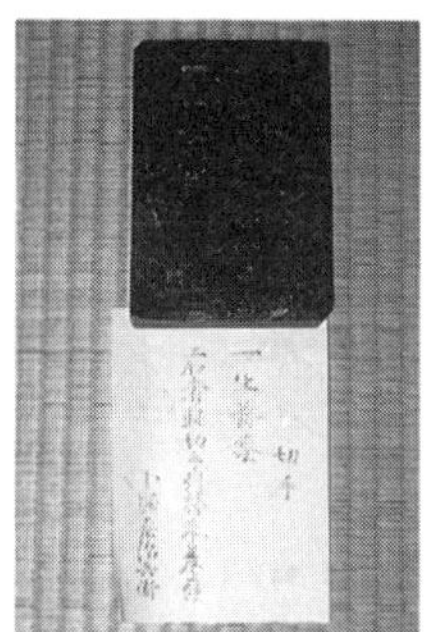

⬅蕎麦切手。これを持参すれば蕎麦が食べられ、持ち帰りも可能

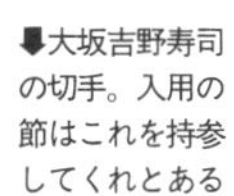

⬇大坂吉野寿司の切手。入用の節はこれを持参してくれとある

⬆東下りや伊勢参りの人で賑う大津の茶店の暖簾。手前は講中などの案内の印か船の印か

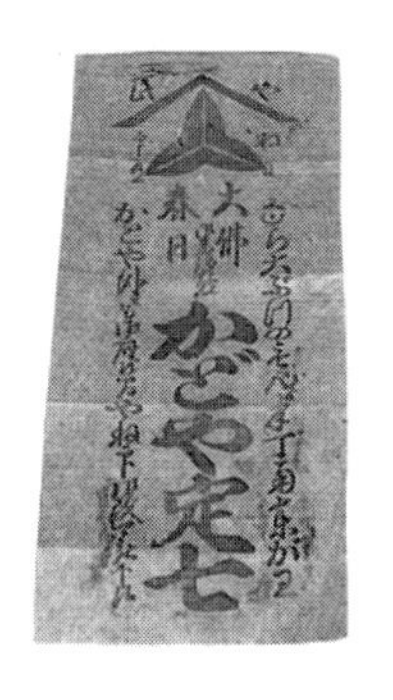

⬅旅籠の引札とその版木。奈良大仏のそばかど屋は他にもあるので屋根下に注意とある

幟（のぼり）

旗や幟も看板として使われた。現在は駅などで売っている伊勢の赤福には、幕末の御蔭参（おかげまいり）という無銭旅行者などのために御やすみ処銭いらつ、という幟が残っている。『守貞漫稿』によれば、大坂の砂糖小売店もこうした幟を看板に使っているとある。同じような物は庚申信仰と関係のある七色菓子の店にも伝えられている。このほか蒲焼や汁粉屋なども使った。

引札と切手（ひきふだときって）

引札というのは今でいう新聞に入ってくるちらしのような物。引札の元祖といわれるのは駿河町にあった三井八郎右衛門の呉服店。現金掛値なしという商法はそれまでなかったこともあって大いに引札で商売が繁盛した。切手は大正落語にも出てくる話だが、もともとは、江戸時代に菓子などを相手に贈るのに使った物。贈られた人は好みの時に替えられた。

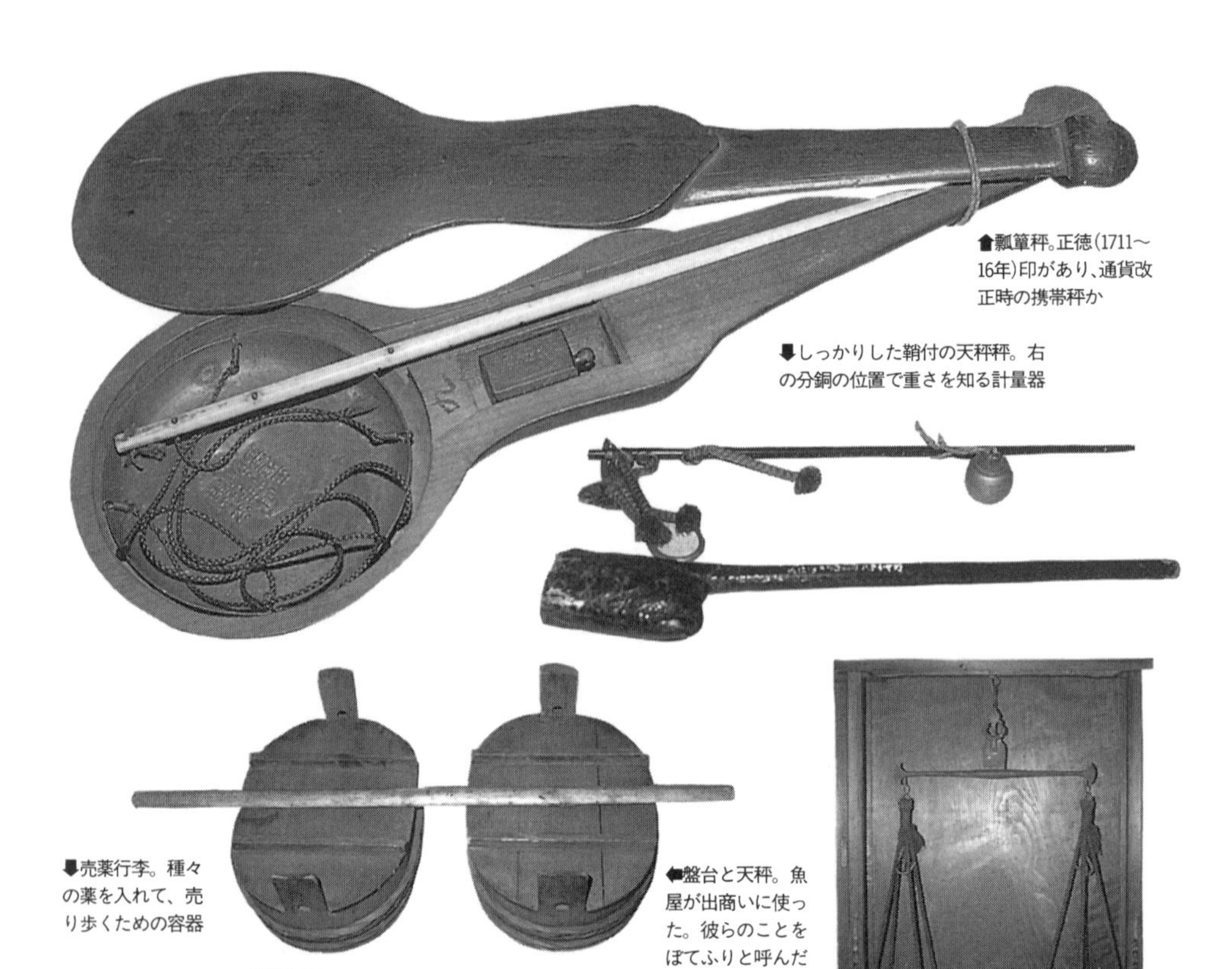

⬆瓢箪秤。正徳（1711〜16年）印があり、通貨改正時の携帯秤か

⬇しっかりした鞘付の天秤秤。右の分銅の位置で重さを知る計量器

⬇売薬行李。種々の薬を入れて、売り歩くための容器

⬅盤台と天秤。魚屋が出商いに使った。彼らのことをぼてふりと呼んだ

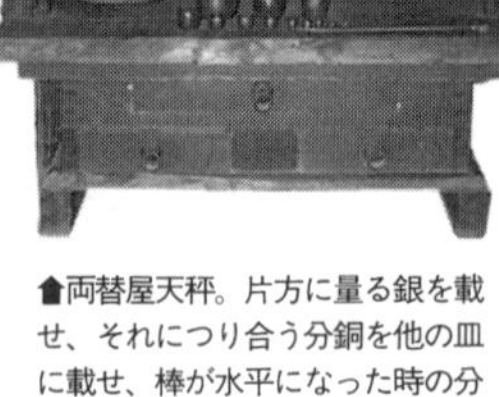

⬆両替屋天秤。片方に量る銀を載せ、それにつり合う分銅を他の皿に載せ、棒が水平になった時の分銅の重さで銀の目方を知る計量器

⬇鯖などを長い距離運ぶのに使った籠

秤 はかり

秤はもちろん物の目方を量った道具だが、一番使われたのが両替商だった。両替という言葉が示すように、江戸と大坂では使っていた通貨が異なるところから、江戸から大坂へ送金されるのは金貨でそれを実際に大坂商人が使うには銀貨に替える必要があり、それで両替商の信用を示す物として秤は使われるようになる。同じように屑紙を買う商売の鑑札でもあった。

担い箱 にないばこ

江戸時代の出商いの種類は数え上げられないほど数は多いが、こうした出商いの持っていたのが担い箱。よく見かけるのが魚屋の盤台に載っている鰹の図だが、魚屋ばかりではない。油も天秤で担ってきたし、近在から来る野菜売りも籠に菜などを入れて売りに来た。長い距離を籠で運んだ物に鯖がある。京都の鯖寿司は、敦賀で揚がった魚を夜を徹して山道を越え、京都に運ばれたのでできた寿司。

⬆大坂天満の松茸市。格子の箱は松茸を入れてある箱か
（日本山海名物図会）

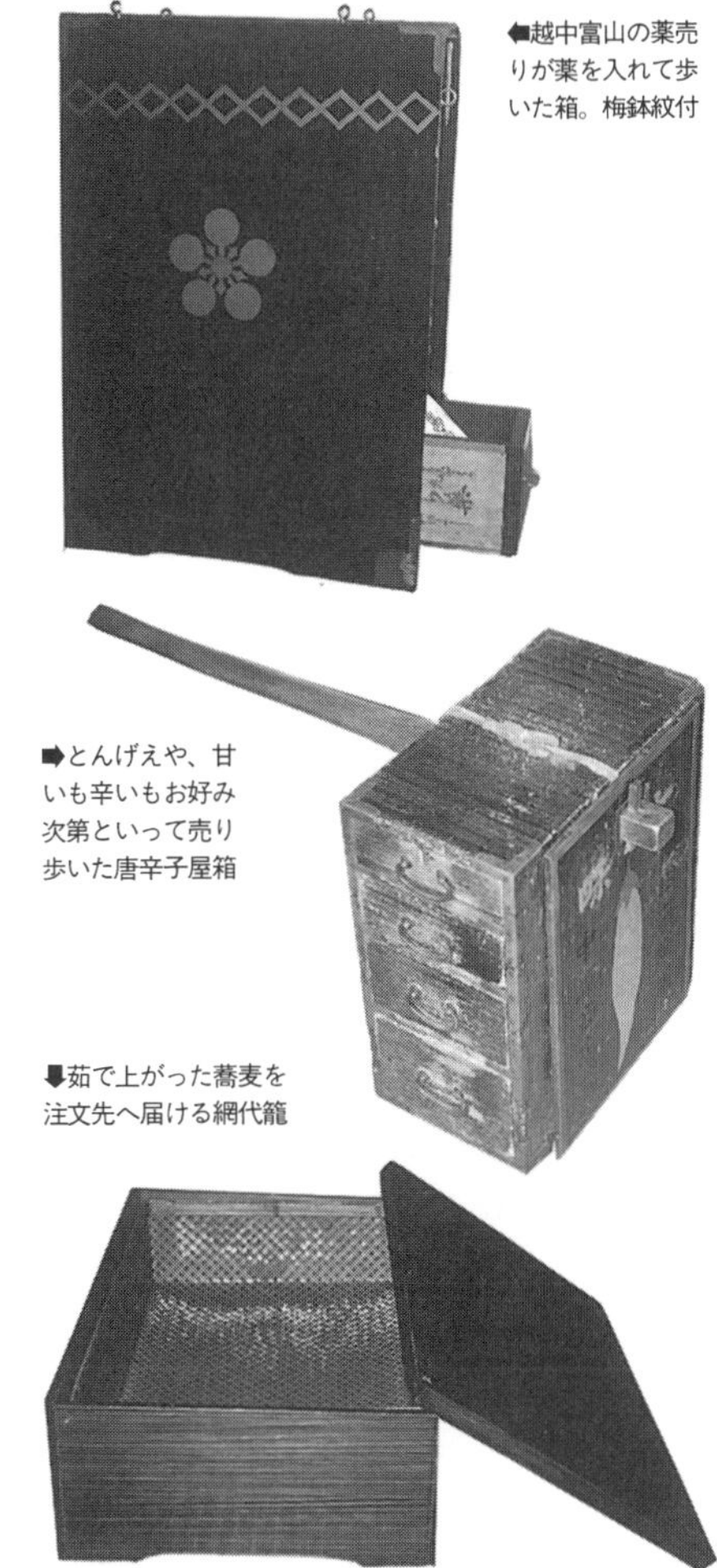

⬅越中富山の薬売りが薬を入れて歩いた箱。梅鉢紋付

➡とんげえや、甘いも辛いもお好み次第といって売り歩いた唐辛子屋箱

⬇茹で上がった蕎麦を注文先へ届ける網代籠

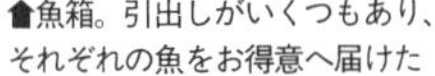

⬆魚箱。引出しがいくつもあり、それぞれの魚をお得意へ届けた

⬇魚屋が籠で持って来たのは初鰹。籠に俎を載せ、三枚におろすところ
（狂言画譜）

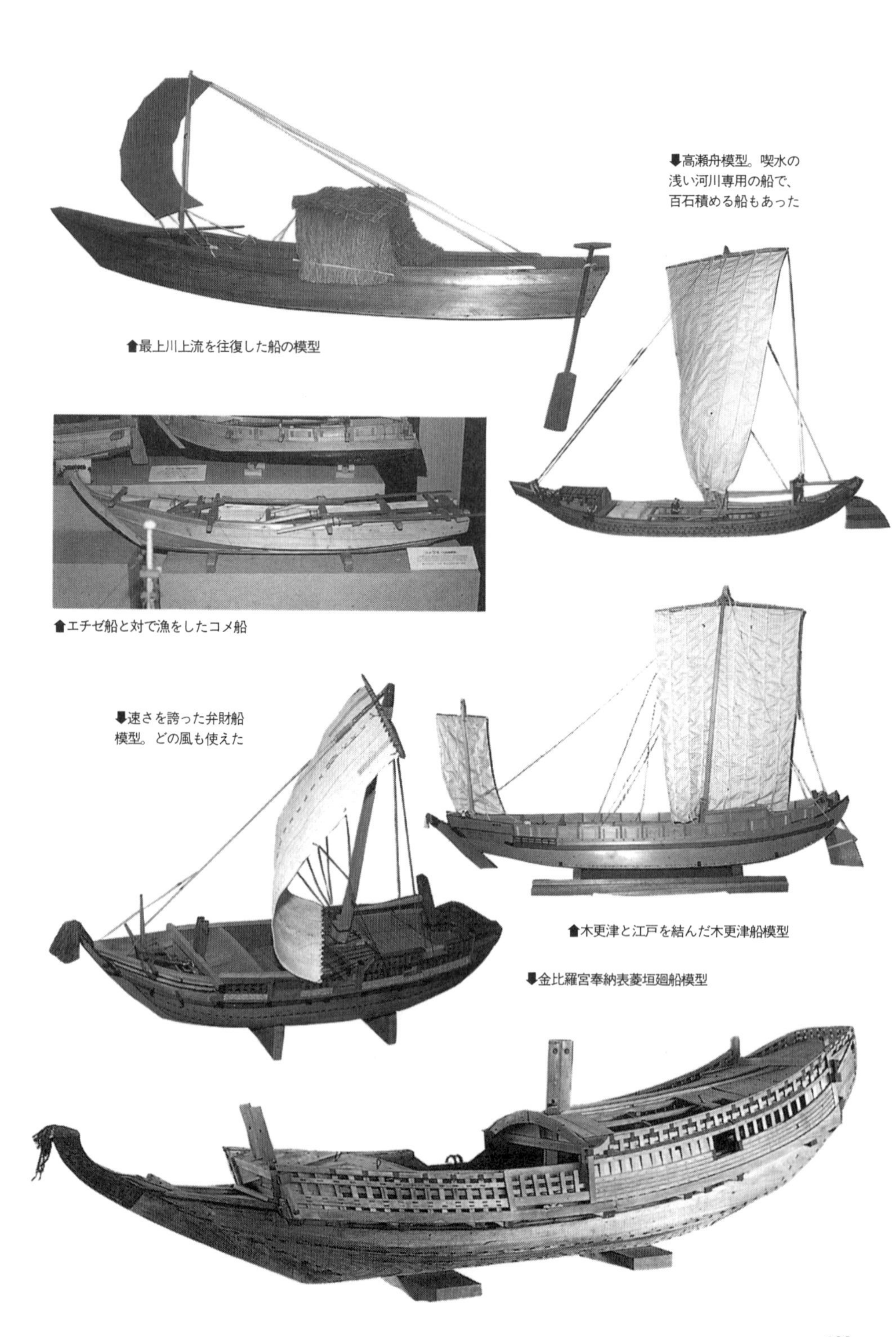

⬇高瀬舟模型。喫水の
浅い河川専用の船で、
百石積める船もあった

⬆最上川上流を往復した船の模型

⬆エチゼ船と対で漁をしたコメ船

⬇速さを誇った弁財船
模型。どの風も使えた

⬆木更津と江戸を結んだ木更津船模型

⬇金比羅宮奉納表菱垣廻船模型

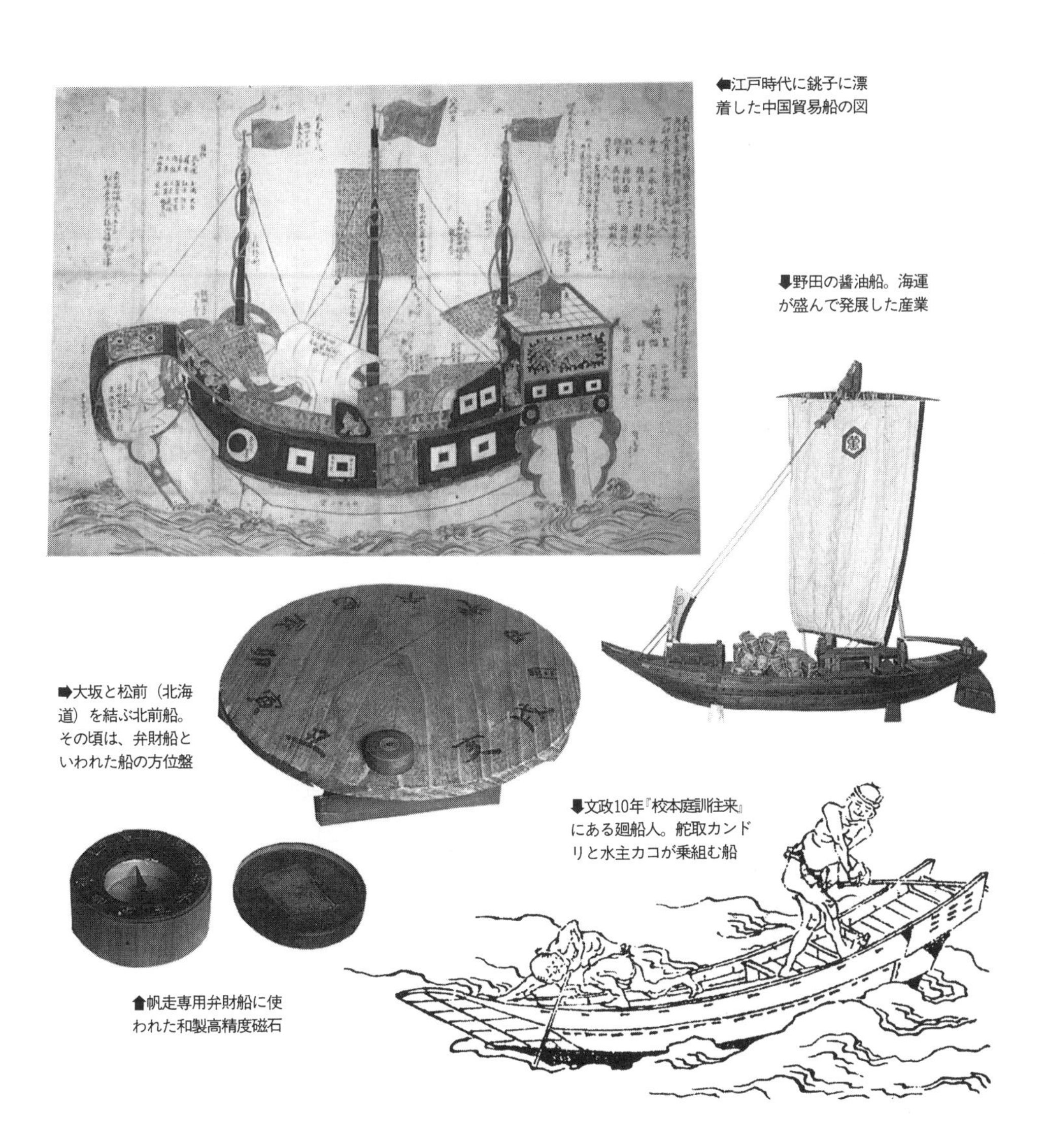

⬅江戸時代に銚子に漂着した中国貿易船の図

⬇野田の醤油船。海運が盛んで発展した産業

➡大坂と松前（北海道）を結ぶ北前船。その頃は、弁財船といわれた船の方位盤

⬇文政10年『校本庭訓往来』にある廻船人。舵取カンドリと水主カコが乗組む船

⬆帆走専用弁財船に使われた和製高精度磁石

船（ふね）

訓蒙図彙にはいろいろな船が紹介されている。大きいのには和名として「えびすぶね」とし、外国の船だと説明がある。船の図には屋形船があり、舶の図には帆のある船が描かれている。このほかにも「たかせ」「はやふね」などが載っている。鎖国が決められてからは外国へ行けるような大型船は建造禁止になり、天保年間に大坂の弁財船を改良して荷が多く積める北前船ができたが、これが最も大型の船といえ、千石は積んだようだ。このほか、七百石は積んだという菱垣廻船、これは大坂の商品を独占的に江戸の問屋に渡した船で名称は船の垣根が菱形だったことによる。小さな川の渡しや隅田川を行き来した猪牙船、大坂などから来た大型船の荷を揚げるための荷足船など、大きな船から小さな船まで江戸時代には多くの種類の船が日本国内を行き来していた。有名な船では伏見から大坂八軒家までを往復した三十石船があり、江戸でも知られていた。旅が一般人に可能になった証拠だろう。

➡公用札。左は御用飛脚用、右佐州御用御鷹先触

➡尾州早飛脚合鑑。上部の印は家老印で、関所に予め届け済印

⬆飛脚の制服ともいえる飛脚屋の紋入り胸当て。これで道中の障害は取除けた

⬆箱根関所用定飛脚札。江川太郎左衛門役所などから出した

⬆箱根関所を通過するための飛脚などの鑑札

⬆木曽街道を行く宰領付御用飛脚。飛脚には急用便もあれば、三度飛脚のように、長い日を使う便もある（木曾路名所図会）

飛脚（ひきゃく）

飛脚というのは現在の郵便制度に近いもので、幕府直轄の飛脚や各藩の公用飛脚、町民などの飛脚があったが、この中で幕末に繁盛したのが町人の飛脚。大坂を起点として江戸に向かう飛脚の発達が江戸時代に為替の仕組を生んだともいえる。約三十日で往復するのを並飛脚といい、費用も安い。宰領（さいりょう）が付いて各宿場間の手のすいた人夫を使って行き来した。これでは商売に差支えるというので、実際には受渡に二日かかるが、十日限りという名の飛脚が誕生。さらに六日限りというのも出てくる。これも実際は七日かかる。もっと早いのをというので、正六日限りというのが天保に現れ、これが最も大坂江戸間を速く連絡した。料金は日数が少なくなればなるほど高かった。ちなみに、正六日限りというのは片道にかける日数。これは手紙や手形を運んだ。小荷物は三度飛脚に委ねたようだ。染物を京都に送り染めさせるというのは、宰領の付いた三度飛脚だったのだろう。

農耕の道具

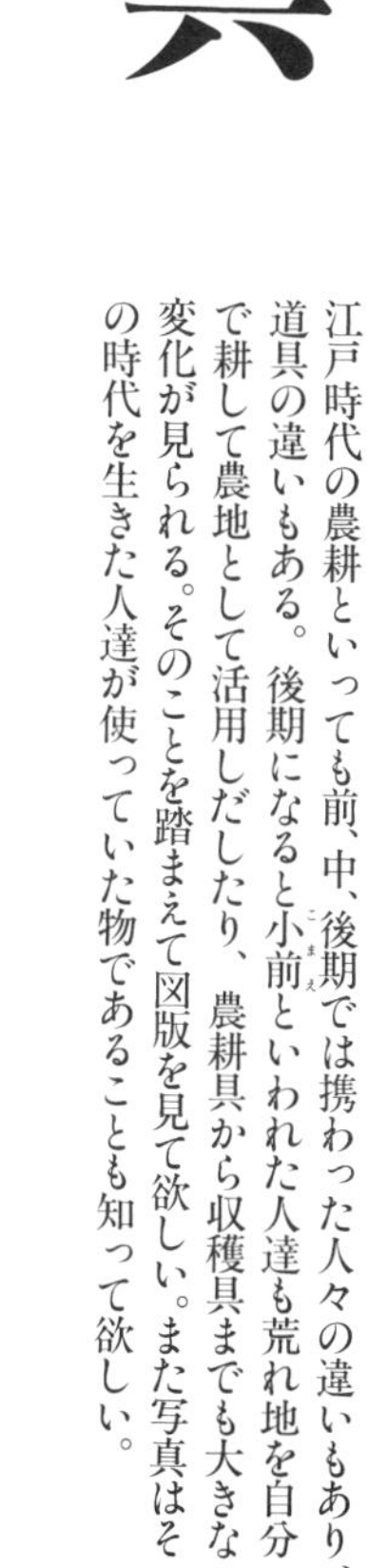
江戸時代の農耕といっても前、中、後期では携わった人々の違いもあり、道具の違いもある。後期になると小前（こまえ）といわれた人達も荒れ地を自分で耕して農地として活用しだしたり、農耕具から収穫具までも大きな変化が見られる。そのことを踏まえて図版を見て欲しい。また写真はその時代を生きた人達が使っていた物であることも知って欲しい。

⬆田楽で有名な目川辺りの腰掛茶屋で休む農民。鋤鍬などの農具が組んでおいてある（永代節用無尽蔵）

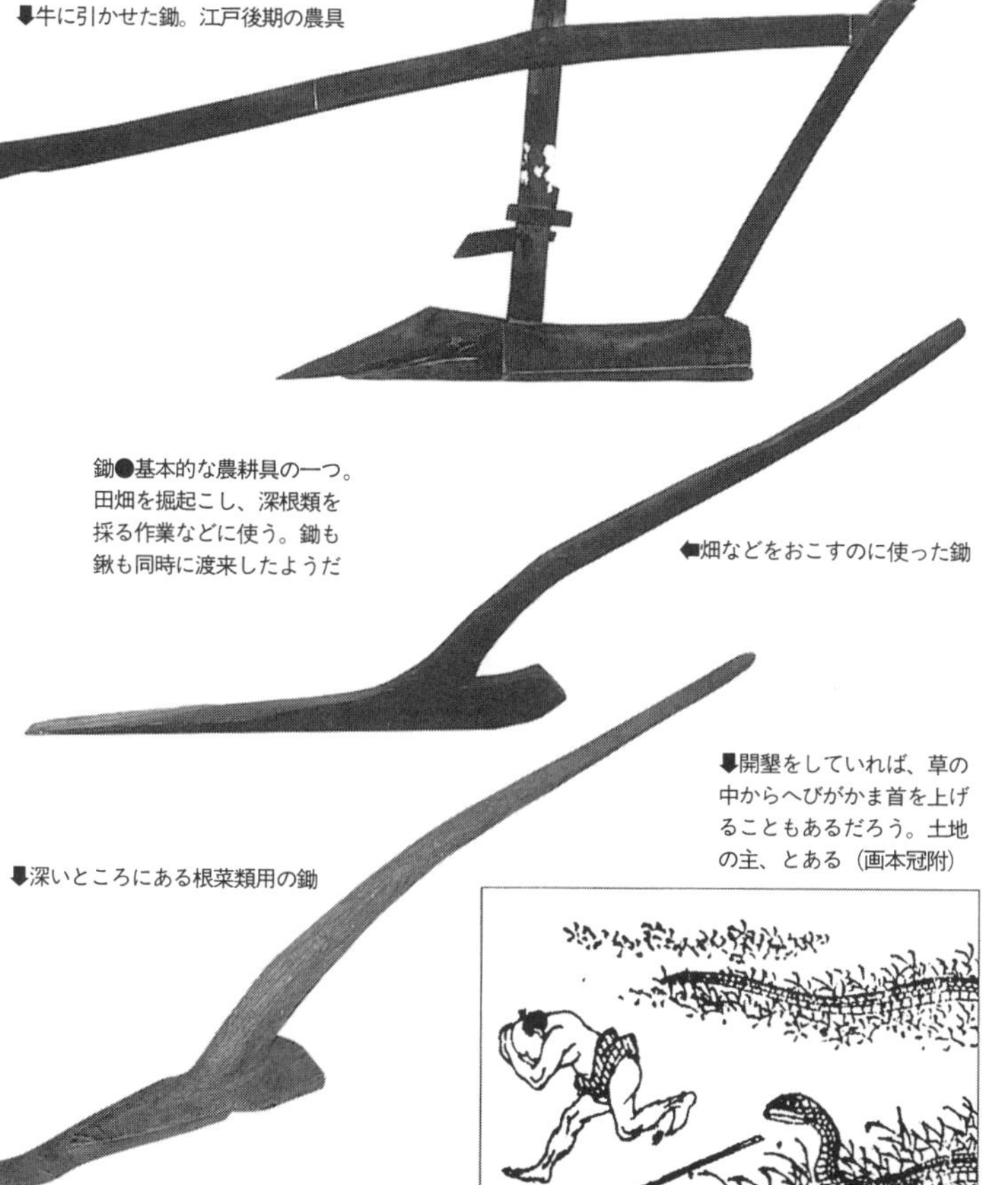

⬇牛に引かせた鋤。江戸後期の農具

鋤●基本的な農耕具の一つ。田畑を掘起こし、深根類を採る作業などに使う。鋤も鍬も同時に渡来したようだ

⬅畑などをおこすのに使った鋤

⬇深いところにある根菜類用の鋤

⬇開墾をしていれば、草の中からへびがかま首を上げることもあるだろう。土地の主、とある（画本冠附）

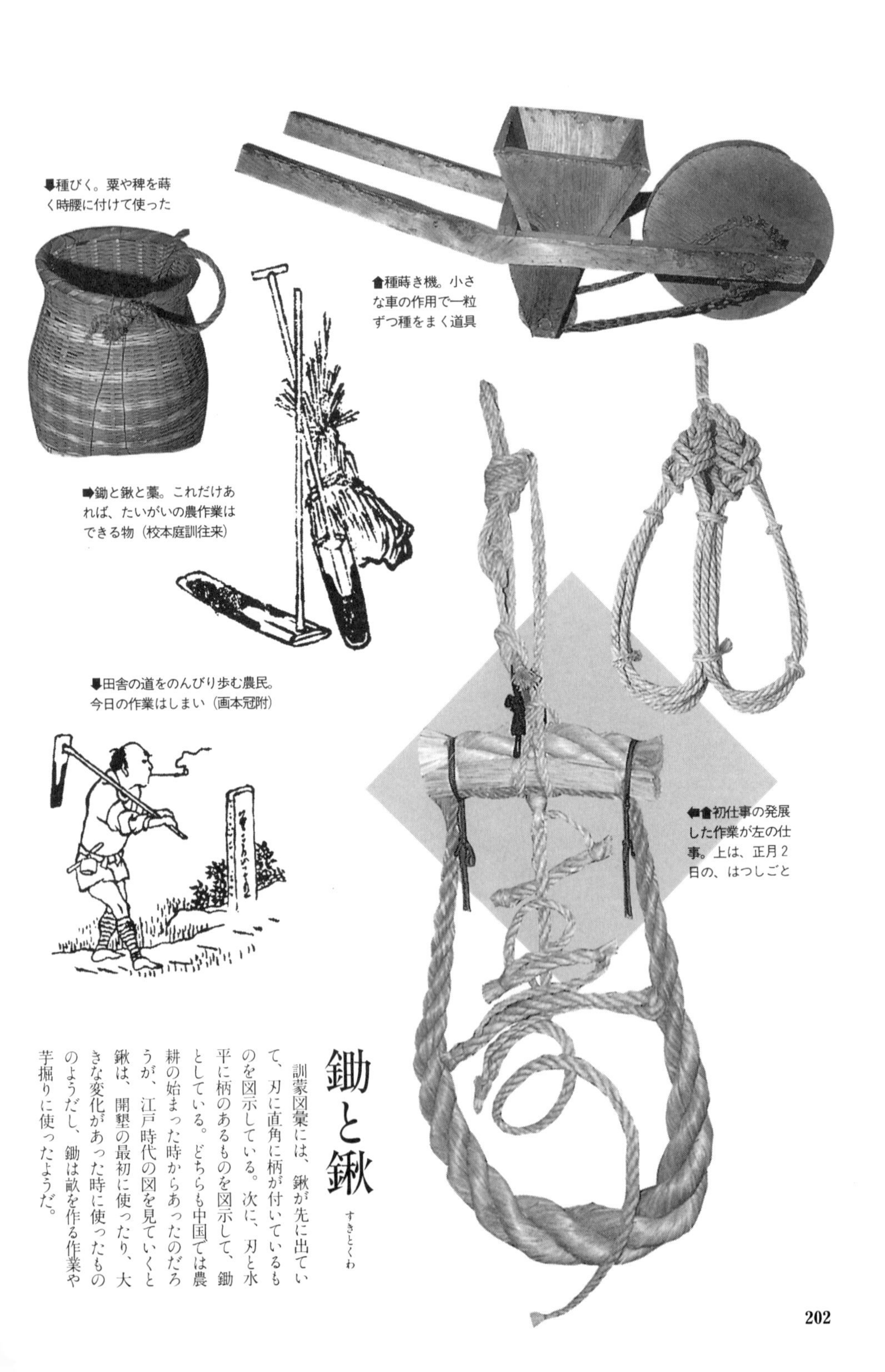

⬇種びく。粟や稗を蒔く時腰に付けて使った

⬆種蒔き機。小さな車の作用で一粒ずつ種をまく道具

➡鋤と鍬と藁。これだけあれば、たいがいの農作業はできる物（校本庭訓往来）

⬇田舎の道をのんびり歩む農民。今日の作業はしまい（画本冠附）

⬅⬆初仕事の発展した作業が左の仕事。上は、正月2日の、はつしごと

鋤と鍬（すきとくわ）

訓蒙図彙には、鍬が先に出ていて、刃に直角に柄が付いているものを図示している。次に、刃と水平に柄のあるものを図示して、鋤としている。どちらも中国では農耕の始まった時からあったのだろうが、江戸時代の図を見ていくと鍬は、開墾の最初に使ったり、大きな変化があった時に使ったもののようだし、鋤は畝を作る作業や芋掘りに使ったようだ。

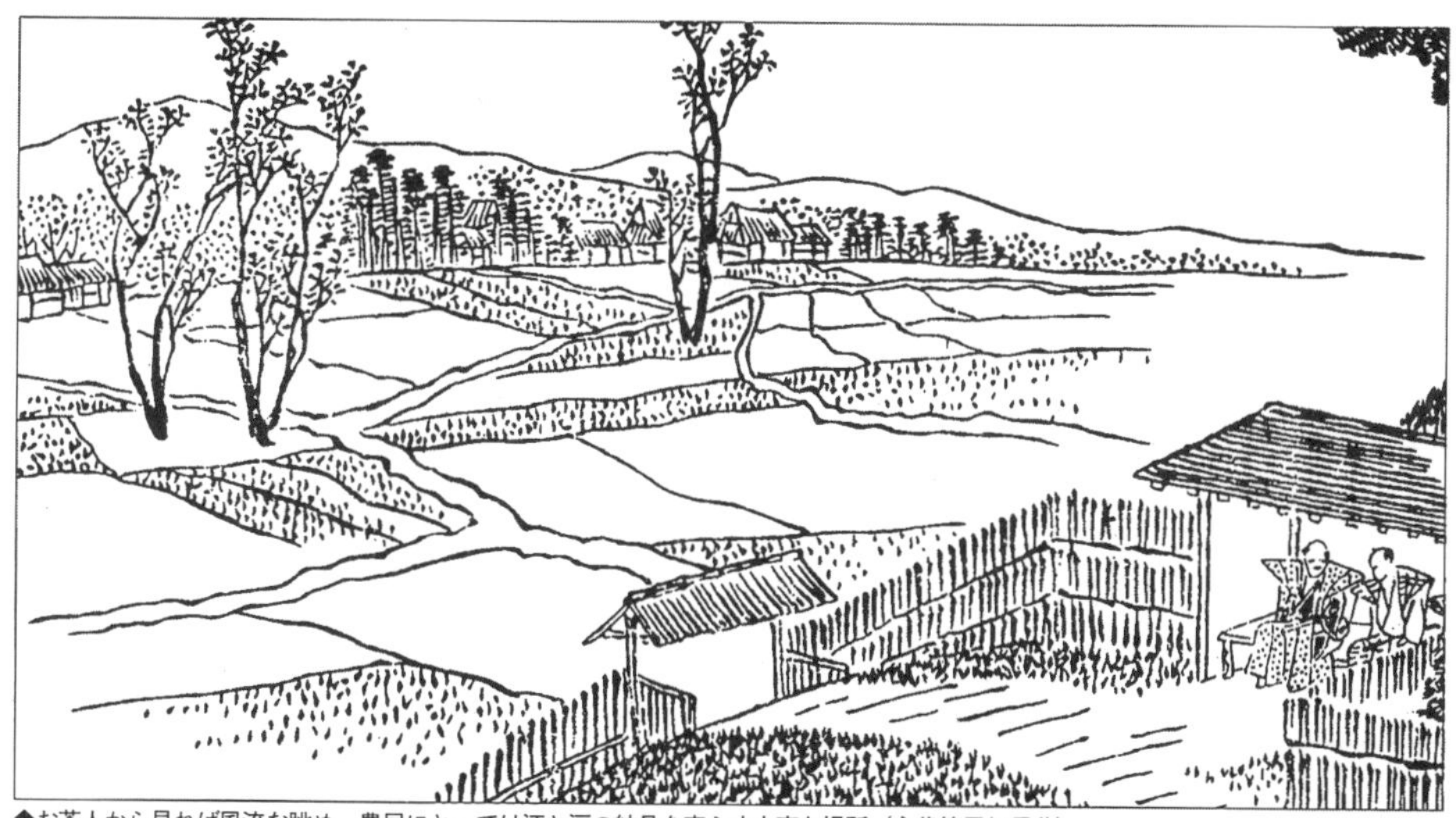

⬆お茶人から見れば風流な眺め。農民にとっては汗と涙の結晶を実らす大事な場所（永代節用無尽蔵）

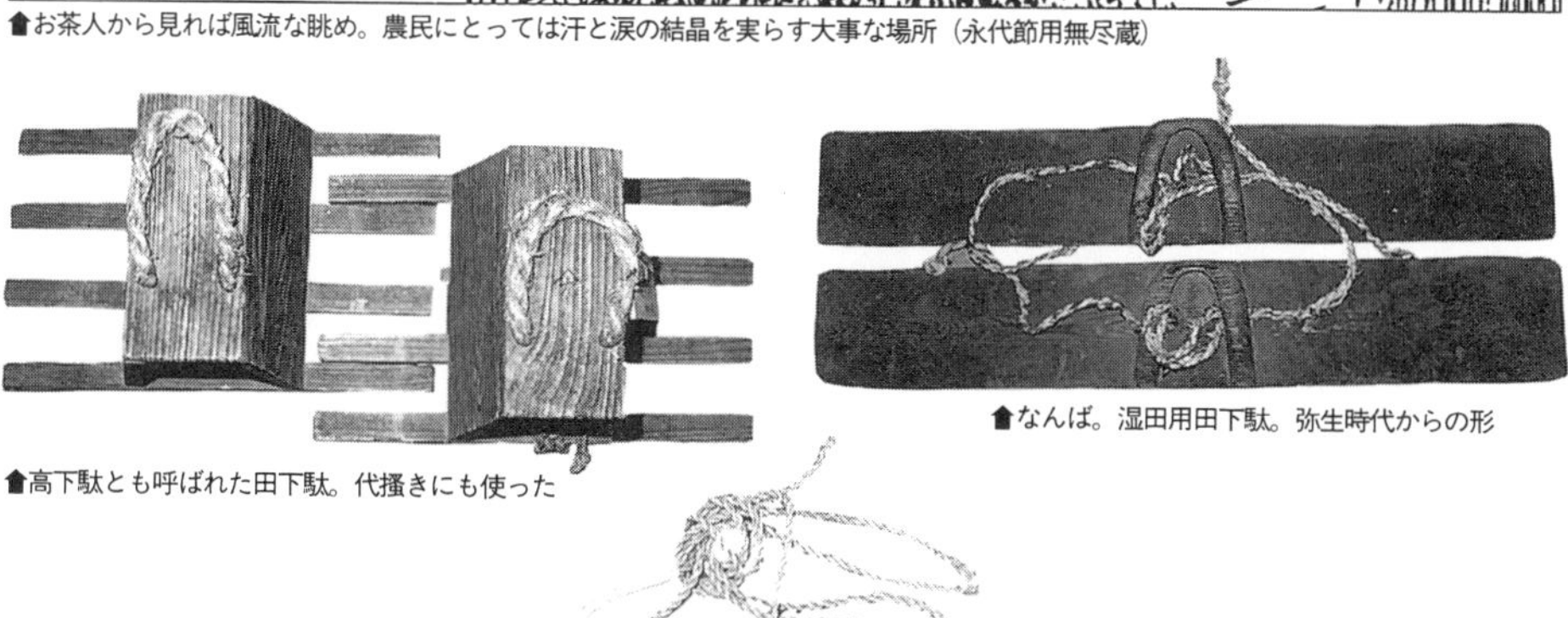

⬆高下駄とも呼ばれた田下駄。代掻きにも使った

⬆なんば。湿田用田下駄。弥生時代からの形

⬅草履状のところへ足を置き固定した湿田用の田下駄

田下駄（たげた）

田下駄は古墳時代から使われていたという。江戸時代に使われた田下駄は、泥深い田の中での農作業を効率的にするために伝統を引継いで、より効果的なものを作りあげていったようだ。今残されているものを見ると、労働のための道具ながら、美しさを持っていることに驚かされる。美意識なんてものからではない、必要が生んだ美しさだろうと思われる。

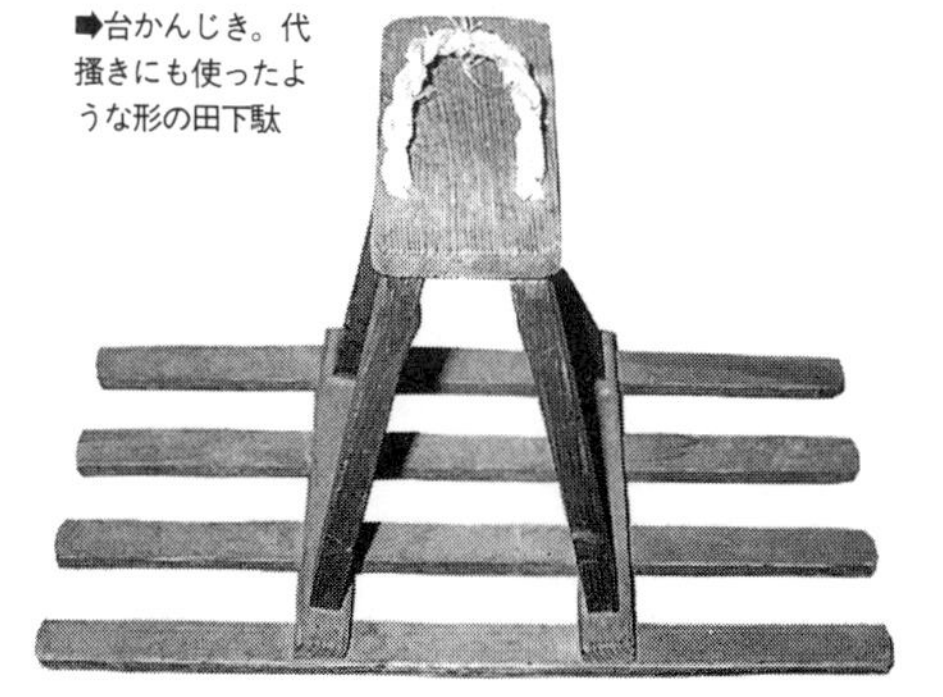

➡台かんじき。代掻きにも使ったような形の田下駄

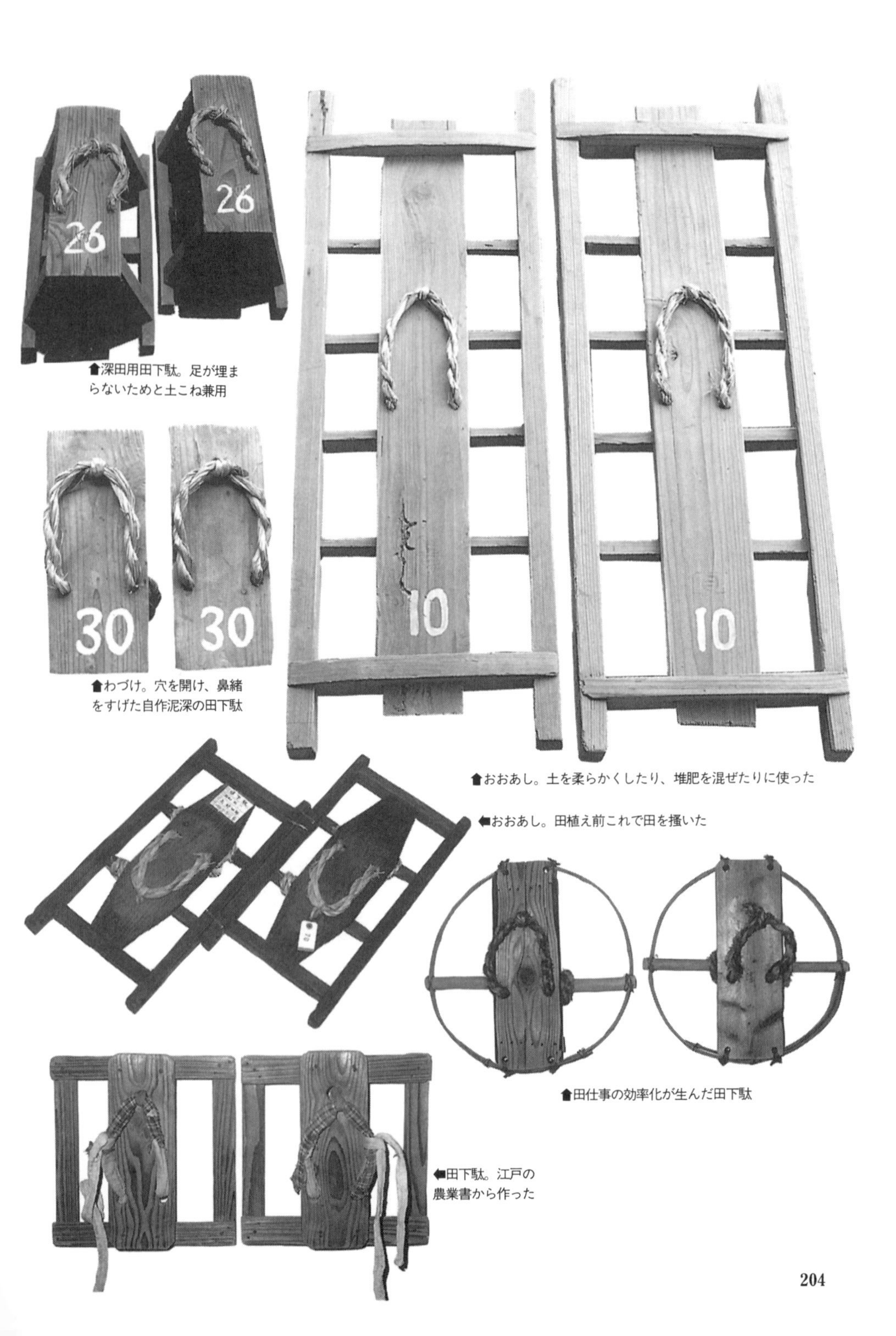

⬆深田用田下駄。足が埋まらないためと土こね兼用

⬆わづけ。穴を開け、鼻緒をすげた自作泥深の田下駄

⬆おおあし。土を柔らかくしたり、堆肥を混ぜたりに使った

⬅おおあし。田植え前これで田を掻いた

⬆田仕事の効率化が生んだ田下駄

⬅田下駄。江戸の農業書から作った

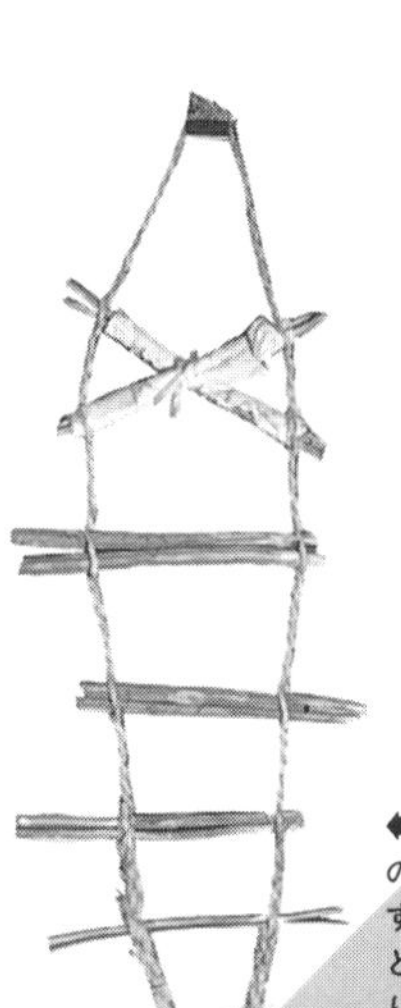

⬆桶ぐつ。堆肥にする藻を積む舟内で使用

⬆田下駄。長い紐を腕にかけ農作業をした

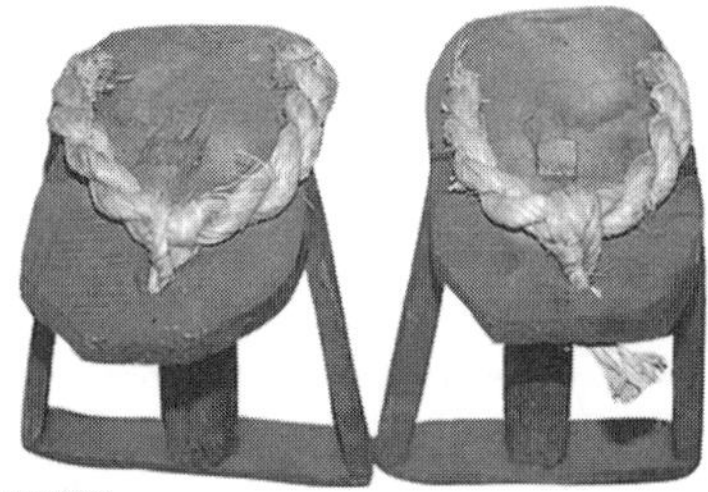

⬆足だか、または下駄。これは漁に使った下駄

⬅田下駄を使う農作業の合間に祈りの作業をする。これは、ことづと。ことの日に箸を作り稲作を占うための物

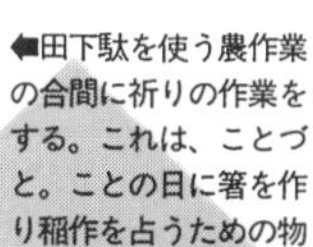

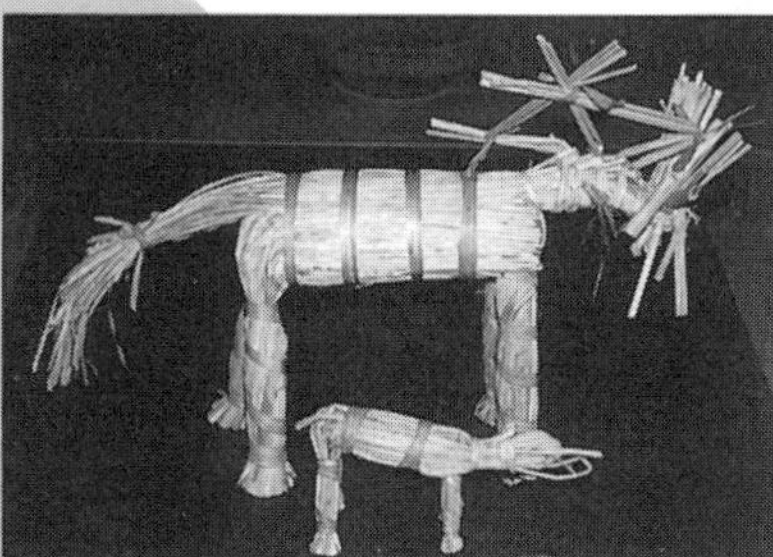

⬅七夕の馬と牛。豊作を祈り牛馬に感謝

⬇旱魃に悩まされると龍を作り祈願のために村中を練り、龍を海に流す

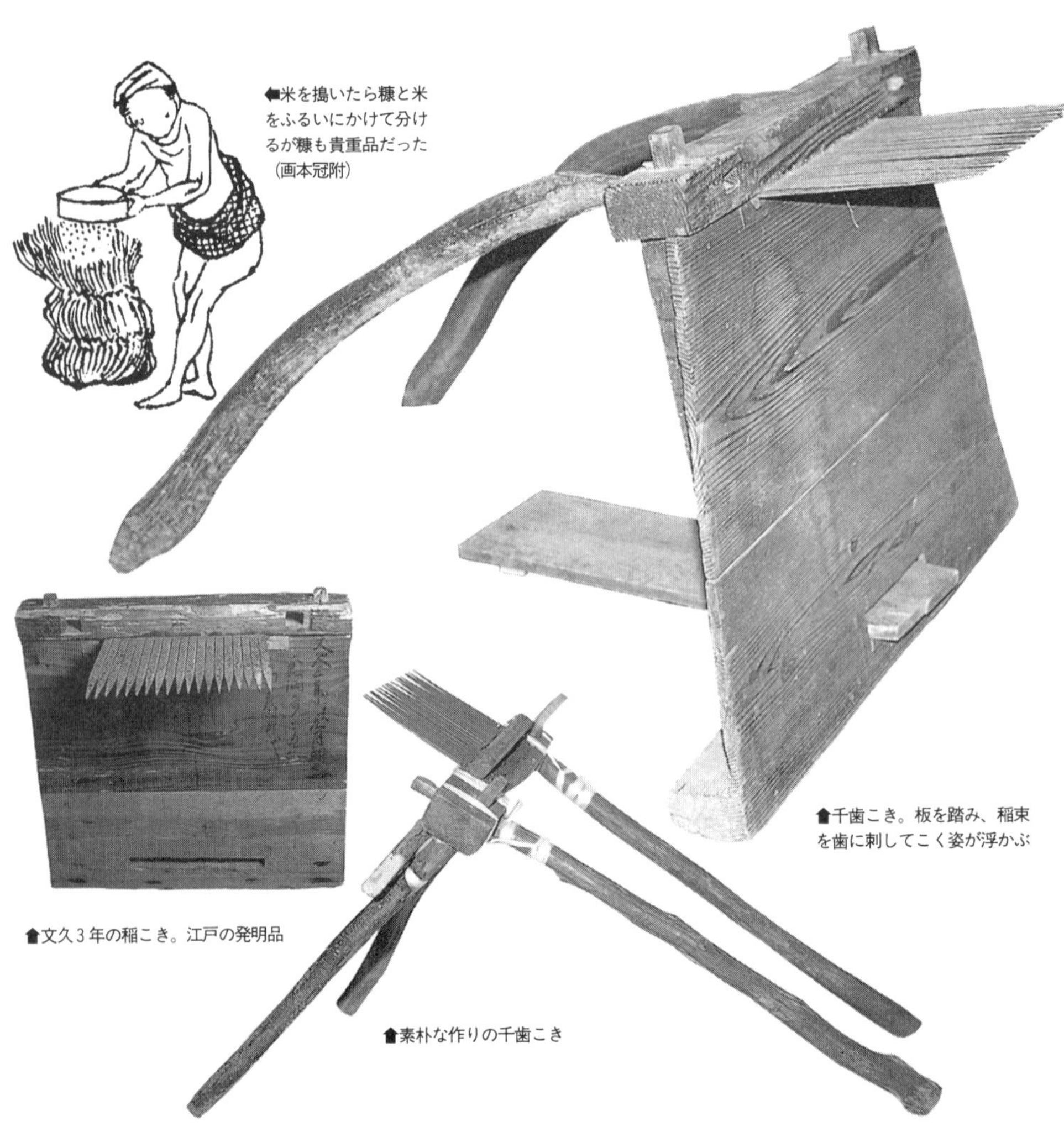

⬅米を搗いたら糠と米をふるいにかけて分けるが糠も貴重品だった（画本冠附）

⬆千歯こき。板を踏み、稲束を歯に刺してこく姿が浮かぶ

⬆文久３年の稲こき。江戸の発明品

⬆素朴な作りの千歯こき

➡夫婦仲良く稲こきをする。苦しい農作業が楽になる（画本冠附）

千歯こき

せんばこき

稲の茎から実の部分を採るのに使った農具。稲だけではなかったようで、その他の雑穀も、茎から実を採るのに応用して使っていたと思われる。現実に残されているものはたいがいは稲のためのもののようだが、これはかなり古くから、稲作と同時からかすぐ後に登場した農具のように思われる。稲を束ねて穂先を先にして刃の間を通して実を得る作業の農具。

⬆夏の暑かったことを思いながら唐箕を回す農夫（狂歌やまと人物）

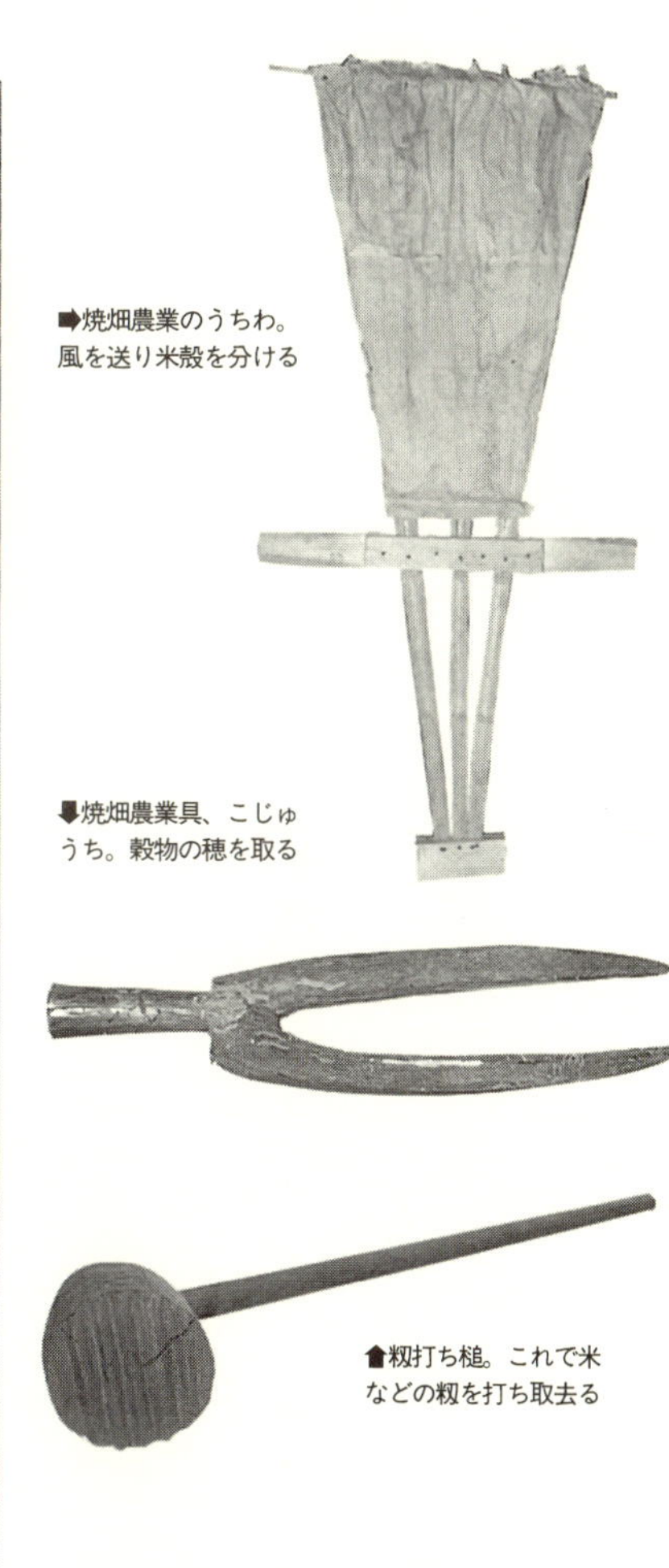

➡焼畑農業のうちわ。風を送り米殻を分ける

⬇焼畑農業具、こじゅうち。穀物の穂を取る

⬆籾打ち槌。これで米などの籾を打ち取去る

⬇唐箕。手動で風を送り米と籾殻を分ける。文久元年、大坂農人橋の記名がある

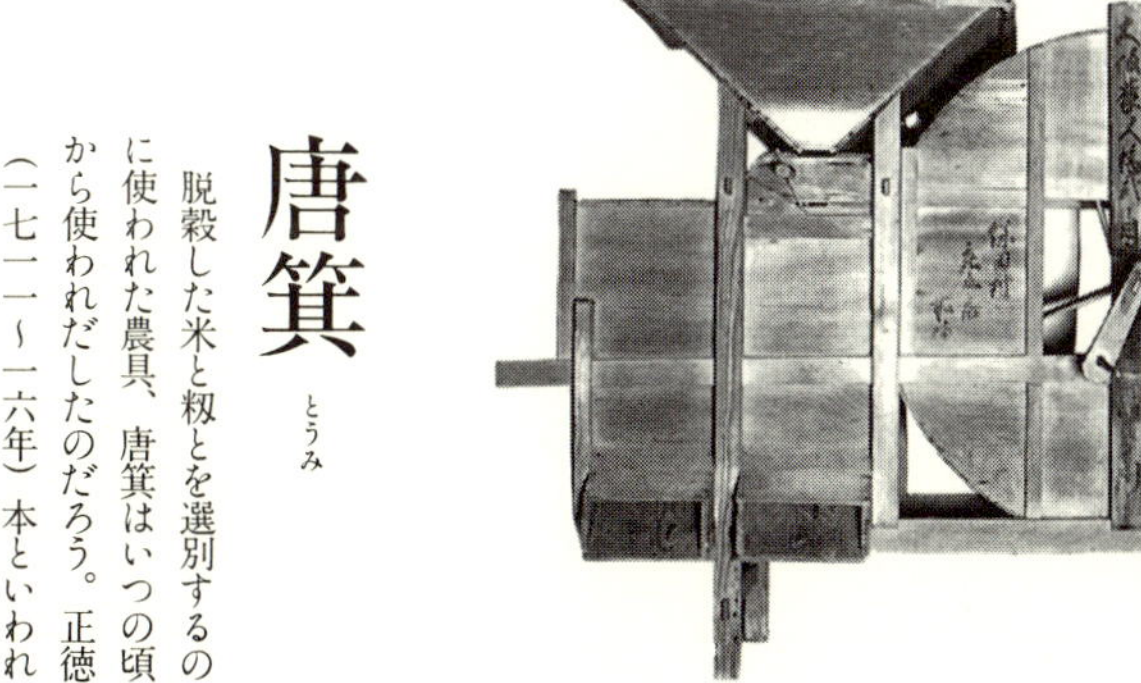

唐箕（とうみ）

脱穀した米と籾とを選別するのに使われた農具、唐箕はいつの頃から使われだしたのだろう。正徳（一七一一～一六年）本といわれる『和漢三才図会』には文字は異なるものの図示されているが、寛文六（一六六六）年に書かれた訓蒙図彙には図示がない。この間にこの農具は中国から入ってきたのかと考えてしまう事柄だ。ともかく幕末には盛んに使われていた。

土じるす●竹を編み、中に土を入れ、重しとして籾から米を取出したすり臼。中国から伝わった物

⬇竹を編んだ姿をそのままにした土じるす

⬆数人で使った土じるす

⬆上は、竿を使って籾を打つ図。こうして穂先から実を離した。下はすり臼で脱穀をする図（諸職人物画譜）

⬇土じるす、田うすとも呼ばれた

⬅左右の棒を前後させ籾をする土じるす

臼（うす）

まず臼という物が三つあることを覚えて欲しい。今の精米機ともいえるのがすり臼。石臼というのは穀類を粉にする。穀類や草を搗いて餅状にするのをつき臼といった。これらは江戸時代の百科事典『和漢三才図会』や、訓蒙図彙に図示されている。残されているすり臼を見ると、木で作られているものと、竹と土でできている物が多い。これらの臼は籾から米や麦を取出すための農具。中国に最初にあったのは土の臼のようだ。竹を編んでこれを歯としてその重しと強化のために編んだ竹の中に土を詰めていった。いわゆる「どじるす」。こう見ると「きじるす」の方が後からできたように考えられる。作る作業からいうと、木を使って籾を取除く農具は技術的に難しかったのかもしれない。これらは人間の力で作業したが、唐臼という水車を使ったものも現在でも残っている。また、同様に脱穀に水車を使ったことはいうまでもない。これらは、収穫の喜びを文字通り実にした農具といえる。

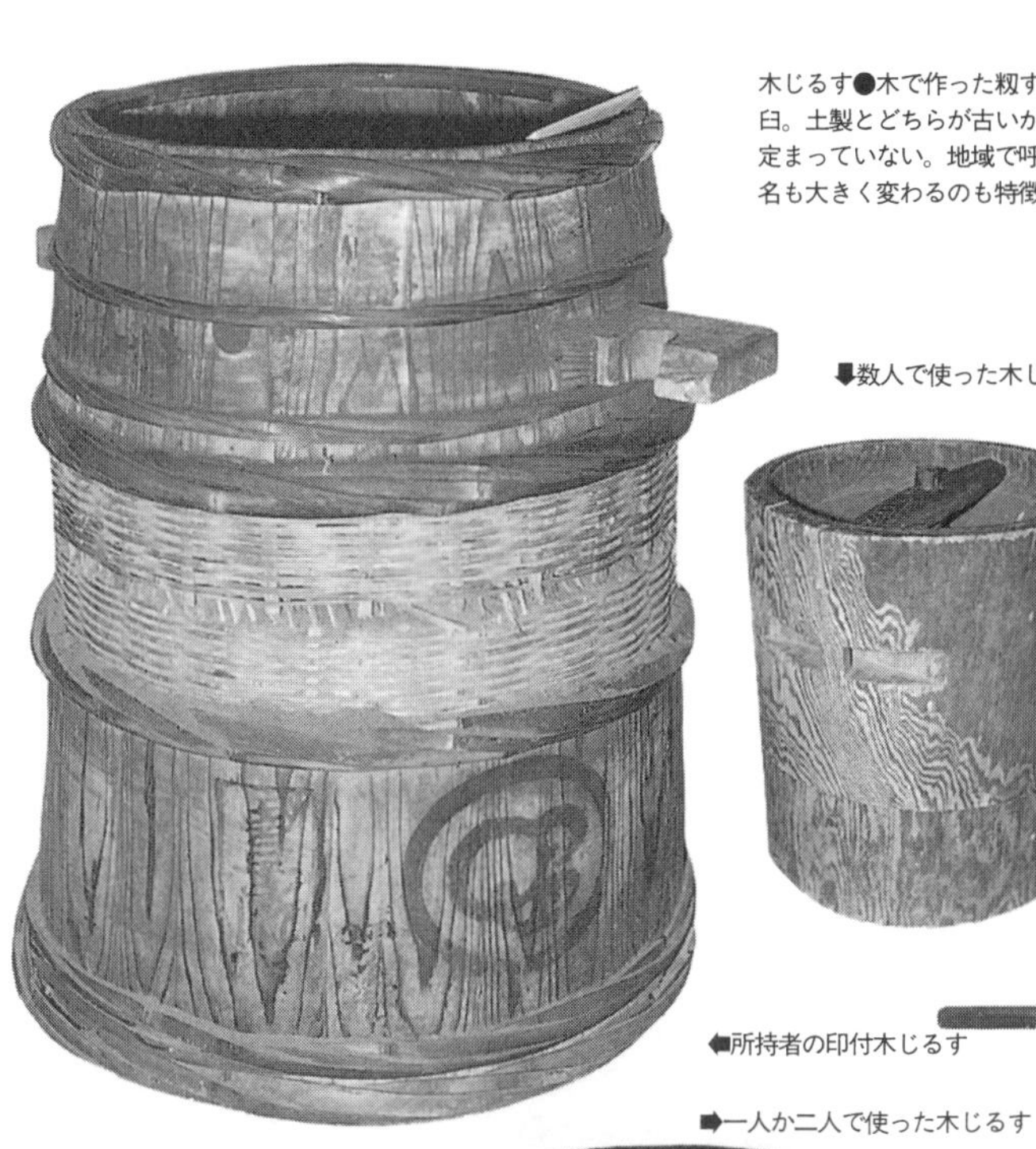

木じるす●木で作った籾すり臼。土製とどちらが古いかは定まっていない。地域で呼び名も大きく変わるのも特徴

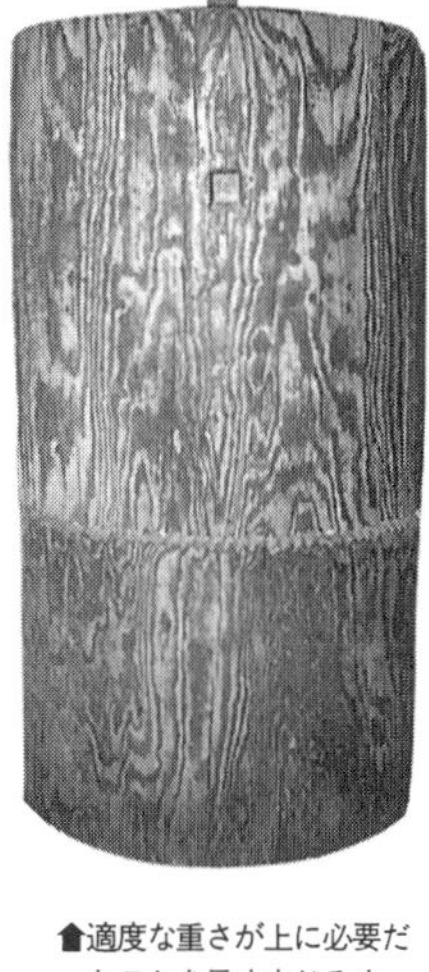

⬆適度な重さが上に必要だったことを示す木じるす

⬇数人で使った木じるす

⬅所持者の印付木じるす

➡一人か二人で使った木じるす

⬇木じるすの構造がわかる。上下に溝がありこれにより脱穀をする

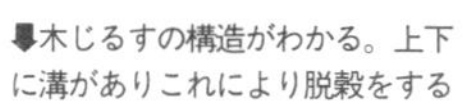

⬆一人使いの木じるす

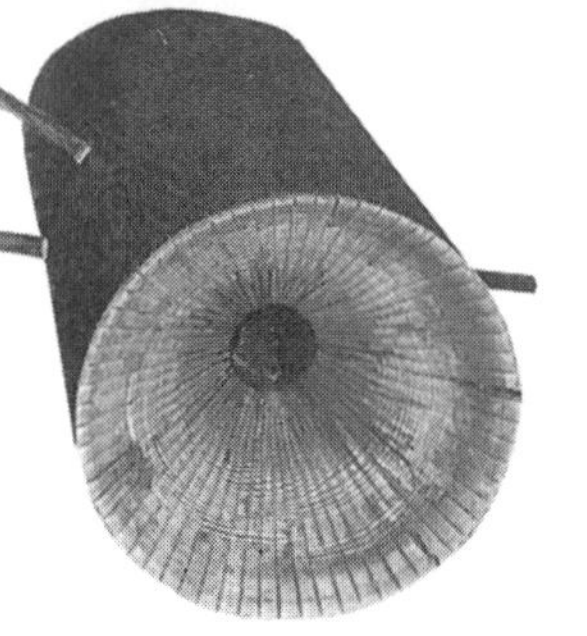

⬇数人使いだが座った作業か

☗油押し。菜種油を採った300年前の臼

☗鉱石臼。金銀鉱石を微細な砂状にした石臼

☗茶臼。茶を粉にした臼で、臼も台も石

➡引臼と粉受け台。下の棒で回転させる

⬆手杵。古い形の杵で脱穀に使ったと思われる

⬅脱穀用とも、餅搗き用とも思える古い形の臼と杵

⬆いすすばち。引臼を固定し作られた粉を受ける道具

⬆一本の木を輪切りにし、それを二つにしてえぐった、かたばち。米を他の容器に移すのに使った

⬅秋に、臼と杵で脱穀し、箕で殻を飛ばし、実りを薦に集めることを農民すべてが願う（校本庭訓往来）

真面目に家業に励めば、米が自然に集まり、俵を蔵に積むことができる（商人軍配記）

まつもと桶。もろこしや粟などの雑穀を量った升だと伝える

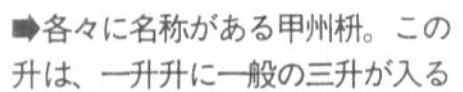

各々に名称がある甲州枡。この升は、一升升に一般の三升が入る

升

ます

江戸時代には、升などの計量器具は統制されていた。幕府が許した数人が各地に売りさばいたが、それでも甲府のように独自の升を使っていた所も多い。升とは米や穀類を量る道具。もちろん液体も量ったので、その量る升一杯の酒を飲む人物も現れる。これは都会のことで、農村では年貢を収めるときの升の使い方を教えた重宝記が売れたりしている。

北上地方に残された五升升。年貢を量るのに使われた升だといわれる

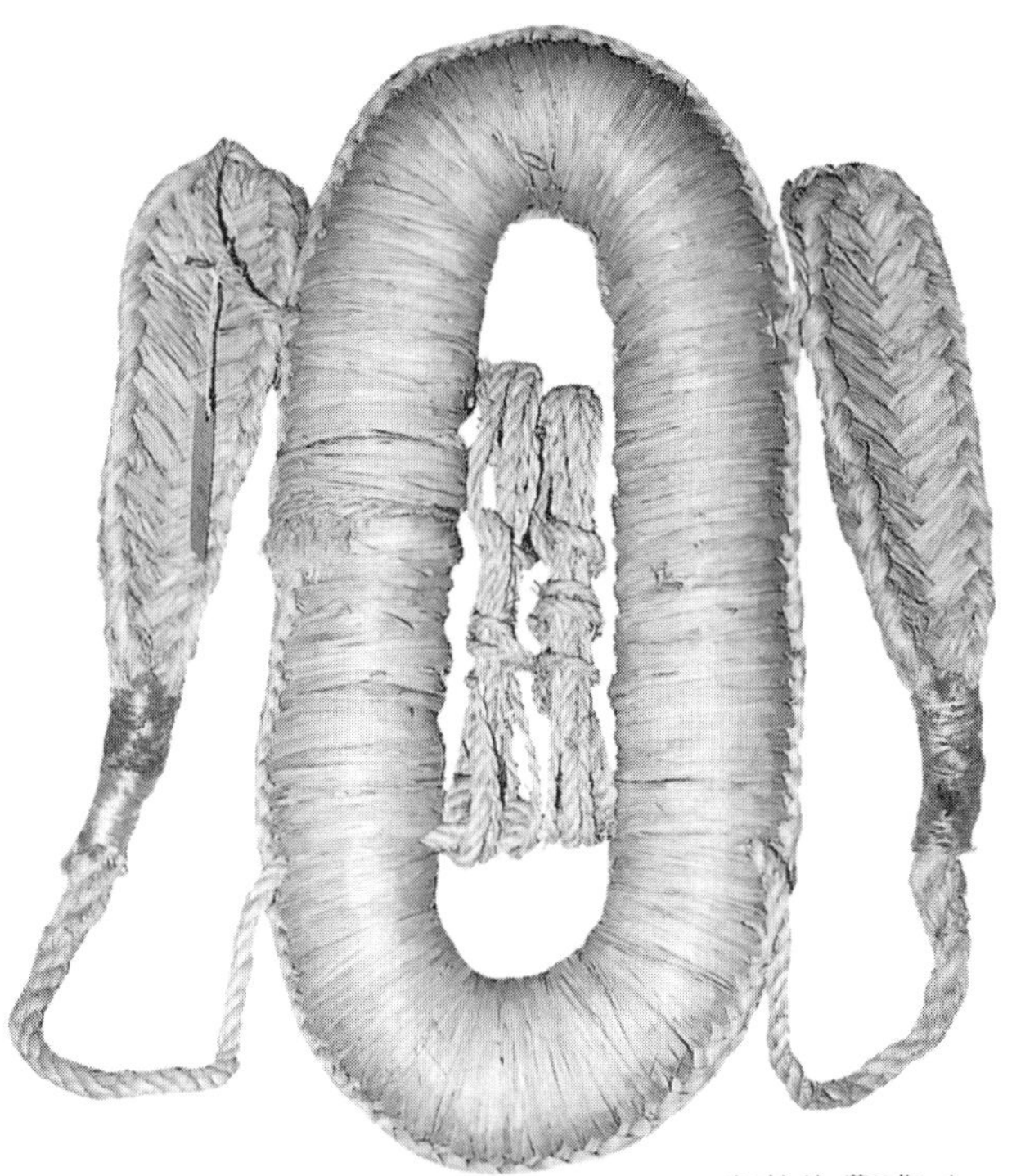

⬆ごうぎ。藁で作った背負い道具。多目的具

⬆庄内升。一辺四寸九分、深さ二寸七分と、公式認定されていた升

⬆武田信玄が考案したと伝えられる三升入る甲州枡。江戸期使用

⬅そいかご。運搬のための背負い籠。斜めにして、中の物を落とす

⬆ごうぎ。背当てで保温用。さらに、背負道具を付けて、物も運ぶ

⬅ねこだ。荷物を背負うための背当て兼保温

しょいこ

背に荷を負う時に使った、たいがいは藁で作られた道具。呼び名や形態は地域によって異なるが、基本的には背に当てる部分と、それに着ける部分からできている。

現在でもしょいこは使われていて、近くの焼き物にする土を運ぶのを女性の仕事にしている所では袋状のしょいこを使っている。このほか残されているものは、石、穀類、木材用と多種多様。

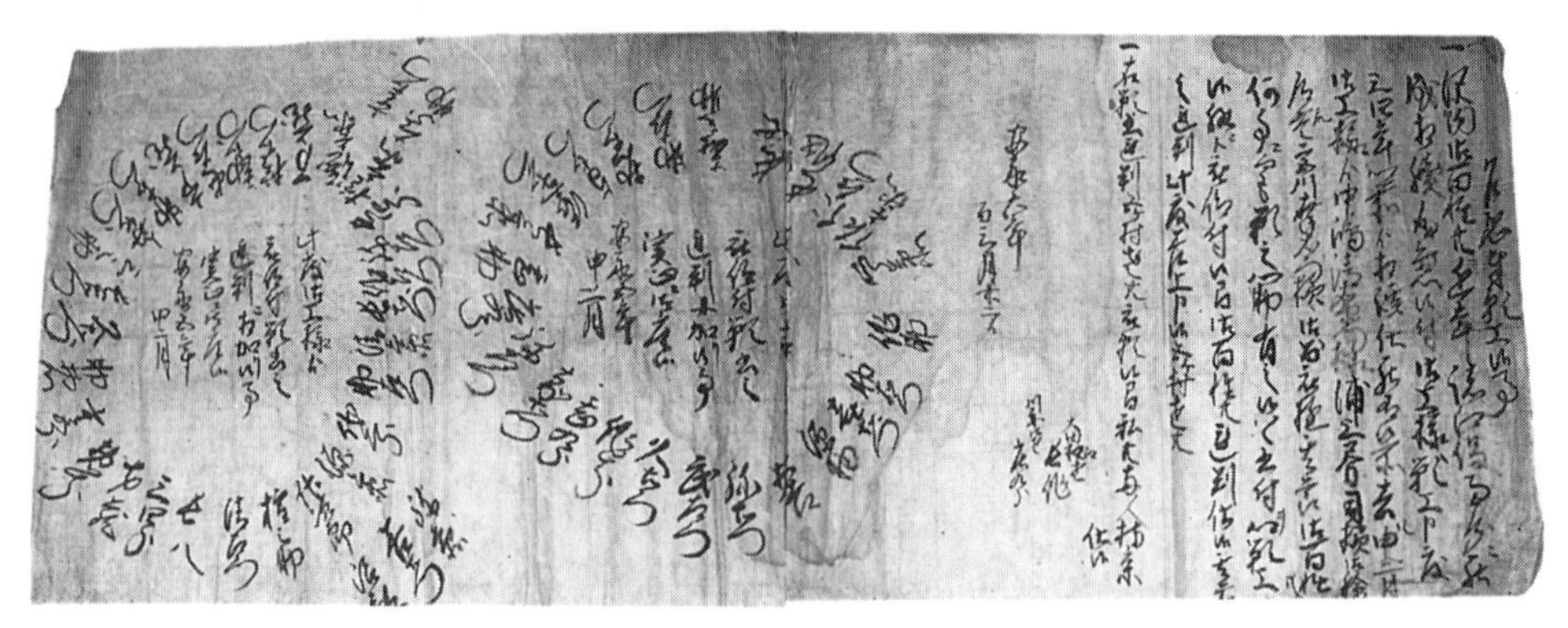

⬆傘連判状。傘のように放射状に連名し首謀者が誰か発見されてもわからないように書いた。その前に、一揆の趣意書きがある

⬆石裂山行盥。凶作に苦しむ農民が水行をした盥。中に記名がある

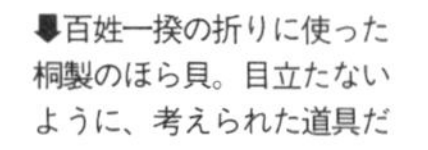

⬇百姓一揆の折りに使った桐製のほら貝。目立たないように、考えられた道具だ

➡木貝。遠くに離れた家に急ぎの用を伝えるための、農民メガホン

⬆旧暦10月1日御用の神に豊作を感謝する供え

一揆（いっき）

江戸時代の農民が一番苦しんだのは凶作だった。飢饉がくると藩の政治のやり方で飢死にするものが続出した。怒りは支配者にぶつけられる。天のなせる業ではないと考える。支配している人が悪人とみなされる。事実、加賀藩で行っていた救荒対策はかなり有効だったようだ。反対に、東北部の執政たちは、農民の苦労を見捨てたようだ。

第七章・神

祭りと祈り

◆江戸道具考◆神

神を祭るための、祈るための道具。祭りの山車や絵馬といった信仰のよりどころを通して、江戸時代人の心の奥底をのぞいてみたい。

山王祭りや神田明神の祭りは、江戸っ子の心の表出と見ても不思議はない。火事と喧嘩は江戸の華という言葉があるが、江戸っ子の心意気を知るにはこの二つの祭りを見ればよい。往時の華やかさは錦絵や『江戸名所図会』などをのぞくしか手はないが、現在の浅草の三社祭を見ると、当時の熱気のようなものがかぎ取れるのは確かだ。現在の祭りのこまごました事柄を一つひとつ拾っていって、想像をたくましくする。そうした経験を積んだ上で落語を聞くなり芝居を観ると、自ずと己の中に「江戸」が生まれてくるだろう。

もう寄席でしかお目にかかれなくなった大神楽(だいかぐら)の獅子頭。これも想像の肉付けによってあなた自身の中に蘇る。近くの神社に行って、もしお神楽をやっていたら、あの音色と踊りを少なくとも一番は見て帰るといい。こうした体験が、どこで生まれようと江戸っ子の心意気を自分のものにする早道なのだ。

江戸時代人が生み出した美学は日常的に目に触れることはそう難しくない。江戸以前から続く寺の墓地を訪ねると、江戸という時代を石塔が語ってくれる。墓に彫られた文字からも江戸時代は伝わってくる。

寺はどうも陰気で苦手だという方は神社に行って絵馬を見てみよう。これが江戸だといえるものが、各地にいくらでも残っている。博打ですってんてんになった男が、賭事の道具に鍵を掛け、掛けた錠まで絵馬に描込んでしまっている。もう鍵は開けられない。博打はやめるしかないといっているような絵馬だ。

船絵馬というのは港につきものだが、それは北前船(きたまえぶね)が立ち寄った港町。大坂から日本海を経由して蝦夷(えぞ)の松前まで行って、帰り船に荷を積んで戻る。日本海を往来した廻船の寄港地には、その納められた土地との関係で、大絵馬小絵馬があるところにはたくさんある。納めた人は誰なのか、どうした縁でそこに奉納したのか、描かれた船はどんな役割の船だったのか、いつごろの船か、これは奉納された年で想像がつく。旅をしたらその地域の神社の絵馬をのぞいて見ると、意外に手近に江戸の船の旅が想像できるようになる。

北前船は荷物も運んだが文化も運んだ。民謡にそのことを物語るものが多いが、北の果て、青森県の深浦の神社には髷(まげ)絵馬が奉納されているが、供えたのは深浦の人ではない。北前船で航海の最中嵐に遭い、髷を落として深浦の神を念じた。その甲斐があって助かった。その乗合の衆は船乗りだけではない、他の商売の人も一緒に髷を落として助かったことをありがたいと思い、もう一度他国からやって来て感謝を込めて落とした髷を奉納している。

信心というのは、こうした過程で生まれてくるのだろう。深浦の神に祈れば、生きて陸地に上がれたという喜びを形にしたのが髷絵馬だ。このような深い信心の現れも絵馬を見る上で豊かな心を養ってくれる。人の心がかさかさになっている時代には、このような感謝は生まれない。命が助かったんだから礼に来たという短絡思考ではないところに、江戸時代人の心の熱さがある。

心の深い所から出てくる信仰はまだほかにもある。これは東北地方に多く残されている竈神(かまどがみ)。大工の棟梁が自分の作った家を神に守ってもらおうと、余った壁土で作ったのが最初だという。以降綿々と作られてきて、一つの信仰になり、見よう見まねで木で作って鮑(あわび)の殻を目にしたものもある。火というものに大変気を遣っていた人達なのだ。その一つ一つには異なった表情がそれぞれある。おかしみのあるもの、悲しみのあるもの、喜びを顔一面に出しているもの、どれも作り手や建てられた時の思いがこの神の顔に表れているのだろう。神というより、親しい長老のような気分にさせてくれる。

稲とともに生きてきた東北の人達が、せっかく作った家を燃さないように火を扱い、粗末にしないように戒めあって過ごしてきた祈りの証がこの竈神なのだ。鮑の殻には特殊な光りがある。それを目にしたのは何故だろう。目の下にいる人達の火の取扱いをじっと見ていたのだろうか。人々の暮らしぶりも凝視していたに違いない。その神を頭の上に生きた人達はきまじめに土に対して暮らしていた。冷害に見舞われ、一家がすべて死に絶えたこともあったろう、年貢の請求に娘を売ったこともあったろう、こうしたその家に住む人達の思いを長い間見続けてきたのが竈神。今は博物館に仲間と一緒にたたずんでいるような形だが、誕生から現在につながる時間の流れは、この神たちだけが知っている。

祭り

江戸時代の祭りの筆頭に、江戸の山王祭りと神田明神の祭りが挙げられる。ついでは京の祇園祭、大坂の天満天神祭り。これらはいずれも都会の祭りだが、地域によっても特色がある祭りは多くある。越後の中条、荒川神社の山車は雨乞いと日和の船。旱魃（かんばつ）に雨乞いをし、長雨に日照りを願う。祭りはそこに住む人たちの祈りの具体的な現れだろう。

⬆嘉永3（1850）年に作られた、新潟県荒川神社の日和船屋台

⬅⬆弘前八幡山車。相撲を取る大黒と寿老人。行司をするのは布袋様

⬅九州唐津神社の曳山。大きなものがいくつも伝わっておりこれは鯛

⬆岐阜の垂井にある南宮の祭礼。鉾などを捧げ、行列が続く（木曾路名所図会）

⬅⬆宇和島の牛鬼。7月23、24日の和霊大祭に出る。現在左のような郷土玩具もある

⬆カラカラ船。端午の節句に鹿児島坊津の海辺で引いた

山車と神輿（だしとみこし）

『物類称呼』には、屋台の項を説明して、東国では屋台といい、大坂や西国ではだんじりという、土佐では、はなだいという、花を飾るので花だしともいう、また、山車というものがあり、祇園祭の鉾の類だとしている。江戸では底抜け屋台といって覆いだけを担ぎ、中に人がいて歩き三味線を弾いたりしている。神輿とは神の乗る輿。江戸時代は静かに進んだようだ。

⬆江戸山王祭。猿が御幣を担ぐ鉾（増補江戸年中行事）

⬆美濃（岐阜県）針綱の祭礼。立派な山車が見える（木曾路名所図会）

⬆宇佐祭礼絵図中の神輿（大分）

⬇春日神社神輿。天保７（1836）年、七兵衛作と記録がある見事な神輿

⬆日光御祭礼絵図中の神輿

➡八朔の引馬。豊作を祈ることからきた行事

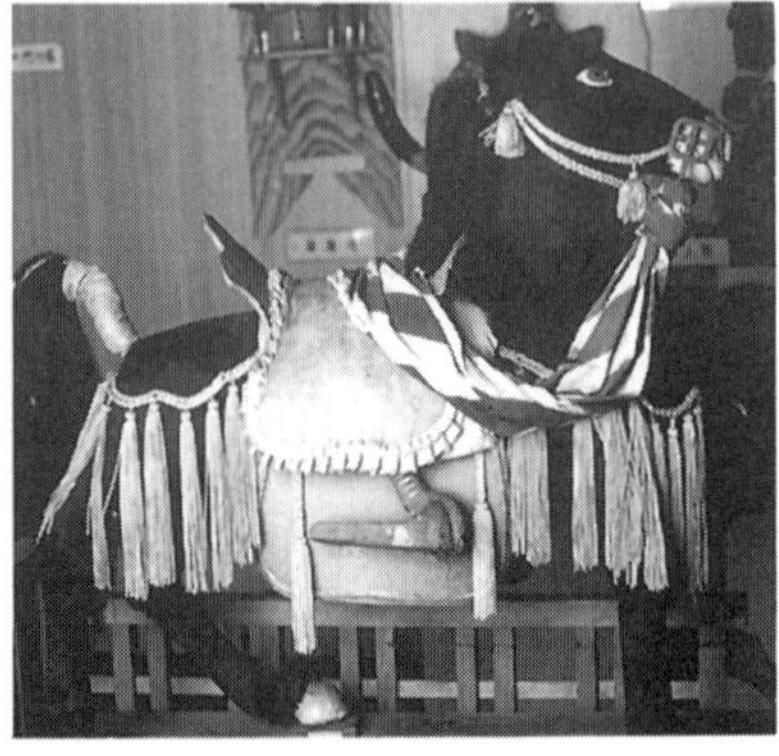

➡素朴な舌を出す獅子頭

⬇鼻を誇張した獅子頭

⬆現在作られているのに近い獅子頭

⬆鼻の飛び出した獅子頭

⬆口鼻が付出した獅子頭

⬆頬のこけた獅子頭

⬆『人倫訓蒙図彙』に出てくる江戸初期の大神楽

獅子（しし）

『貞丈雑記』によれば、獅子舞というのは、唐獅子頭を作ってそれを被って踊るもののことをいい、越後の蒲原村から獅子舞は来るとある。あるいは、大神楽（だいかぐら）というのは、獅子舞の一種だとも書かれている。前に出ているのは越後獅子のことをいっている。大神楽というのは江戸の獅子舞で、正月に出た。各地の獅子舞は、正月というより祭礼に出たようだ。

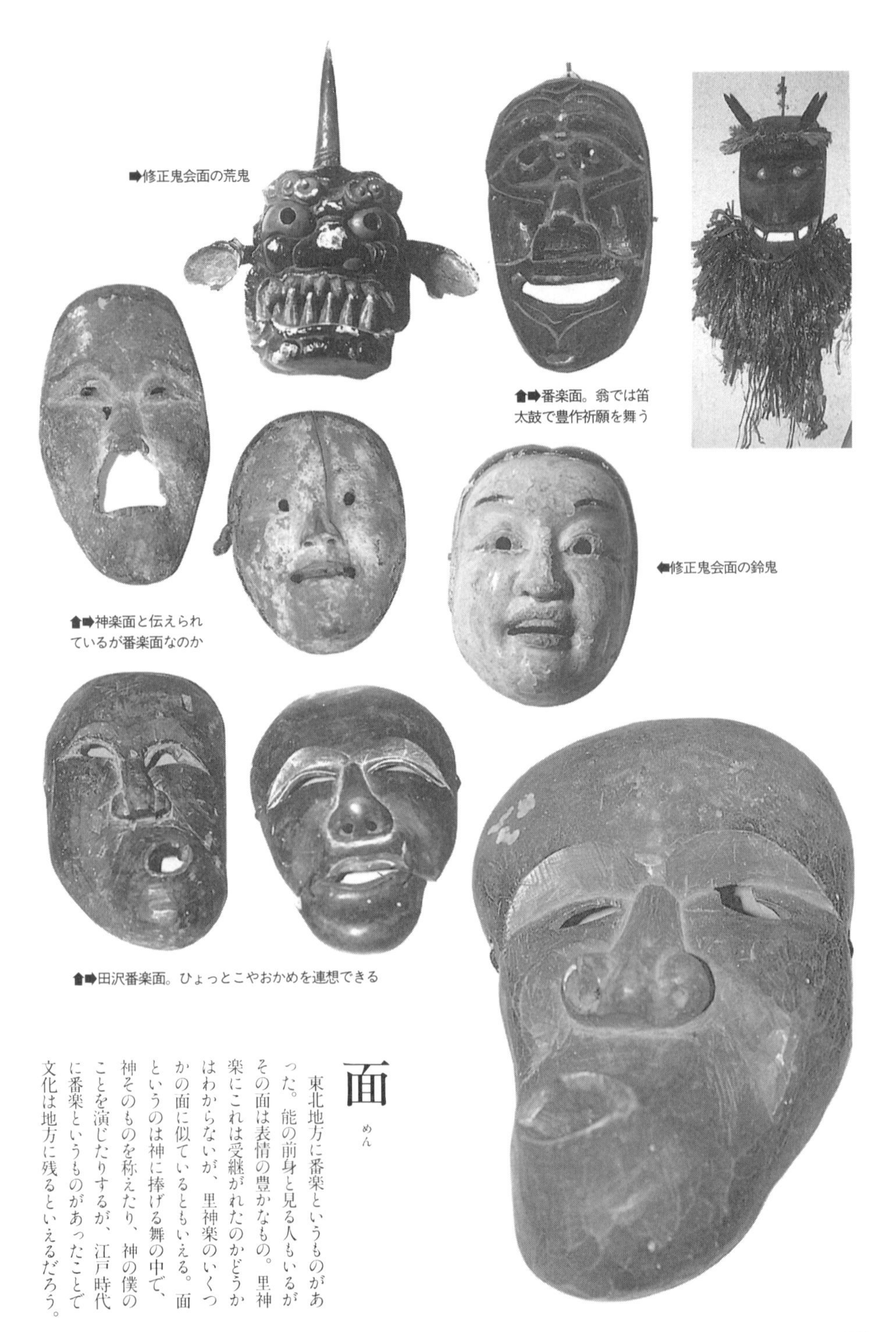

➡修正鬼会面の荒鬼

⬆➡番楽面。翁では笛太鼓で豊作祈願を舞う

⬆➡神楽面と伝えられているが番楽面なのか

⬅修正鬼会面の鈴鬼

⬆➡田沢番楽面。ひょっとこやおかめを連想できる

面（めん）

東北地方に番楽というものがあった。能の前身と見る人もいるがその面は表情の豊かなもの。里神楽にこれは受継がれたのかどうかはわからないが、里神楽のいくつかの面に似ているともいえる。面というのは神に捧げる舞の中で、神そのものを称えたり、神の僕のことを演じたりするが、江戸時代に番楽というものがあったことで文化は地方に残るといえるだろう。

相模流里神楽面●江戸時代も後期には、里神楽を舞う人たちも、半分は職業として演じるようになってくる

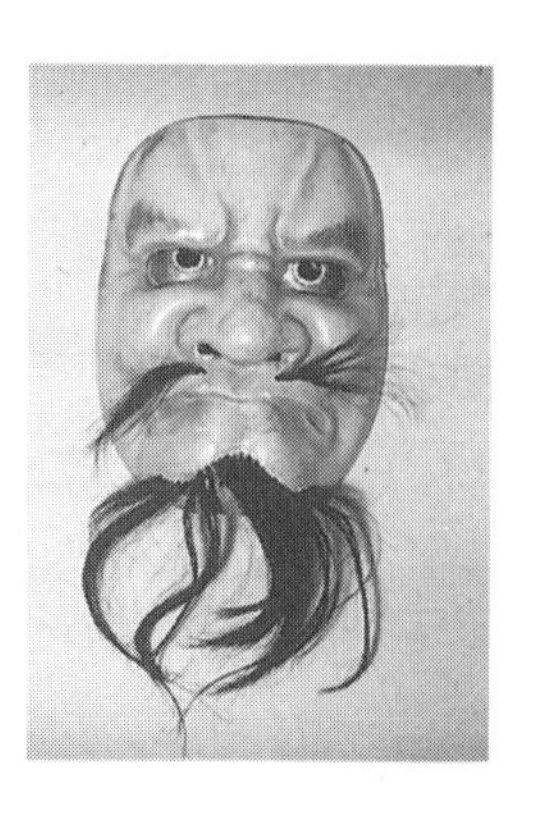

➡相模流大武悪

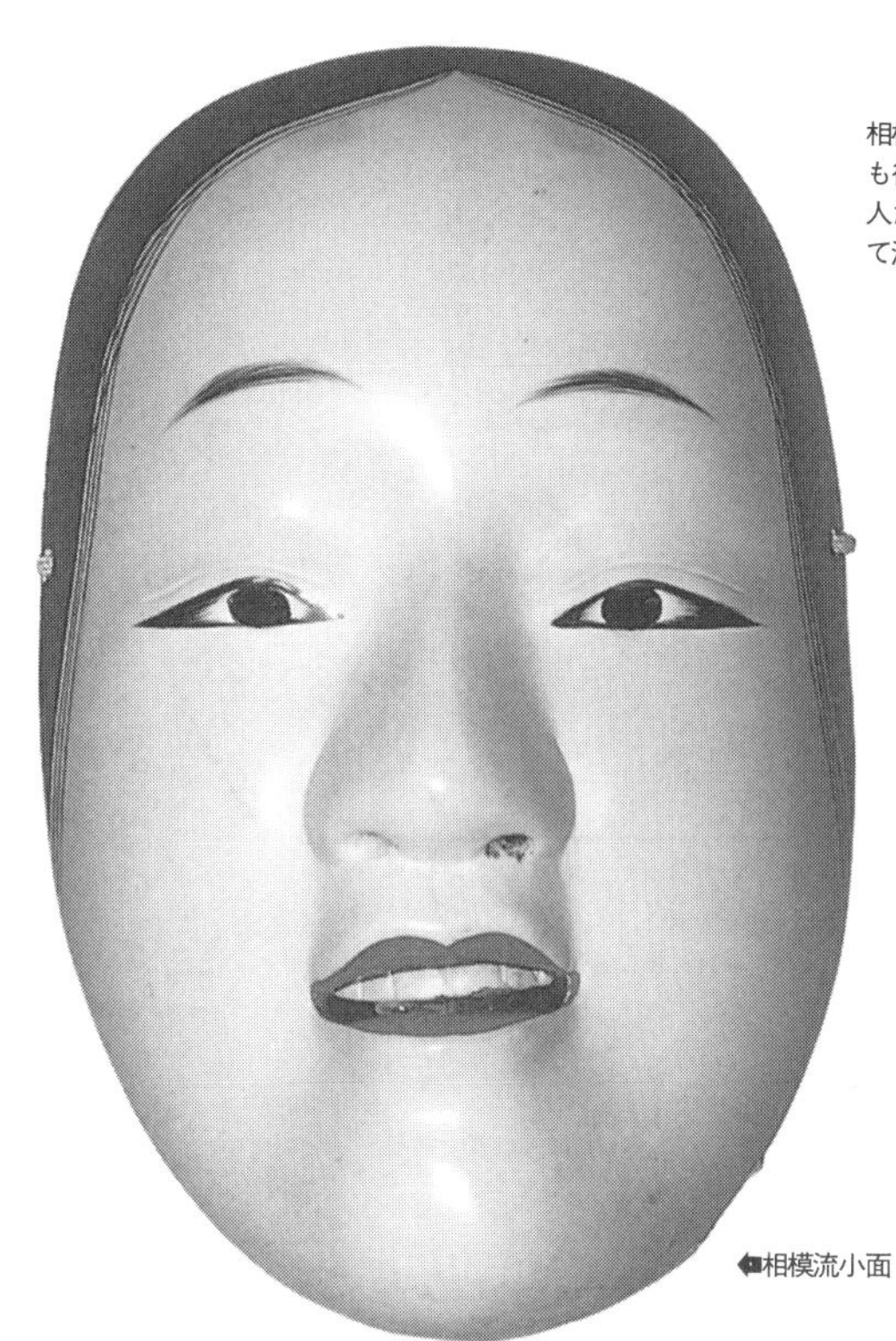

⬅相模流小面

⬅相模流おかめ

⬇相模流もどき

⬅相模流天狗

⬆相模流素戔嗚尊

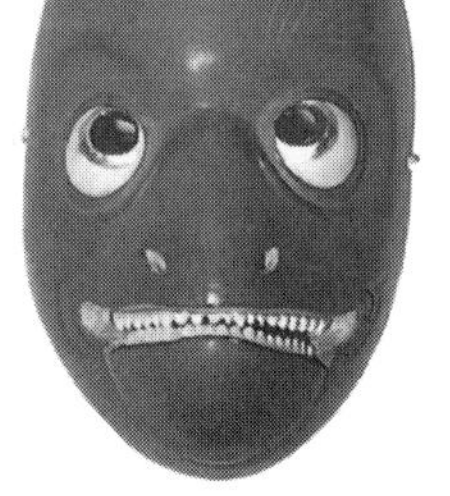

➡相模流亀

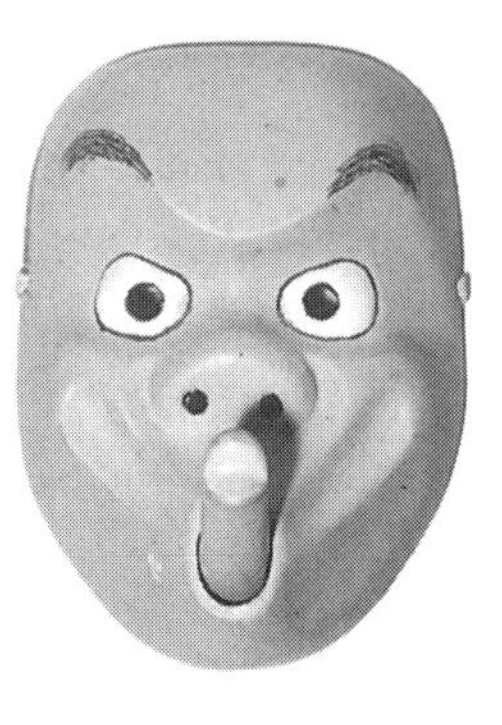

➡相模流潮吹

祈り

⬆慶安4(1651)年奉納。佐渡金山繁盛を祈願

⬆米俵を積む天保3年奉納絵馬

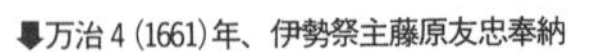

⬇万治4(1661)年、伊勢祭主藤原友忠奉納

江戸時代の人が祭礼や仏事を大切にしたことはいうまでもない。その日常的な現れが絵馬や七福神であり、庚申待ち、竈神信仰といえる。中でも絵馬は、江戸時代人の最も盛んな神との対話だった。伊勢参宮を済ましたことを祝う紙刷りの絵馬を大坂で売っていた。竈周辺にも神がいると考え、毎月晦日に松や榊を供えている。信心深い人たちだ。

⬆明和7年奉納

⬆元治元年駿府城代酒井壱岐守奉納

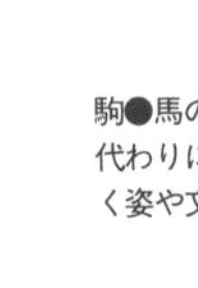

➡弘化2年駿府加番松平次郎信幹奉納

駒●馬の絵は本来の絵馬。馬の代わりに奉納したもの。中で引く姿や文字、荷載せなどがある

⬅牛の成育を願う絵馬。牛の守り神に奉納されたもので、絵は専門家か

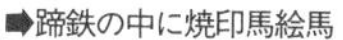

➡蹄鉄の中に焼印馬絵馬

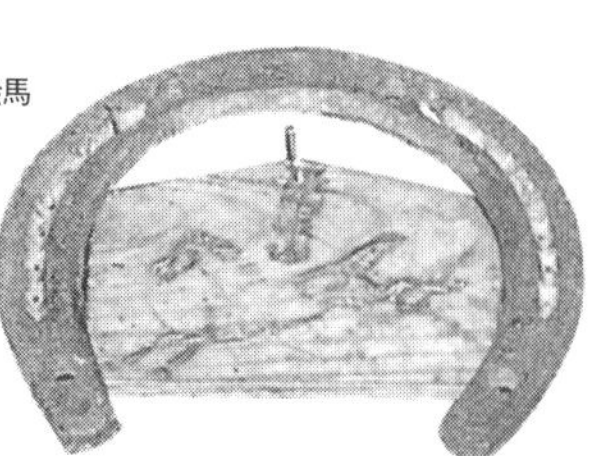

⬆文化 11 年奉納宝珠向狐

⬆驪字絵馬。嘉永 2 年駿府町奉行三好大膳源長済奉納

⬆蛇は弁財天の使いで、福を招き、家内を守護するとされる

⬅享保19（1734）年奉納。宝珠と狐。諸願成就文字

⬆嘉永 4 年奉納群馬絵馬

⬇永代節用無尽蔵に書かれた絵馬の描き様。右願、左成就

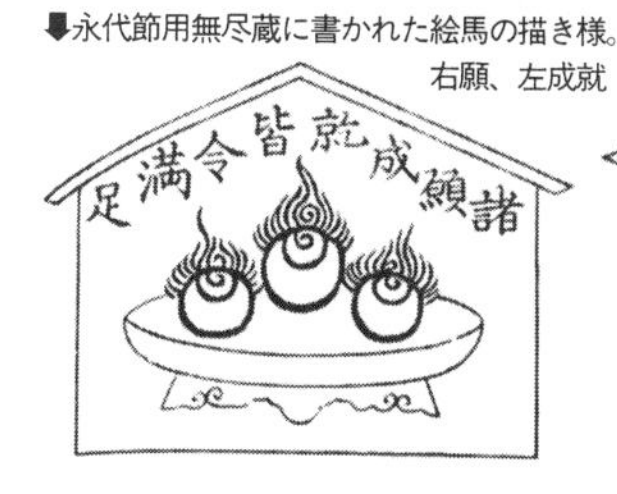

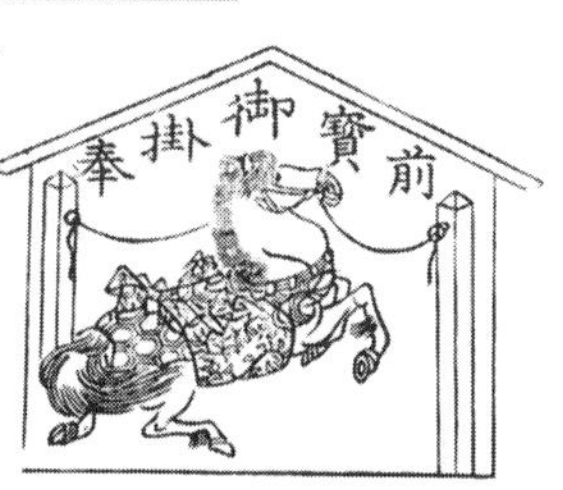

⬆華鬘型絵馬。馬は切り抜いて張る

絵馬（えま）

絵馬とは、馬の絵のこと。神に願をする時、願がかなった時に馬を奉納した。これが金銭的にできない人が木の馬を奉納するようになる。それもできない人は板に馬の絵を描き奉納するようになる。これが日常化して江戸時代の中期から後期にかけては、自分で馬を描いたり、絵の描ける人に描いてもらったり、専門の絵描きに描いてもらって奉納した。幕末の文久四年の節用集には絵馬の描き方が載っている。それほど絵馬を奉納することが日常的だった。乳が出ない人は乳が出るように無花果（いちじく）と授乳の絵馬を奉納。賭事を断つ人は賭け道具に鍵を掛けた絵馬を奉納。子供も字が上達するように天神様に書いた文字を奉納。海運が盛んになると、造船した船の安全を願って、あるいは航海の安全を願い、船絵馬を奉納する。もし海上で時化（しけ）になった時は日頃信仰する神に祈願をして髷（まげ）を切り落として供え、無事に航海が終わった時にその神前にその髷を絵馬板に付け、名前を書いて感謝を表した。

➡文政4（1821）年奉納、仮装盆踊り絵馬。その頃の風俗がわかる

⬇足の病を治して欲しいと願って奉納されたもの。手の奉納もある

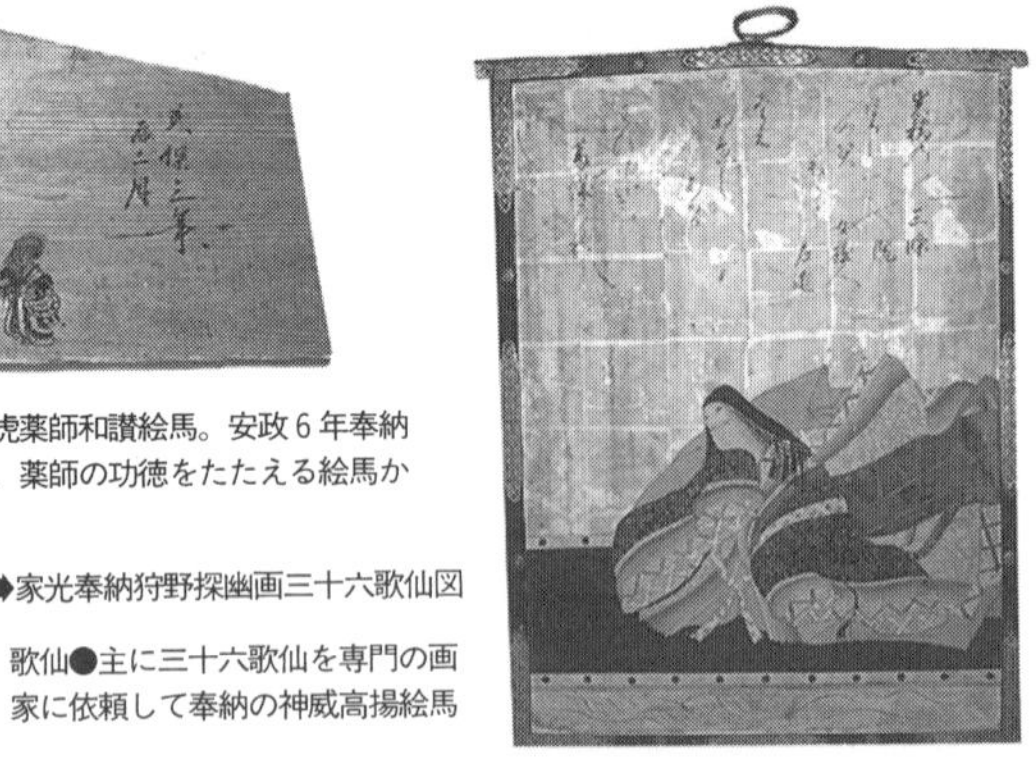

➡天保3年奉納の絵馬。母と子が描いてある、絵馬納めの絵馬

⬅虎薬師和讃絵馬。安政6年奉納で、薬師の功徳をたたえる絵馬か

➡家光奉納狩野探幽画三十六歌仙図

歌仙●主に三十六歌仙を専門の画家に依頼して奉納の神威高揚絵馬

⬇北前船で賑った港の寺に奉納された六歌仙絵馬

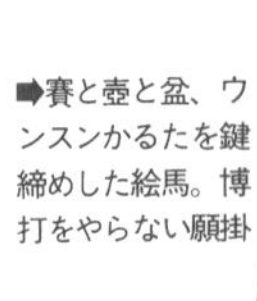

➡賽と壺と盆、ウンスンかるたを鍵締めした絵馬。博打をやらない願掛

⬅碁盤を斧で割ろうとする図碁を断つ願掛なのか（鄙都言種後編）

⬆奉納鉄草鞋。履いて足を鍛えたか、足が強くなることを願ったか

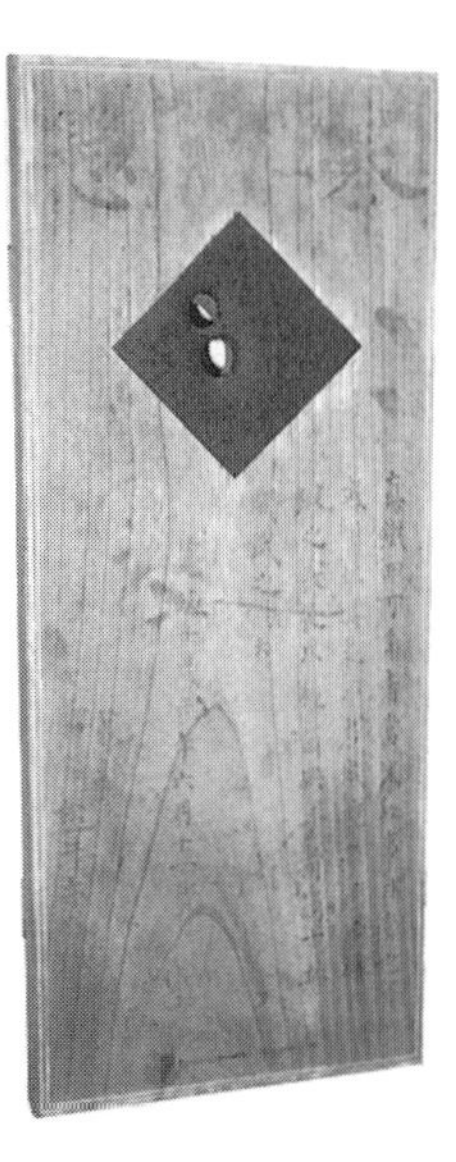

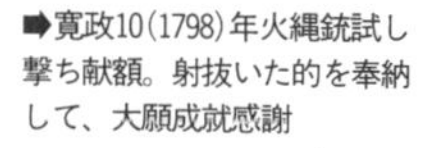

➡寛政10（1798）年火縄銃試し撃ち献額。射抜いた的を奉納して、大願成就感謝

⬆享和4（1804）年算額。この問題を解いた者が次の出題額を奉納

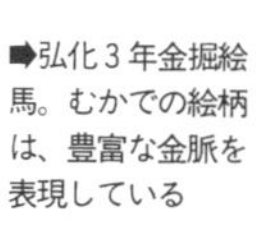

➡弘化3年金掘絵馬。むかでの絵柄は、豊富な金脈を表現している

⬆相槌を打つのは稲荷だろう、鍛冶絵馬。名刀を作るための、祈願絵馬

⬅醤油醸造の成功を祈願した絵馬。活気がみなぎる絵が願の強さを表す

⬆牛若丸と弁慶五条の大橋出会いの図

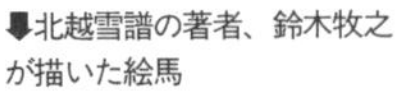

⬇北越雪譜の著者、鈴木牧之が描いた絵馬

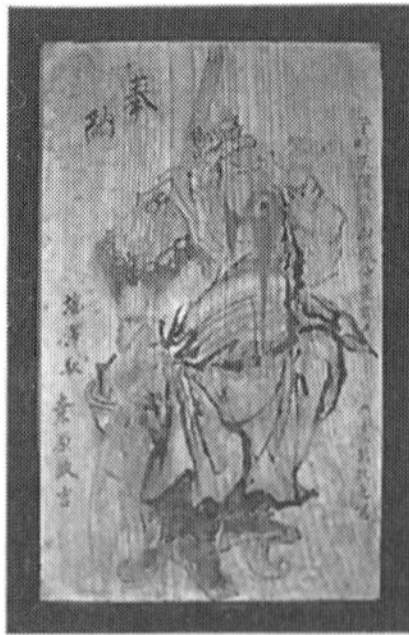

⬆津軽絵馬。絵柄は弁慶と釣鐘

⬆武勇で名高い畠山重忠絵馬

武者●強い武将を描いて神前に奉納し、子供の健やかな成長を願った絵馬

⬆幕末から明治の画家田善が14歳の時描いた源頼義水請図

➡天保７年奉納。新型北前船（深浦）

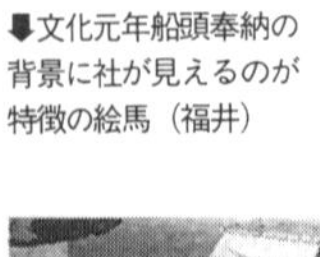

⬇文化元年船頭奉納の背景に社が見えるのが特徴の絵馬（福井）

船絵馬●船の安全を願う絵馬だが、主に北前船を中心に北から南へ地域をたどってみた

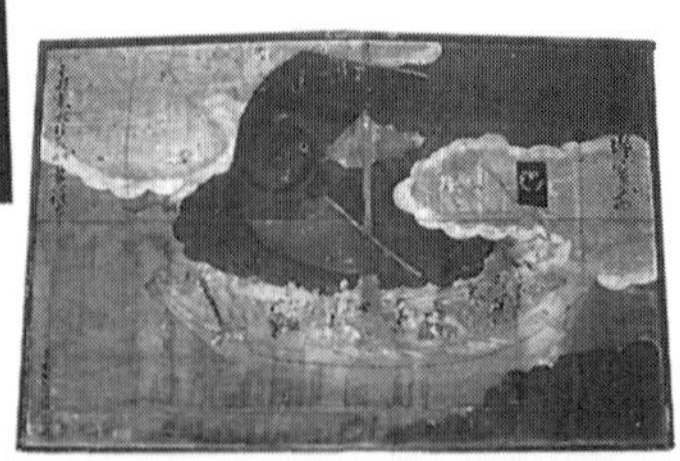

⬆寛永10（1633）年最古北前船絵馬（深浦）

⬇５艘の船がある航海安全絵馬。２艘の船頭は後ろに声をかけている（佐渡）

⬅天保14年奉納。羽織着用小手をかざす人物は船主なのか（新潟中条）

⬇安永2（1773）年奉納。乗組み、5人は縦に並んでいる（佐渡）

⬆海上安全佐藤彦輔船とある（佐渡）

⬇文化11年乗組人奉納（新潟寺泊）

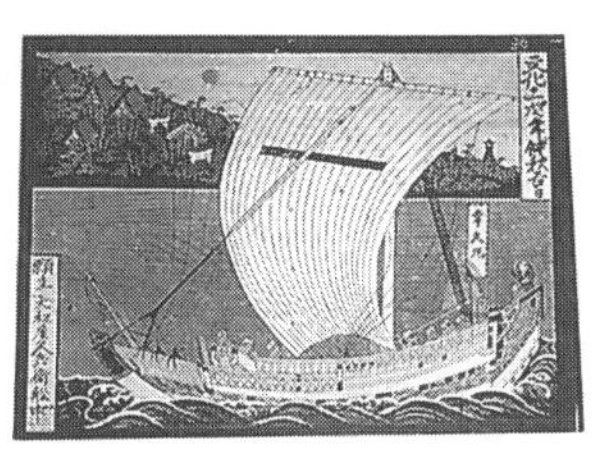

➡天保12年糸荷廻船。御用の旗と役人がいる（香川）

⬇天保12年、船の形を張った絵馬。北前船か

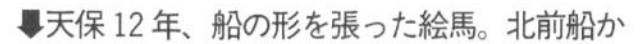

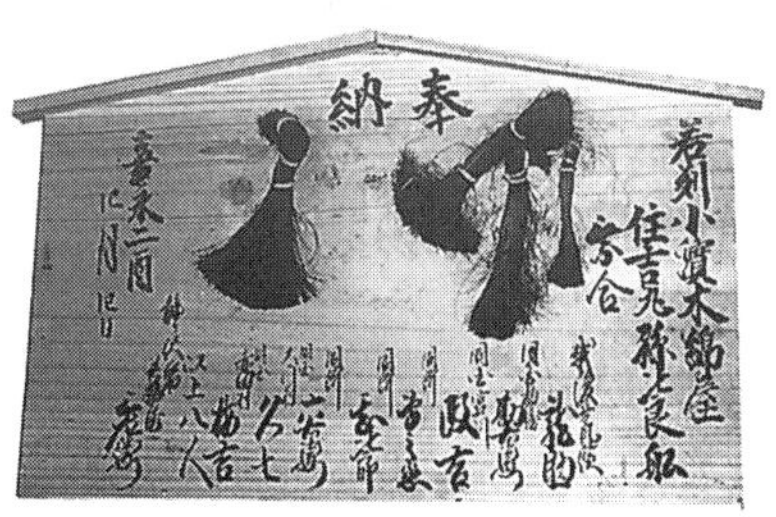

⬅若州小浜木綿屋住吉丸の乗合が、助かったお礼に奉納した髷絵馬

➡はがせ船絵馬。中世期から江戸初期に活躍した船形（新潟能生）

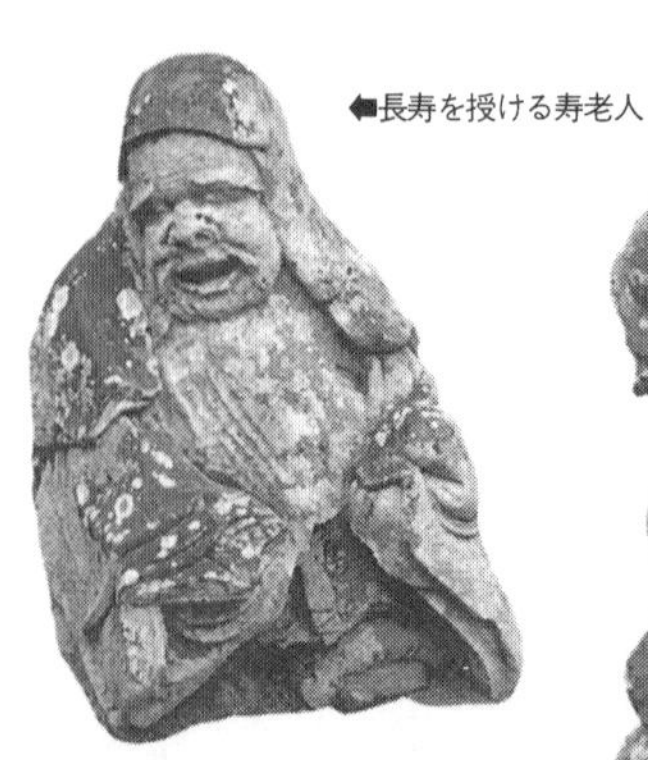

⬅長寿を授ける寿老人

➡南極星の化身福禄寿

⬆福徳を授ける大黒天

厳島神社七福神●安永８（1779）年生まれの名人周治が19歳のときに彫刻。神社の祭神が女神なので弁財天がいない

⬅魚を抱える恵比寿様

⬆弥勒の化身布袋様

⬆北方守護の毘沙門天

七福神

しちふくじん

七福神とは福を呼ぶ、恵比寿、大黒、毘沙門、弁財、布袋、福禄寿、寿老人といった神々。これを描いた紙を正月二日初夢の夜に枕の下にいれたり、享和年間（一八〇一〜〇四）には、この七つの神を祭ってある場所に参詣して福を願った。七福神の中から特別の信仰もでき、大坂では夷講が盛んになる。このほか、各地に特出した神を信仰する習慣が出てくる。

⬆この七福神は興味深い。春日、天照皇太神宮、稲荷、猿田毘古がいて、福禄寿、布袋、寿老人、毘沙門天がいない（萬物雛形画譜）

☗江戸巣鴨庚申塚賑いの図。現在も地名は残っている（江戸名所図会）

☗佐渡の野にある庚申塔。佐渡人は、信心深い

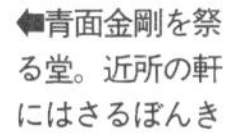

⬅青面金剛を祭る堂。近所の軒にはさるぼんき

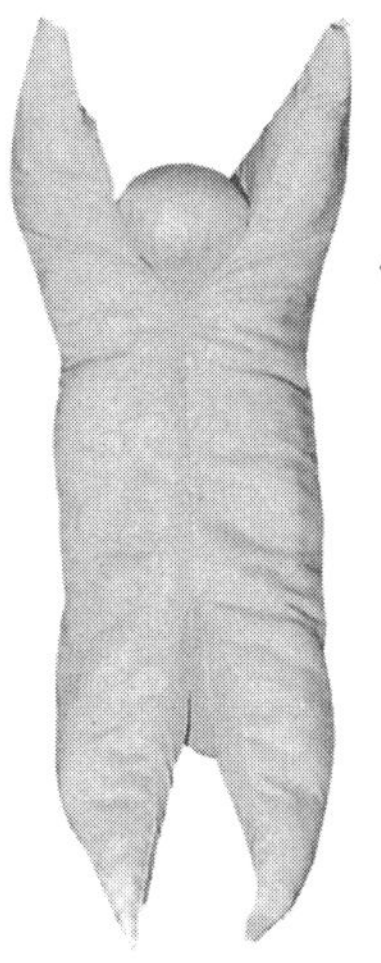

⬅さるっこ、とも、さるぼぼともいわれる人形

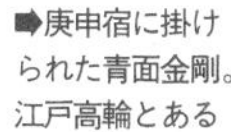

➡庚申宿に掛けられた青面金剛。江戸高輪とある

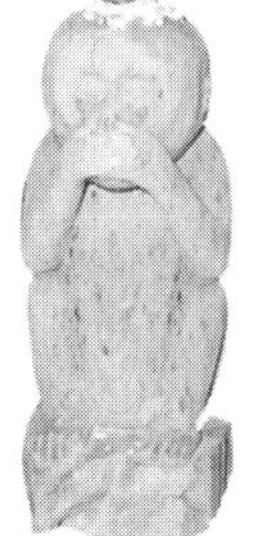

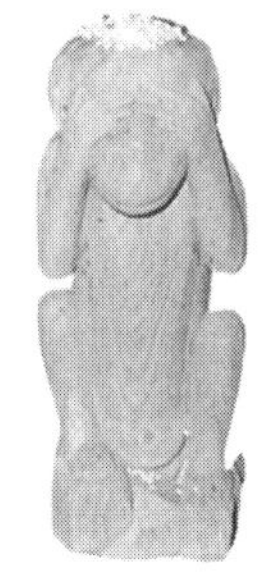

☗三猿。中央がいわ猿、右が見ざる、左がきか猿

庚神（こうしん）

『嬉遊笑覧』を見ると、信仰の初期にはなかったが、江戸の後期に人間の体内にいる三尸（さんし）という虫が庚申の日に天に昇り、その人間の貪欲な行為を天帝に告げるという説が生まれ、庚申の日には男女の交わりはしないことはもちろん、虫が天に昇らないように夜通し賑やかにして夜明けを待つとある。大坂では、この待ちを代わりにやるという行者まで登場する。

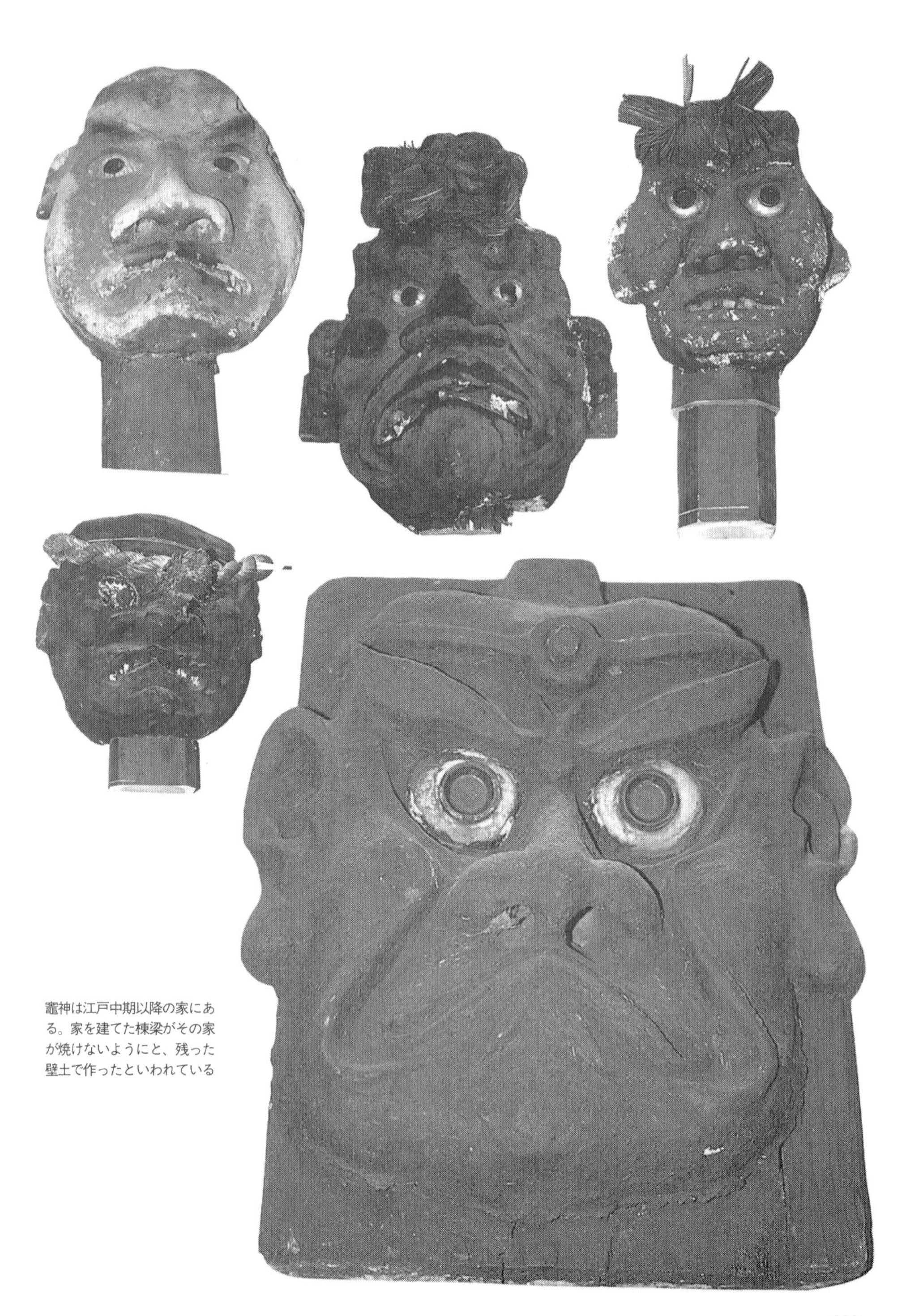

竈神は江戸中期以降の家にある。家を建てた棟梁がその家が焼けないようにと、残った壁土で作ったといわれている

⬆男女神が釜を守っている図。鯛と餅が供えてある

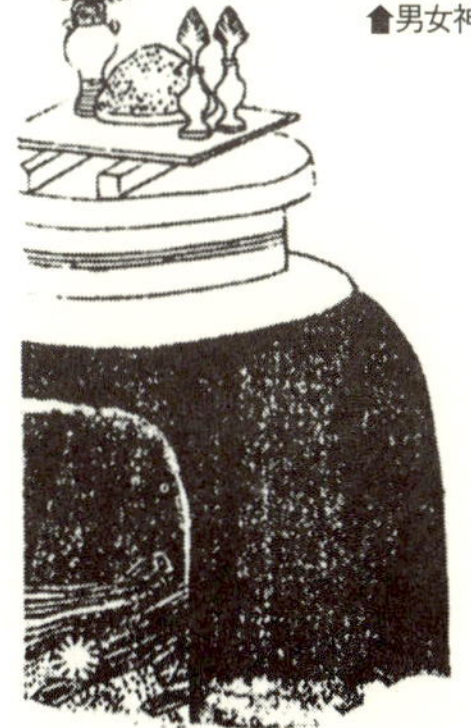

⬅釜に供えられた松と幣束。中央に飯が山になって供えられている（春柳錦花皿）

竈神（かまどがみ）

『守貞漫稿』には、竈神を江戸や京、大坂とも、三宝大荒神というとある。江戸では毎月晦日に松を揚げたり、油虫除けに鶏の絵馬を揚げる。京坂では、松に榊を添えて供えるともある。各地で竈神は祭られたが、東北地方の竈神は防火と災難除けを願って庶民が作りだしたものだろう。土や木である種の面を作り、これに目として鮑（あわび）の貝殻を付けている。

な

は

ま

や・ら・わ

さ

た

索引

あ

か

企画集団エド　代表・飯田泰子
江戸時代の庶民に関わる書籍、雑誌の企画編集、執筆を手がける編集プロダクション。編著書は『江戸萬物事典』『江戸商賣絵字引』『江戸歌舞伎図鑑』『江戸の笑う家庭学』（以上、芙蓉書房出版）、『江戸あきない図譜』『江戸あじわい図譜』江戸いろざと図譜』（以上、青蛙房）など。

＊本書は、『道具で見る江戸時代』（1998 年、小社刊）を再編集したものです。

図説 江戸の暮らし事典
2018 年 9 月 25 日　第 1 刷発行

編著者　企画集団エド
発行所　㈱芙蓉書房出版（代表　平澤公裕）
〒 113-0033 東京都文京区本郷 3-3-13
TEL 03-3813-4466 FAX 03-3813-4615
http://www.fuyoshobo.co.jp
印刷・製本　モリモト印刷
 ISBN978-4-8295-0744-5